U0890386

我不是股神：一个价值投机者的进阶之路

李鹏华　著

SPM 南方出版传媒
广东经济出版社
·广州·

图书在版编目（CIP）数据

我不是股神：一个价值投机者的进阶之路/李鹏华著. —广州：广东经济出版社，2020.12（2022.8重印）
ISBN 978-7-5454-7248-6

Ⅰ.①我… Ⅱ.①李… Ⅲ.①股票投资 Ⅳ.①F830.91

中国版本图书馆CIP数据核字（2020）第096745号

责任编辑：周伊凌 张 齐
责任技编：陆俊帆

我不是股神：一个价值投机者的进阶之路
WO BUSHI GUSHEN : YIGE JIAZHI TOUJIZHE DE JINJIE ZHILU
李鹏华 著

出版人	李 鹏
出 版 发 行	广东经济出版社（广州市环市东路水荫路11号11~12楼）
经 销	全国新华书店
印 刷	广东鹏腾宇文化创新有限公司 （珠海市高新区唐家湾镇科技九路88号10栋）
开 本	787毫米×1092毫米 1/16
印 张	14
字 数	272千字
版 次	2020年12月第1版
印 次	2022年8月第2次
书 号	ISBN 978-7-5454-7248-6
定 价	48.00元

图书营销中心地址：广州市环市东路水荫路11号11楼
电话：（020）87393830 邮政编码：510075
如发现印装质量问题，影响阅读，请与本社联系
广东经济出版社常年法律顾问：胡志海律师

目录 CONTENTS

第一章 认清自己：试错的代价

这段在校园里的炒股生涯，在我身上留下了深深的烙印，也将注定影响我接下来的人生路途。福兮？祸兮？至今我也说不清楚。

第二章 技术的本质

大多数人进入股市最先接触到的就是技术分析，这也是在市场中传播得最广的分析方式。有没有用？当然有，但是我们一定要弄清楚技术背后的本质是什么。

第三章 交易实战

实践是检验真理的唯一标准，同样实战也是检验投资者是否投资正确的唯一衡量标准。

第一章
认清自己：试错的代价

每一个进入股票市场的投资者都有自己的故事，这中间悲喜爱恨交织在一起，最终成就不一样的人生和不同的命运。进入股市的门槛非常低，18岁以上的公民只要开立一个证券账户，就可以实现足不出户的股票交易，这也造就了在投资世界里若想成为获利者必将面临极高的壁垒。股票交易最终是少数人获胜的游戏。

第一节

初入股市的失败：开启命运之门

“这段在校园里的炒股生涯，在我身上留下了深深的烙印，也将注定影响我接下来的人生路途。福兮？祸兮？至今我也说不清楚。”

和大多数人一样，我进入股市的时间是在2007年的牛市中后期，那时候身边很多同学在课间谈论的话题都是与股票相关——今天赚了多少，谁又赚了多少……校园里充斥着投资术语，在这种环境里相信很多人都无法置若罔闻，而且当时我主修的课程也和股票相关，所以我自然一直关注着股市。只不过当时我对股票的认识更多的是停留在理论层面，没有实战经历。

在大环境的影响下，很多人都是随大流进入股市的，这其中当然也包括我。刚开始时我只是将家里给的生活费，加上在外面做兼职赚到的一点钱投入股市中。在牛市的氛围下，赚钱效应非常明显，或者说在那个时候，你买什么都是盈利的。我的账户收益很快就超过了50%，于是我意气风发、踌躇满志，贪念自然而然就放大了。

这时候我越来越觉得本金太少是个大问题，因此也一直在想该如何把本金扩大。问家里面拿钱肯定不太现实，身边很多同学的经济状况也和我差不多，所以这个问题当时一直困扰着我。

此时正好有一个非常要好的同学，知道我当时炒股赚了不少钱，加上那段时间我也恶补了不少股票知识，嘴里时不时能说出几个专业术语，所以他就觉得我很专业。当时他手里有6万块钱，问我能不能帮他操作股票账户。

那个时候还是2007年，一个学生能够拿出一笔6万元的巨款来炒股，简直让我惊呆了，当时我没来得及多想，直接就答应了他。为了显现出诚意来，我就决定如果投资发生了亏损的话每人承担一半，如果盈利了就收益四六开，他60%，我40%，于是双方一拍即合，达成了协议。当时也不知道哪里来的那么大的勇气，能够驱使我许下这样的诺言，多年以后我回想起来，或许就是当时的贪念影响着“初生牛犊不怕虎”的我。不过，如果没有这件事，也许后面的很多事情都不会发生。

有了更多的“子弹”，我的心情就大不一样了，不用像以前那样十分拘谨地计算股价的高低了。以前由于所持有的本金不多，所以我不敢买股价太高的个股，现在终于摆脱了这种局面，那时的我已经开始憧憬着盈利翻倍了。

当时的上证指数已经从最高点6124点回落到4800点附近，这一点位也刚好是120日均线的支撑位。当时市场一度叫嚣：“5000点，长期铁底，大胆买入；4500点，大盘已经跌无可跌了。”当时市场上流传着“因北京奥运会的举办，指数要上1万点”等各种传闻，现在想想当时的自己还是太过年轻，不会辨别信息的真假。

说干就干，我就选了当时还叫中国远洋的中远海控（601919）（见图1–1），这是当时被炒得最热的个股之一，这只个股从最高点68元附近一路回调到当时的最低点36元附近。之后该股出现企稳信号，股价开始缓慢爬升，我直接买了一半的仓位进去。

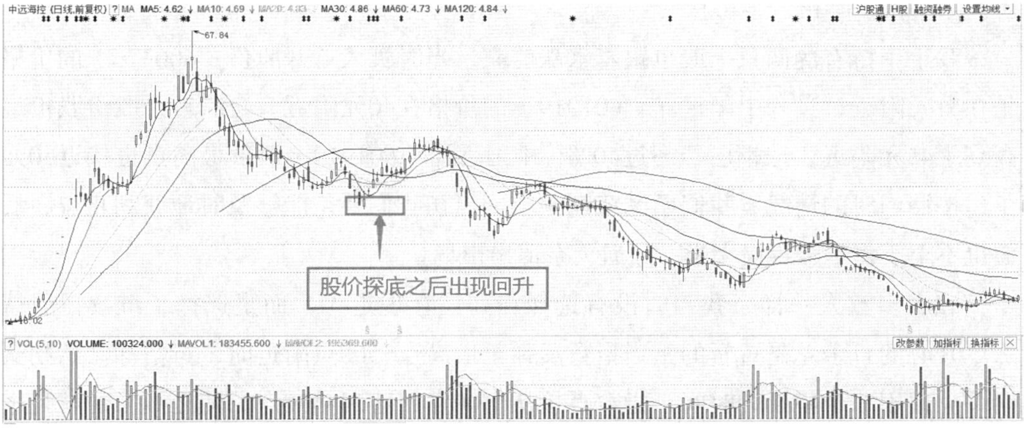

图 1–1　中远海控（601919）探底回升

我买入的第二只个股是首开股份（600376）（见图1–2），它的股价同样从最高点回调到最低点之后开始出现反弹，于是我就将剩下的钱都买入了首开股份。

图 1-2　首开股份（600376）二次探底回升

买入之后就是持有，晚上我还经常和宿舍的那位同学一起讨论这只股、那只股，明天该怎么操作……接下来的市场走势也正和我预料的一样，行情开始缓慢向上。还记得指数再次站上5000点大关的那天晚上，我跑上宿舍的楼顶大声喊了三声：“牛市、牛市、牛市！”

我手里持有的两只个股也跟着水涨船高，当时买入首开股份（600376）的价格是在31元附近；买入中国远洋（601919）的价格在40元附近。之后首开股份股价最高到了45元附近，涨幅已经超过40%；中国远洋（601919）股价最高点也接近50元了，按照当时的情况看我们已经获利颇丰。当初我们要是能够及时地获利止盈，后面也不至于将本金亏损大半，最后无奈退出市场。

和大多数人一样，我当时没有选择在高位套现走人，而是选择了继续持股待涨。开心的日子总是短暂的，当指数反弹至最高点5500点附近时，行情却开始拐头向下。仅用一个星期的时间，指数直接从5500点回落到4500点，随之而来的就是个股持续下跌。我的账户之前的盈利转瞬之间就化为泡影，后来同学过来找我商量要不要平仓，虽然利润没有了，但是本金还在，现在退出来还没有什么损失。对于当时的我而言，显然不能接受一个“得而复失”的结果，我依然抱着指数会涨回来的心理。所以我的回复是再等等看，指数跌了这么多，短期肯定会有反弹，等反弹之后我们再出场。

在之后的几天里，我在网上浏览各大财经网站，希望能够找到看涨的理由。虽然当时指数在短期内回调超过1000点，各大网站依然是一片看好的声音，但是现在回过头想想，当你希望某件事情朝着你希望的方向发展时，你会找到无数的理由支撑你的选择，这或许就是人性。

接下来的日子里，行情依然在持续地下跌，而各大网站上却依然是一大片看好的声音。我的持仓账户也从浮盈变成了浮亏，我一开始还每天打开账户看一看，到后面基本上不敢看了。不过各大网站仍纷纷叫嚣：“4000点，中线建仓机会来临；3500点，目前点位不宜盲目杀跌。”虽然我心里知道可能还会继续下跌，但此时已经不忍心“割肉”了，只能通过一些消息来麻痹自己。

当首开股份（600376）的股价在29元附近出现快速杀跌时（见图1-3），在短短六个交易日内股价直接回落到19元附近；当时的中国远洋（601919）的股价也从最高点50元附近回落到28元附近，接近腰斩。那段时间我基本上不敢关注股票行情了，市场将我的信心打压到了极致。

图 1-3　首开股价（600376）破位快速杀跌

当时我每天都活在痛苦当中。老同学还安慰我说：“没关系，亏了就亏了，以后有机会再赚回来就可以了。”虽然钱是他的，但是当初我们说好了，我也要承担一半的损失。估计他知道了我的想法，直接就摊开了说：“亏损的钱，你也不用着急还，找到工作之后慢慢还就行了。”现在看来我要真心感谢当时同学的理解，没有将我逼得太紧。

在后来的日子里，指数不断创出新低，当指数第一次下探至2584点而出现反弹时，我的心里再次燃起了一丝希望。在接下来的几天里，指数站稳2500点上方并快速反弹，我手中的个股也呈现回血状态。可是反弹仅仅持续不到一个月的时间，指数便再次跌破2500点，我刚刚燃起的一丝希望瞬间就熄灭了。同时它也是压死骆驼的最后一根稻草，在指数跌破2500点之后，我将手中的股票悉数卖掉，最后总亏损幅度超过60%。那或许是当时大部分股民人生中的一段黑暗的时光，有些人能够走出来，但有些人可能就此沉沦下去了。

现在回头看看当时的言论：

6000点：千金难买牛回头！

5500点：短线回调洗盘是为了更好上涨！

5000点：长期铁底，大胆买入！

4500点：大盘已经跌无可跌了！

4300点：做空相当危险！

4000点：中线建仓机会来临。

3500点：目前点位不宜盲目杀跌。

3000点：印花税行情，政策铁底。

2500点：八成机构认为大盘已见底。

2000点：永远不可能跌破！

1800点：熊市来了，大家快跑吧！

将股票悉数清仓之后，我和同学也达成了返款协议，这笔钱也是在我工作一年之后才陆续还清的。在每个人都被股票市场伤害的日子里，大家又都老老实实地回到了课堂上，都说时间是最好的疗伤药，在接下来的一年里我也顺利毕业。这段在校园里的炒股生涯，在我身上留下了深深的烙印，也将注定影响我接下来的人生路途。福兮？祸兮？至今我也说不清楚。

第二节

套信用卡炒股败北

“很多人都会重复前人犯过的错误，有时候躲得过，有时候躲不过。躲得过，下次碰到还会不会再犯？没躲过，便一脚踩下去了，相信当你从坑里爬起来时，就知道以后怎么去规避了。”

时间不知不觉来到了2010年，那个时候我已经来广州一年多了。在朋友的推荐下我进入了一家投资公司工作，后来就开始了“996”的生活节奏。因为工作与投资相关，所以那段时间我阅读了大量投资类书籍。

此时上证指数从1664.93点一路反弹，再次站上3000点大关（见图1–4），市场情绪又点燃了整个市场，之后指数一直在3000点附近展开大震荡。

图1–4　指数箱体震荡

随着行情的升温，我自然而然又有了入市的想法，可是当时身边确实没有太多可用于投资的本金。因为当时我每个月收入不高，工资还要用于还债。

后来有一天，我和公司同事聊天时正好谈到投入资金这块，他说他有个朋友办了几张信用卡，然后将信用余额提高，再找POS机提现。由于信用卡免息期一般是30天至45天，在规定的时间内把钱还回去，之后又把钱套出来，这样反复操作，中间成本就是付给POS机套现的手续费，我还记得当时套现的手续费是1%，也就是拿1万元现金要支付手续费100元。如果这样，那么我就可以通过还款的真空期进行套利。

那个时期信用卡已经在国内一、二线城市普及了，加上那段时间银行线下大力推广信用卡，所以我也办了两张信用卡。

我最后通过朋友介绍的渠道，将两张信用卡一共套了7万元的现金。

而此时指数从最高点3478点附近回踩到2319.74点并出现企稳（见图1–5），之后指数开始出现缓慢向上的趋势，逐渐走出了低迷状态。当市场走出连续大阳线并一举站上年线（250日均线）时，整个市场都沸腾了，当时我和朋友都认为，指数在震荡整理期间，破前期的高点3478.01点是有很大的可能性的。

图 1–5　指数站上年线

虽然指数走出了一波90度上扬的趋势（见图1–6），但是我并没有急于进场，因为我非常清楚，冲高之后必然要走出一波调整行情。当指数第二次从底部站上年线时，我将信用卡中的资金套取出来，用60%的资金买入已经选好的个股，由于考虑到资金的属性，所以我选择的个股都是偏保守性的，在当时看来，低位股还是很有优势的。

图 1-6　指数回踩第二次站稳年线附近

当时整个市场的宏观经济都还沉浸在“四万亿”经济方案当中，所以我选择了煤炭、地产行业，选择的个股是中煤能源（601898）和万科A（000002），它们都符合低股价的原则（见图1-7、图1-8）。

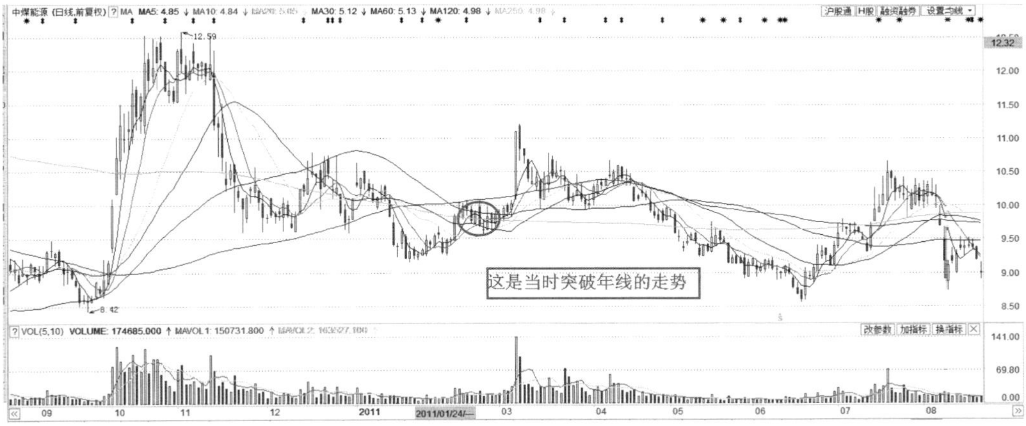

图 1-7　中煤能源（601898）突破并站稳年线

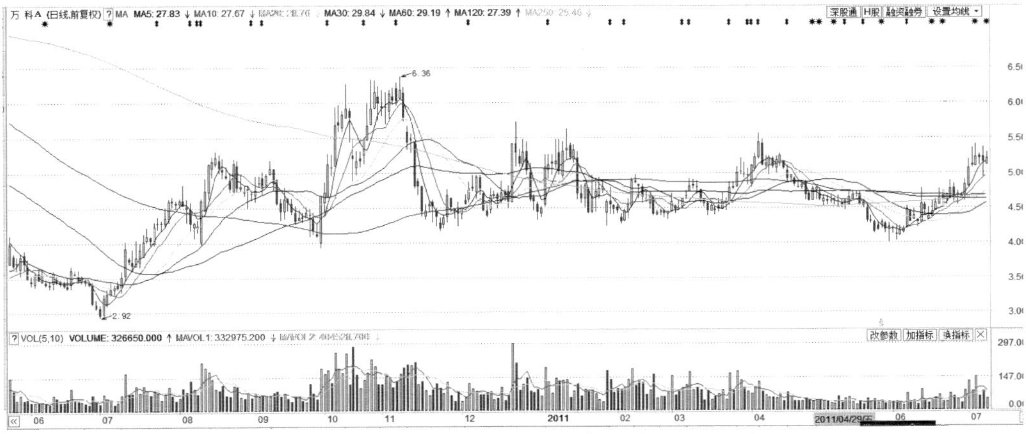

图 1-8　万科 A（000002）在年线附近站稳

当时我没有将全部资金投入股市中，就是想着如果后期出现下跌，也还能有资金进行补仓。所以我当时只买了6成仓，买入之后指数开始震荡向上，我也逐渐获利。

当第一次还款时间临近时，我提早一个星期就把股票卖了，然后又提前几天将借款全部还完。之后我又通过POS机套现，开始股票操作。虽然这中间消耗了一部分手续费，但是由于当时的市场环境整体向好，所以我获得的利润能够覆盖这部分费用。当这一套流程走完之后，总体来说我还是获利的。这让我对于接下来的交易更加有信心了。

当时的我没有想到，只有在行情好的时候，资金的收益才能覆盖这些成本，一旦行情开始走弱，那么接下来的种种费用就会将自己压垮。不过当时自以为找到了一条捷径的我，也没有时间去想太多。因为当一个人经历失败之后，如果没有进行深刻的反思，或者说太想打一场翻身仗，就会在错误的路上越走越远。

当指数再次站上3000点，最高上冲到3012点之后，市场经过一个星期的回撤，再次出现企稳，接着开始稳步上行，当时我们的预期是指数最起码会冲击前期高点3186点，哪怕第一次破不了，也会向上试探上方的压力。当指数突破前期高点3012点之后，我对于自己的判断就更加深信不疑了，更加坚定了自己的判断。我记得是在4月18日收盘这天，指数创了自2011年以来的新高，虽然很多个股的股价在此时并没有跟随指数创出新高，但是这不妨碍我对市场的看好。

当第二次顺利将股票卖出并及时将借款还回去之后，我整体还是处在盈利状态。这中间的手续费都能够被盈利全部覆盖。此时的我已经不再满足于6成仓位的操作了，而是开始调整思路，决定将资金的利用率调整到最大，即满仓操作。当一个人开始膨胀时，往往就是他走入深渊的开始。

第三次的操作就远没有想象中那么顺利了，市场开始走弱之后，个股行情逐渐走低，当股价下跌并将我前两次的获利全部吞噬之后，我赶紧将股票一股脑儿地卖掉。因为当时我有一条非常重要的原则，就是如果哪一次的操作将前期的利润亏损完了，就一定要卖出股票，避免损失本金。

为什么会有这样的原则呢？因为在大学那次经历中，个股股价的下跌逐渐将前期利润吞噬之后，我没有选择止损走人，而是继续坚守。所以之后当亏损逐渐加大时，我是想走也走不了（其实并不是走不了，而是亏损的幅度太大，我不舍得“割肉”出局），最后造成亏损幅度超过60%的结果。

所以在上次亏损的经历之后，我就把这条原则牢牢地记住了，在亏损将利润吞噬之后赶紧将持有的股票全部卖出。由于信用卡在期限内还款不会产生利息，所以这并没有给我造成负担。但是当我再次套现时，由于前期积累的头寸在这次下跌中基本消耗殆尽，所以这次套现就为后期埋下了隐患，应该说此时的“潘多拉魔盒”已经被我打开了。为了“填坑”我不得不从工资里拿一部分钱出来，当时我还没有感受到太多已经渐渐逼近的危险。

如果当时我就此打住，将钱还完之后不再套信用卡来炒股，损失基本还在可控范围之内，也就不会有后面的诸多事情。但人一旦决定做某件事情并实践，在结果没有出来之前，想要中途放弃是非常难的。

当指数稍微企稳之后，我再次入市，但很多时候都是“当局者迷，旁观者清”。当市场已经出现走弱现象之后，个股自然就开始出现大规模回落现象。此时无论是中煤能源（601898）还是万科A（000002）都开始趋势性下跌。从买入到持有，此时我的亏损已经达到20%以上，我便不得不“割肉”出局。

钱亏了，但用信用卡套现的钱还要还。怎么还？全部还，仅用现有资金肯定不够；如果只还一部分，后面就要面临分期还款的利息的压力。当时我应该想尽办法把钱还回去，然后就此收手打住。但很多时候一个人在没有足够多的经历或者历练之前，他所做的决定往往是不明智的，就像那时面临进退两难局面的我。而当时我选择了最低还款，就是把本金分十期还完。这样就可以保证手里有一定的资金用来操作，但每个月要多还银行的利息。

利息看似没有多少，但那是在有盈利的情况下，只要收益能够覆盖这些费用，利息就不是太大的问题，否则利息就很有可能是“压死骆驼的最后一根稻草”。在剩下的日子里，行情在一日日地下跌，我账户里的资金也在一天天地减少。此时的我就像一个赌徒，每天都对市场抱有希望，但每天迎接我的都是无情的下跌。当资金亏损一半时我就不敢再继续交易了，因为此时指数的下跌趋势已经非常明显了，所以最后我还是无奈地选择了“割肉”止损。

接下来的问题就是该如何善后。我当时的心情就好像又回到了大学时期，人们常说一个人不能在同一个地方跌倒两次，可是我还真就跌倒了两次。当你不顺的时候，却往往“屋漏偏逢连夜雨，船迟又遇打头风”。由于行情的持续下跌，市场人气骤减，公司业务量开始下滑，此时的薪资自然也就下调了，被砍去了三分之一。

那时我勉强可以维持个人生存，但是由于要还欠银行信用卡的借款，所以我的处境非常窘迫。自己出来工作了，肯定是不能再向家里要钱的；找朋友借，也不好意思。因为当时朋友劝我不要套信用卡来投资股市，但自己比较自负，所以就没有听进去，也就更不好开口去借了。每个月要还银行超过7000元的借款，这对于当时的我而言，压力不可谓不大。

太阳底下没有新鲜事。很多人都会重复前人犯过的错误，有时候躲得过，有时候躲不过。躲得过，下次碰到还会不会再犯？没躲过，便一脚踩下去了，相信当你从坑里爬起来时，就知道以后怎么去规避了。当然，在投资市场中我也和大多数人是一样的：该犯的错，都犯过；该踩的坑，都踩过。基本都是这么一路走过来的，可能更多的就是我比别人多了一份运气、一份坚持而已。

多年之后回顾这些经历，我应该庆幸自己很早就经历了失败。很多事情做错了，就必然有代价，而代价是自己必将承受的。

后来在跟很多投资人见面时，我首先会问用于投资的资金是属于什么性质的：如果用于投资的钱是用来买房、养老或是借的，我都会建议他们不要去做投资，因为一旦产生亏损那就是不可承受之重，整个家庭都将受到影响；做投资尽量用闲钱，哪怕只是暂时亏损，也不会影响自己的生活。千万不要因为投资使自己背上一身债，投资仅仅是生活的一种方式。

第三节

多数散户面临的困境

“股市是可怕而凶险的地方，但是对于已经走出投资壁垒的投资者而言，股市将开启完全不同的新局面。”

我以前特别喜欢和别人聊股票，这应该是很多投资者在刚进入股市时都会经历的一个过程。经过这么多年的沉淀，现在我除了工作之外很少会谈及股票，也只有在和少数身边的朋友聊天时才会谈及股票。其实在我的印象中，市场中的顶级高手往往都是惜字如金的，他们除了在圈子内聊聊自己的看法之外，其他时间根本就不聊股票，这也是大家常说当投资做到一定级别时需要做减法，而不是加法。以前我和我的师父在一起学习的时候，除了工作时，其他时间师父很少会谈及股票。

偶尔和为数不多的朋友聊起股票时，朋友经常会讲某只股票最近很火，之前如何看好。坦白讲，我从不遗憾，没有种下因，又哪来的果，何憾之有？

我们总是重复着同一个悲剧：有心栽花花不开，无心插柳柳成荫。

偶尔出现一次这种情况，那是失误；如果次次都是如此，那就是自己的问题了。其实我们经常会遇到这种情况，在几只股票中纠结，不知道该买哪一只。这就跟小时候遇到不会做的选择题时总是会在正确的答案和错误的答案之间犹豫，最后考虑半天还是选择了错误的答案一样。在股票市场中同样如此，特别是投资者在短线投机进行二选一时这种现象更加明显。

更多的时候其实是心理作用在作怪。我们不如反过来问自己几个问题，你真的看好吗？如果是，那为什么不买那只而买这只？买了，就代表你确定的态度，你的仓位代表着一切。即使后面你抱怨，感到遗憾，你的决定也说明，当初你看好的是手里的这只个股，而不是令你感到遗憾的另一只。

现在的你之所以一直耿耿于怀，是因为现在那只个股正在上涨。试问如果它跌下去了你还会有这种遗憾吗？那时候估计就是另一种心态——自己如何英明神武了！

所以在交易过程中要相信自己持有的那只个股，不管你是情愿还是不情愿。因为那是你当初看好而买入的，你的看法决定了你的选择。很多时候因看好而没买所造成的遗憾，是因为今天行情走得好，强化了当初那一闪之念（可能当初你就是瞄了一眼而已，然后现在看着涨得好心理后悔，而这种后悔带来的心理作用巨大），最后连自己都不知道是因为之前的那一眼之缘，还是真的看好。

投资是做出来的，不是吹出来的，既然做了就慢慢做，你手里的个股就是你当初看好的，不要因为暂时的走势不好就改变了初衷。如果走势真的比预期的要差，那么此时就该反思当初做出选择的逻辑是什么，现在是否还成立。

成功的投资都是相似的，只有失败的经历才是自己的，所以很多时候我一直喜欢谈论自己曾经失误的地方。比如在跟很多投资人见面时，我都会说起自己当年炒股的经历、失败的教训，让投资人对于投资能够有更加深入的了解，同时也是在警醒自己，避免再次走弯路。

我经常被很多朋友问到，如何才能在股市中胜出。对于这个问题很难用一句话讲清楚，但是在谈及什么情况下才能确定失败时，我就可以很明确地回复道：“当你的思考和行为模式与身边大多数股民一样的时候，基本上可以确定你失败了。”

很多熟悉我的朋友都知道，我经常讲关于“市场先生”的故事，这是本杰明·格雷厄姆在《聪明的投资者》一书中刻画出的一个虚拟的形象。下面这段文字对于股票市场的描述既生动又让人印象深刻：

假设你正在跟一个叫作“市场先生”的人进行股票交易，在每天的开盘时间内市场先生都会提供一个他乐意购买你的股票的价格或者将他的股票卖给你的价格，而且市场先生的情绪不是很稳定。在有些日子里市场先生很快活，眼睛里看到的都是眼前美好的日子，此时因为市场先生的心情好，他的股票报价自然就会很高；在其他的日子里，市场先生却相当的懊恼，只看到了眼前的困难，报出的价格很低。另外，市场先生有一个非常可爱的特点，他不介意被人冷落，如果市场先生的报价被人忽略了，那么明天他还会回来提出新的报价。市场先生对于我们来讲，有用的是他的报价，而不是他的智慧，如果市场先生看起来不太正常，你就可以忽视他或者利用他的这个弱点，但是如果你完全被他控制，则后果不堪设想。

还是回到常见的获利原则：低买高卖。除了企业自身经营业绩之外，另一个影响股价高低的决定性因素就是估值，也就是俗称的市盈率。这就是市场先生给出的报价，报价是一个“几家欢喜几家愁”的话题。为什么市场先生有时候喜欢给出溢价，而有时候却只能给出折价呢？要弄清这个问题，我们要先读懂股市中人们注定会搞砸的原因，然后规避这些因素。看看这些失败的特性，我们是否还陷在其中？我们又该如何跨过股市中的壁垒呢？

如果能认识到投资中最重要的核心点，总结人们在股市中失败的诱因，我们就具备了跨过壁垒的重要前提。下面我们一起分享这些市场中的错误投资方式：

（1）很多投资人就是抱着一夜暴富的心态来股市的，把股市当成赌场，希望能够进来快速地捞一笔，赚快钱。所以他们千方百计地打听哪里有牛股。想要暴富的心理很容易让人失去理智及常识，让他们完全无法等待，导致与财富无缘。

有这种心态的投资者一定要认识复利的威力，要知道时间才是财富最为可靠的伴侣、财不入急门，要保持平常心。

在很多情况下，市场稍微回暖，手中的个股开始盈利时，人们就将收益完全归功于自己如何英明神武，而在市场情绪低落甚至绝望的时候又将亏损归咎于监管层等外部原因，却从来不审视自己。用这种心态在股市中交易是最危险的，这会让很多人自认为很有天赋，搞不清能盈利究竟靠的是能力还是运气使然，最终将自己推向黑暗的深渊。

记者因报负面被股民围攻，不怪问题怪提出问题者？

2019-06-07 13:08

▲网传视频截图

前不久因"122亿存款不翼而飞"而处于舆论漩涡的上市公司康得新，因股东大会上的荒唐一幕，又被推上风口浪尖。

图 1-9　康得新股东大会荒唐一幕

记得2019年在*ST康得（002450）的一次股东大会上，很多中小股东指责记者报道公司的负面消息太多，甚至还有很多股民试图围攻记者。出现这种情况我们是否该反思下自己，用朋友的话讲："或许是这届的股民不行，没有愿赌服输的精神。"

要认识到投资是时间越长，个人能力才越正相关的游戏，在短期的结果中运气的成分远大于能力。

（2）对于投资时时处于患得患失的状态。多数人认为投资是一种竞技而不是一种行为，自己赚了钱也不高兴，因为看到别人赚得更多。他们总是希望躲过所有的下跌，满仓时所有持有的个股都上涨。这种人总是在徘徊、东张西望，却从来没有主心骨，不知道自己想要什么，最终自然也得不到什么。

对于投资而言，不要去追求完美，在投资市场中不可能所有的好东西都被一个人得到。投资者在赚钱的同时，要清楚自己能够承受多大的代价。

（3）投资过程中会出现很多让人感到兴奋的情况，比如：2015年的牛市行情，很多人都说"这次不一样"，但这其实是历史上最具有欺骗性的一句话，前人的无数惨痛经历都是来源于这种错误想法。投资者如果对历史和大规律没有一定的洞察力，不了解事物的本质，就很容易被市场中某些现象冲昏头脑。无数的历史经验告诉我们，太阳之下没有新鲜事。无论一个话题被市场如何炒作，"均值回归"终将引导一切。

我一直认为投资很重要的一点就是多去看看投资的历史，去挖掘不同时期的重要事件。虽然每一次发生的事情都不一样，但是其演化的结果却是大同小异：从产生到发展，再到高潮，最后毁灭。

（4）羊群效应。一个异常精明的人一旦与群体发生密切联系，那么其智商或者思维判断能力就很容易被群体影响，进而迅速下降。在股市投资中，特别是现在在被各种信息轰炸的情况下，很多投资人喜欢研究市场最容易变化的内容，比如政策、各种经济数据指标、所谓的专家观点等很多外在的东西。这些信息绝大多数都是无意义的，甚至对我们的投资起到负面作用。我们要学会远离这些繁杂的噪声，否则就很容易成为羊群中的那只羊。

大家可以去读一下法国作家古斯塔夫·勒庞写的《乌合之众：大众心理研究》这本书，具体了解个体在群体中是如何受到影响的。当然，在看这本书时，独立的思考能力也是非常重要的，否则"尽信书不如无书"。

（5）运用杠杆。杠杆是个好东西，在方向正确的时候可以达到事半功倍的效果。但是任何事情都是一体双面的，杠杆在使用得当的情况下盈利非常可观，而使用错误就有爆仓的风险。我在刚开始进入股市时，把信用卡的钱套出来用于投资，这从本质上来讲也是加杠杆的行为，最后被逼得没办法，不得不去做兼职还债。这段经历对我来讲是非常深刻的。真正有能力的人不需要加杠杆也可以获得足够多的回报，但缺乏能力的人动用杠杆只会“死”得更快。所以现在无论什么情况，我都不会用杠杆，也不建议投资人动用杠杆。如果你以是否拥有杠杆作为能否成功的前提条件，你就已经不可能成功了。

大多数人往往高估自身的能力，在你想用杠杆前不妨问自己两个问题：如果自己的投资能力这么厉害，还需要动用杠杆吗？动用了杠杆，那么一旦方向错误、市场出现极端情况，你是否还有活下来的希望呢？

（6）与股票“谈恋爱”。我们在买入个股之后，最终的目的就是盈利，这是任何时候都要牢记于心的事情。很多时候我们在选择个股时会本末倒置，就是在买入股票之后，才会去不断地找出它的利好来佐证自己的判断，而不是在买入之前去挖掘个股的信息。

这样做的后果是当你看到利好之后会不断地强化自己买入的理由，而当出现利空时会选择性地忽略，这就是投资过程中的“屁股决定脑袋”。但此时的你已经和股票在“谈恋爱”了，这样做会严重影响你对个股的判断力。永远不要成为任何股票的“代言人”，这样做的后果是会因为面子问题而死扛，最终既失去了面子，又失去了本金。

所以在遇到类似情况时，我们先要冷静下来问自己买入股票的最终目的是什么。当你“爱”上它的时候，它是不是也“爱”着你？

上述这些情况应该是大多数投资者在股市中都会遇到的“投资壁垒”，栽在其中的人不计其数。如果说做投资一定是要自己摔得遍体鳞伤才能获得成功，那么投资者很有可能在还没有成功前就已经摔得粉碎了。不撞南墙不回头，等你回头之后就会发现已经太晚了。人与人最大的差距，我认为先天是一部分，这个我们无法选择；但是后天的学习更重要。对于学习，我认为又分为三个层次：

用《道德经》中一段话来说就是：“上士闻道，勤而行之；中士闻道，若存若亡；下士闻道，大笑之，不笑，不足以为道。”

最低层次的人不愿意从别人的错误中吸取经验，同时也没有方法从自己错误的投资中反省自己，简而言之，就是“不笑，不足以为道”。

中层次的人能够看到自己投资中的错误并吸取经验教训，对于他人的错误经历有时看得到，有时看不到。如果没有人提醒他前面有个坑，他可能还会跳下去，非得自己亲身经历之后方能看清前面的道路。

高层次的人能从别人的错误中学习，不用自己亲自试错就能够站在巨人的肩膀上，这样既能走得快，也能走得稳。

其实大多数“投资壁垒”都不是技术问题，说穿了还是人性的根本问题。在投资世界中违背人性、让人觉得艰苦或者不够诱人的方法，未必是好方法，但是让人觉得心花怒放、浮想联翩、手到擒来的方法，则一定是害人的陷阱。大多数投资者面临的最大问题是总想着收获而不想付出，在得失之间很难安然处之，所以在大多数时候很多投资者都处于患得患失的状态，没有认识到“得失”是必然而不是偶然，也就很难达到“泰然处之”的境界。

随着中国这些年来的快速崛起，我们学习了非常多的站在金字塔顶端的人物的成功经历，却对数量庞大的失败者视若无睹。这种现象往往会给人一种错觉——别人可以，我为什么不行？这其中存在着巨大的隐患。成功是由多种因素构成的，并且包含着某些偶然因素，而失败往往具有更多的共性因素与必然性。

在投资过程中，我们一定要远离市场的绝大多数人，他们集体的行为是市场的一个指南针。他们的特性是每一个成功的投资人都需要努力规避的。在市场中绝大多数人感到开心的时刻反而是我们需要警惕的时刻。当市场狂热的时候我们必须远离它，当市场“门可罗雀”的时候就是我们投资机会来临的时候。

这就是规避失败的有效方法，我可以毫不夸张地讲：“股市是可怕而凶险的地方，但是对于已经走出投资壁垒的投资者而言，股市将开启完全不同的新局面。”

第四节 我们的优势在哪里

“个人投资者最大的优势在于，短期内没有太多的业绩要求，不需要参与各种业绩的排名。因此在很多时候他们也没有必要过于关注短期净值的波动，可以通过更多的思考来决定投资某一类具有内在价值的投资品种。”

在现实生活中我和很多投资人都有过探讨，我们在整个股市生态链中作为底层，没有专业的分析团队，也打听不到内幕消息，更没有获取专业数据的手段，在这个市场中我们还有赢的希望吗？我的回答是非常确定的，肯定可以。但是在这过程中我们必须学会利用散户的长处，规避散户的短处。

我们的优势在哪里——资金自有，没有业绩的压力（没有考核机制），只要专注于某一点，做精即可。

而专业团队虽然有优势，但是在这种优势背后却隐藏了巨大的隐患。比如，他们比较在意短期的盈利；虽然具有专业的研究团队，但过于分散。

在太多数人眼里，机构投资者有庞大的研究团队，这点是没错的，但也正是因为有庞大的研究团队，所以他们的精力被分摊到几百家上市公司中，而具体到某一只个股时他们反而没有什么专注度。这是由机构的基本特点所决定的。由于机构投资者在一定程度上掌管着巨大的资金和发行的产品，所以很多时候他们都遵循着一种程序化的东西，其所雇佣的研究团队让他们有更多的自信，可以研究得更宽，因为他们不但要囊括所有行业，还要对具体行业的具体公司进行细致的分析。

在很多时候正是这种“既要……又要……还要……”的特征，最终导致了机构针对具体某一个行业、某一家公司的研究深度和投入的精力不一定会超过普通投资者，甚至一些个人投资者对于某个上市公司的整体认识都超过了机构的研究人员，在我这么多年的投资生涯中，这种事情见得不少。

一、时间和排名的矛盾

对于大多数个人投资者而言，没有个人的收益考核，是竞争中重要的优势。对于机构投资者而言，业绩的考评机制，或者排名所带来的压力，很多时候会造成“劣币驱逐良币”的后果。比如由于排名的需要，有些机构会追逐“短期的业绩”，又比如某些明星基金经理，需要靠短期的优秀成绩排名，来推动本公司的基金销售业绩。

这也间接导致了很多基金经理不得不加大精力研究下一个月热点在哪里，哪些板块涨得最厉害，等等。在这个过程中，投资也慢慢变成了投机。

我们来回顾一下市场中某些明星基金经理的行为：

2016年，风雨飘摇中的乐视网获得了中邮基金任泽松的青睐，任泽松在45元高位参与乐视定增，但最终其旗下多只产品踏雷乐视网。这种现象在市场中很常见，就是过度投机化的结果。

据东方财富网统计的数据，中邮基金在2016年第四季度共亏损35.81亿元，成为当季亏损最多的基金公司。引起中邮基金连连折腰的主要原因就是乐视网股价频跌，还包括后来宣亚国际（300612）、康美药业（600518）等股票的股价暴跌。为什么这些如日中天的基金经理会在某一个时间段踩雷如此密集？我认为这里有两点是值得思考的：

短期的业绩排名的压力很大程度上要大于挖掘真正有潜力品种的需求。

很多时候这种短期排名的压力，会导致某些企业在长期竞争的优势下创造价值的能力被机构忽略。

这些行为，反映到市场的表现往往是，投资市场经常因为某一些消息如放开重组、货币的紧松、公司并购等而出现大幅度的波动，这些机会拼的恰恰就是研究的深度和获取信息的速度。我们去和他们比拼这些，显然是不明智的。

从另外一个角度来看，有些企业即使拥有非常好的前景，但是就短期而言似乎缺少上涨的因素，在这种情况下它们大概率会被机构抛弃。机构这样做的原因并不是它们不知道这些企业的内在价值，而是基金经理们需要用每个月、每个季度的排名来证明自己就是“最厉害的那个”，他们不需要考虑企业未来的成长价值。也许他们当中很多人觉得无奈，但这又是不可改变的模式。

因为二级市场的激烈竞争，很多公募基金都是做大资金规模之后，靠收取管理费盈利。所以在比拼排名时基金必须争分夺秒，甚至放手一搏，因为只有排名上去了，你的募集资金才能够跟上。甚至在坊间有很多这样的故事，比如快到各大基金公布排名的时候，为了拿到较好的名次，有的基金甚至会在排名公布前几天通过做空的方式，打压其他基金所持有的个股，以获得更高名次。

由此可见，很多大型机构在面对竞争压力时，会被各种制度扭曲其投资本来的面目。这使得它们在很多时候看起来并不如我们想象的那么明智，从价值投资变为跟踪市场的各种热点，以此来进行你追我赶。

与之相比，个人投资者最大的优势在于，短期内没有太多的业绩要求，不需要参与各种业绩的排名。因此很多时候个人投资者也没有必要过于关注短期净值的波动，可以通过更多的思考来决定投资某一类具有内在价值的投资品种。

二、知识是硬伤吗

很多投资者心里可能会有疑问，我不追求专业机构那样的覆盖广度，我就专注某一个板块，但是有一个绕不过去的问题就是专业知识的匮乏，个人投资者会不会因为不够专业而导致投资失败呢？我的答案是不会。

我们还是从实际的案例出发：乐视网在危机刚刚显现时，各大券商依然表示看好，甚至有明星基金经理公开站台力挺。你觉得他们会研究得比你更加深入吗？

所以对于企业的研究，绝不能以简单的专业知识来评判是否足够深入。就算是一个金融领域的博士，从理论来看他确实掌握了很多的理论知识和专业的基本功，懂得深奥的学术性知识并且可以写出较为复杂的模型公式，但这是否可以和投资能力挂钩呢？我觉得还有待商榷。

投资不是纯粹的科学，它没有一套标准化的模型，它最大的特点是存在不确定性。如何面对这种不确定性？虽然也需要借助一些基础知识，但更重要的是思维方式，而在很多情况下一个人的思维方式并不是以专业知识为基础的。思维方式是先天因素和后天因素共同锻造的结果，和个人的真实经历有很大的关系。

某个人即使满腹经纶，具有很强的学术功底，但如果没有经过市场的洗礼，那么他对企业是很难有深刻的认知和理解的。投资的商业思维并不等于商学院的商业思维，相反，我认为传统的教育往往受到过多的条条框框的限制。这么多年来，我很多投资的基础知识都来源于自学：关注一些博客，然后阅读一些历史方面的书籍，并沉下心来认真地思考。对于我来说，这远比学校中填鸭式的理论学习要实用。

事实上我见过很多优秀的个人投资者，他们的工作经历都与金融没有关联。假如这些还不够有说服力的话，我们可以想象一下：如果按照专业背景来区分，那么投资医药股最成功的应该是药品研发工程师，投资白酒股最成功的是应该是调酒师，投资影视股最成功的应该是演员或者导演，但在现实生活中真的是这样吗？

千万不要忘了，投资本身就是专业性极强的领域，而在看待问题的方式、评估的方法等方面，专业投资人与一般从业者完全不同。从我有限的经历来看，不管在哪个行业，真正能深刻了解一个行业的都是极少数人，而绝大多数从业者无非就是比我们多了解一些专业名词和业务上的细节，并且那些从业者对行业发展的思考及判断并不一定很深刻。

另外，互联网的普及也使获取专业性的信息变得更加简单。无论是收集行业数据，还是研读企业基本面的信息都已经不再那么困难，这就使得专业知识的壁垒被缩小在一个很小的范围内。

所以我们在投资过程中不必对学历或者背景产生盲目的崇拜和畏惧。市场中还有一种错误的意识，就是很多人认为行业专家或者企业高管可以掌控企业的命运。实际上他们虽然对运营方式和业务方面的了解远胜普通投资者，但还远谈不上掌控一切。

我们回过头看中国游戏和社交领域的霸主——腾讯。1999年底，也就是腾讯创办1年后，当时OICQ（QQ的前身）注册用户数已经达到了100万，但空有用户，无法盈利的日子并不好过，腾讯的账上只剩下1万元现金了。马化腾开价300万元，想把公司卖掉，却处处碰壁。买家们的态度很相似：不理解腾讯这些无形资产的价值。他们甚至还用腾讯的电脑、桌椅的数量来给腾讯估价——这让马化腾非常沮丧。

马化腾想把公司卖给“赛格”但被拒，绝望中的腾讯，在辗转中终于找到了一家风险投资公司。面对投资人的问题：“你怎么看你们公司的未来？”马化腾沉默了好一会儿，然后说：“我也不知道。”面对投资人的拷问，马化腾一再重复：“我只知道这个东西大家喜欢，但不知道向谁收钱。”但最终，这家名叫IDG的风险投资机构，还是冒险投资了腾讯。

包括像阿里巴巴上市之前，很多高管也都是因为各种原因纷纷将手中的股票套现一部分，如果他们知道现在企业的市值，你觉得他们还会在上市前将手中的筹码抛出吗？

三、弱水三千，只取一瓢

现实生活中大多数人不可能既成为优秀的篮球运动员，又成为优秀的拳击手。

这种“既要……又要……还要……”的本领多数人都不可能获得。因为一个人无论是体力还是智力都是有限的，做精一件事情就已经很费力了，很少有全能型的选手，我想大家对于这个看法应该没有太多的异议。

但是好像到了股市中这种常识就被忘得一干二净，股市中4000多家上市公司，它们无论是业务范畴，还是公司内部的管理环境都是各不相同的，所涉及的专业知识也五花八门，但很多投资人却似乎很有信心可以搞懂它们，事实上这种认知即是对自身能力的极大高估，或者就是那些投资人低估了知识面的难度。

我和一些投资人在聊天时经常会谈到，如何正确地认识自己的能力和局限。老子曾经说过“知人者智，自知者明”，《三国演义》的主要人物刘备，就是非常“自知”的，早期在和其他诸侯竞争时，虽然武力有余，但无奈智力不足，特别是早期在和曹操竞争时，屡战屡败。后来他为什么要“三顾茅庐”？就是因为看清楚了自己的弱点或者说当时团队的局限性，所以后期在和曹操的竞争中才能慢慢地赶超上来，实现三分天下有其一。

所以很多时候我们一定要弄清楚，什么事情是我们能力范围之内可以做的，什么事情是超出我们能力范围的。很多时候正确地认识自己也不是一件简单的事。

认识自己的能力圈有多么重要？在投资世界中，我们每时每刻都会受到“市场先生”的诱惑，如果不了解自己的能力，就很容易被各种事物诱惑，这会导致我们偏离原本熟悉或安全的轨道，进而踏入未知的风险。

这些年为什么很多企业纷纷出现经营困难，就是因为它们在宽松时代盲目地进行跨界投资，或者跨界经营。所谓人贵在有自知之明，你在自己熟悉的领域中经营企业如鱼得水，而一旦跳出这个领域你认为还能够做到如鱼得水吗？在投资中同样如此，每一个希望在股市中长期存活的投资者，都应该谨记巴菲特对此做出的忠告：“对于投资人而言，不要认为自己有多大的能力，而要清楚自己的能力圈在哪里。”

确认能力圈需要考虑自我认知。关于自我认知需要考虑两点：

个人的性格：在大多数情况下，个人的投资能力和性格是息息相关的，每个人的能力都是与性格有所关联的。比如有的人对于商业信息非常的敏感，能够快速地找出其中的投资机会；有的人可能不善于处理各类信息，但是非常有耐心，可以等待机会。自己的优势是什么？最大的弱点是什么？认清自身性格是提高投资能力的前提。

知识的背景：每个人都是独一无二的，知识背景的差异也会导致每个人在研究时关注的角度和理解的程度不同。但是相对于性格而言，知识面是可以通过学习得到拓展的。对于那些具有学习热情和高超的理解能力的投资者而言，随着知识面的扩张，扩大能力圈的范围是可能的，但需要注意的是，知识面的扩张并不等于能力的提高。将外部的知识用于具体的判断是一个极其复杂的过程，这也是最容易受到干扰的。

从我个人的角度来看，研究的深度远比广度重要，有时候强调研究的广度并不适合个人投资者。当然，如果是处于投资初期的投资者，广泛地尝试不同领域也是有必要的，因为在很多时候想要知道自己是否真正掌握那些知识，或者说能力圈的范围在哪里，需要在广泛涉猎的前提下通过观察而得出答案，然后再来专注于这些领域。

记住，猎人在捕猎时，一定会在附近多设置几个陷阱，最后在驱赶猎物时，将它赶至早已布下的陷阱中。这个过程就是我们逐渐收窄包围圈的过程。

第五节 对刚入市朋友的几点忠告

“投资市场很多时候不是看谁比谁聪明，而是考量一个人的耐心程度，看谁更加有耐心，等待对手露出破绽，乱了方寸。将一副好牌打好，并不算什么；如何将手里的一副烂牌打好才是关键。”

遥想2007年末，那个时候我刚刚进入股市，觉得股市中有那么多的机会，随便抓住一个就能走向人生巅峰。大部分人都是抱着这个想法冲进股市的。20%的收益？不值一提，不就是两个涨停板的事。

有些事不亲自经历，就不知道什么叫无知，俗话说得好：“事非经过不知难。”只有当自己从头到尾经历了一遍之后，才能有深切的体会。最朴素的东西，其实大家都懂。只是我们总是身处资本市场而当局者迷，却还自以为自己很厉害。如果一开始盈利或者一直盈利，便自信心爆棚，但这绝对是个危险信号。

巴菲特说过：“在牌桌上如果花十分钟的时间还没有发现谁是笨蛋，那个笨蛋很可能就是我们自己。”股市是具有很大的投机性的。因为各种原因，巴菲特理论在国内的实践中其实并没有得到大多数人认可，世界上也没有出现公认的常青树式的复制巴菲特模式的投资人。全世界好像仅此一家，别无二处。

在投资市场很多时候不是看谁比谁聪明，而是考量一个人的耐心程度，看谁更加有耐心，等待对手露出破绽，乱了方寸。将一副好牌打好，并不算什么；如何将手里的一副烂牌打好才是关键。

这里我总结了自己多年来的经验：

（1）不要频繁操作。

刚进入股市时，我就有一个想法，每天通过短线交易获利1个点就可以了。这样一年下来的收益也很可观，想想都觉得很美好，是不是感觉马上就走上人生巅峰了？但短线交易只会让你迷失自己，每天为了蝇头小利疲于奔命。

（2）不要在临时看盘时做临时的买卖决定。

这是很多朋友都存在的一种普遍情况，包括我一开始也是如此，看到盘中哪只个股涨得好，就开始买入。于是很多买入的决定都是临时起意，根本就没有做好一个完整的计划，我在遇到师父之后才开始慢慢改变这种交易习惯。做一次交易就好比进行一场战争，需要预先考虑各种突发状况。否则一旦出现走势与你的预期不一致时，你就会焦躁，最后做出不明智的决定。这种交易状态我也是在经历了几年的磨炼之后才慢慢改变的。

我不打无把握之仗，但即便是这样还时有出错，所以临时决定买卖点的容错率可想而知。于是在做交易之前我们一定要有一套完整的交易计划书，自己能承受的损失最大可达到多少，准备投入多少资金等。

在交易柘中股份（002346）时，由于我前期做好了各种方案，所以在买入之后即使出现了跌停，也不至于动摇自己的整个计划。预先设计各种情况的发生，最后才不会不知所措。“计划你的交易，交易你的计划”是走在成功道路上一个必不可少的条件。

（3）越是明显的趋势越容易赚钱，如果你没耐心和技能，那就在最明显的趋势里进行操作，趋势不明时就放弃操作。其实很多时候长期趋势比短期趋势成功的概率大很多，确定性也高很多。

图1-10至图1-12是某只个股的日、周、月线级别走势，通过图1-10至图1-12，是不是已经可以看出无论是短周期还是长周期，这只个股的走势都已经是非常明显的大周期向上走势，这种走势的形成是不会因为某些利空而发生转折的。

走势的形成或者某种向上趋势的形成，一定是用钱堆出来的，资本市场里又有什么比用钱堆出来的更加可信呢？除了走势又有什么可信的？资本市场的运作，除了钱还是钱，而钱在市场上的运行轨迹就是走势，这是唯一可以通过观察得出的资本市场运行特征。一切的基本面、技术面最终都要落实到走势上，也就是最终要让钱来说话。这就是做大趋势的好处——跟着钱走。

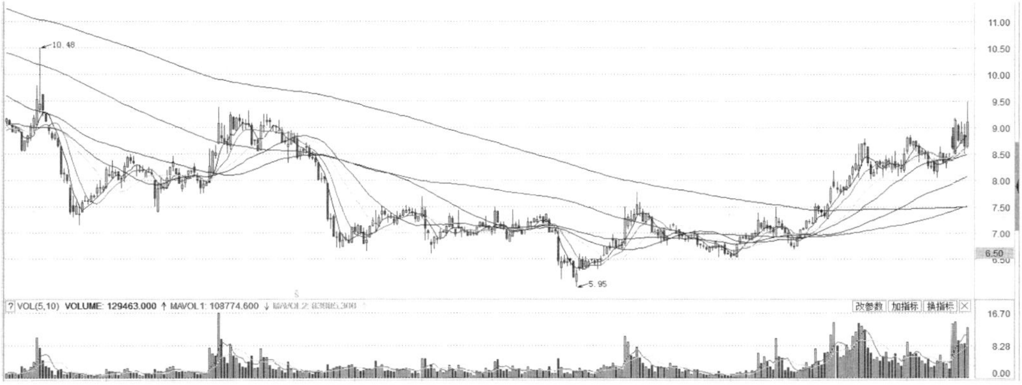

图 1-10 日线级别走势

图 1-11 周线级别走势

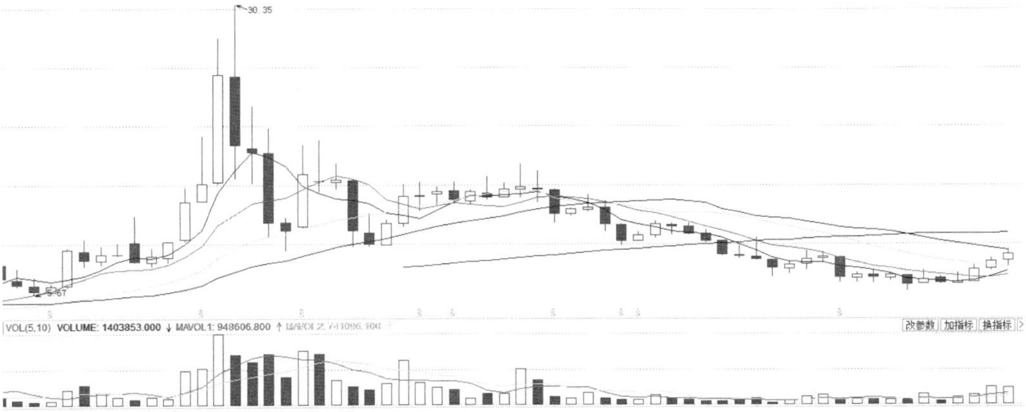

图 1-12 月线级别走势

（4）防止轻微变动就触及止损线的最好方法是不要一次性重仓买入。

这点对于职业交易选手来讲是非常重要的，因为这涉及平仓线和止损的底线。

在买入某一只个股时，它的短期走势可能会和你的判断有所差异，而短期走势往往也是最难预判的。我在柘中股份（002346）的交易中，就已经想到这方面的变数。所以我一开始就只买了6成仓位，该股在短期内跌10%还不触及我的止损线，可以继续持有，但如果买入的个股一开始就跌破了你的防线，那么不管怎么样，先走为上计。不可否认，有的时候这样做往往会卖在低点位置。但是我们拉长周期看，会发现这种交易方法往往能够让你躲避很多陷阱。

决定重仓要有三个前提：①基本面分析到位；②技术形态很好或较好；③分批进场。

（5）不能为了扩大仓位而缩小止损位。

为了扩大仓位而缩小止损位，会导致自身无法抵抗正常波动，最后频繁止损。至于那些高手所谓的2%止损位，一般投资者估计不用想了，“割肉”就割“死”了，还是深入研究，控制仓位比较重要。止损对于那些总是喜欢全仓进出的人极其重要；而对于仓位控制比较好的人而言，如果你用20%的仓位进入市场，即使浮亏50%，对整体的影响也才10%。因此所谓的设置止损位多数是对全仓进出或做短线交易的人比较有效。如果你的进出是有计划、有节奏的，没有必要设置止损位，只是不要大量被动加仓就行了。

（6）决定输赢的是点位。

再“牛”的股，若不是在低位进入，你就体会不到它的“牛”，如果是在它“牛”了很久之后再进入，那你就是见证它如何从牛股走向熊途的见证者。

这里我们要重点谈的就是成本、成本、成本！也就是我们经常谈论的安全边际的问题。成本的多寡直接影响你的利润多少，抛开成本谈利润则一切都是虚妄的。试问即便是伯克希尔–哈撒韦公司的股票，在50美元和200美元的时候，哪个安全边际更高、预期的收益率更好？不言而喻。

（7）股价在急跌之后，不要轻易地去抄底博反弹，以防止价格出现进一步下挫。待股价出现企稳之后，再选择进场便可。

这里就涉及一个接飞刀的理论。当飞刀正从你面前飞过时，你伸手去接，难免会被飞刀所伤。而正确的方法是等飞刀自己掉在地上、弹了几下之后，你再去捡起来，这样便不会为飞刀所伤。

在股市当中同样如此，如图1–13所示，当价格从高位出现快速下跌之后，这个时候你入场去博反弹就犹如伸手去接正在空中飞行的飞刀，很容易为飞刀所伤。所以正确的方法是等股价在低位出现止跌信号时，再来选择买入，此时的股价就犹如掉在地上弹了几下的飞刀，是比较理想的买入点位。避险总是对的，如果出错了，你只是损失一个机会而已；可一旦价格继续下跌，没有避险那就是万劫不复。

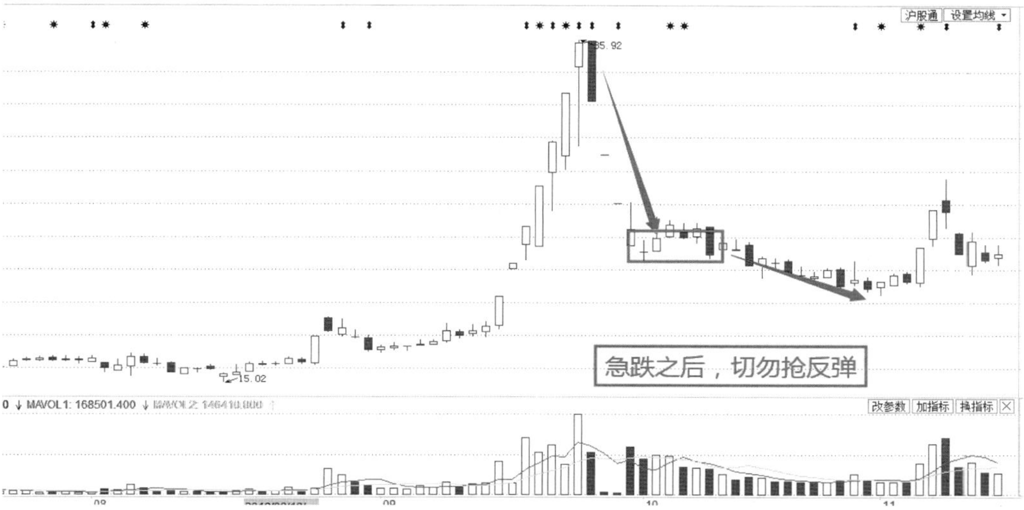

图1–13　急跌之后再次出现下挫

（8）顺势赚钱要跑得慢，而突然赚钱（反弹）和亏钱要跑得快。

不要在下跌趋势中抢反弹。什么叫下跌趋势，就是个股在你自己设置的长期均线下怎么涨都跟你没关系。比如在250日均线下面，每一次大阳线或者反弹都像是“北京烤鸭店里的铁钩”，不是利润，死在上面的多数是抢反弹的高手。善游者溺，善骑者堕，不做下跌趋势的股票，短期走势再好都不做，这种钱和我们没缘分。

如图1–14所示，所谓顺势赚钱要跑得慢，大部分情况下，一段大趋势的形成具有很长的延续性，短期不会因为市场的下跌而出现逆转，所以当你处在上升趋势中时，不要被短期的调整洗出局。一般情况下股价在见顶时都会出现短期快速上冲或者成交量放大、换手率增加等见顶信号。当股价出现此类情况时，往往就是一轮行情的终点。正常情况下，股价到了高位多数会出现震荡。

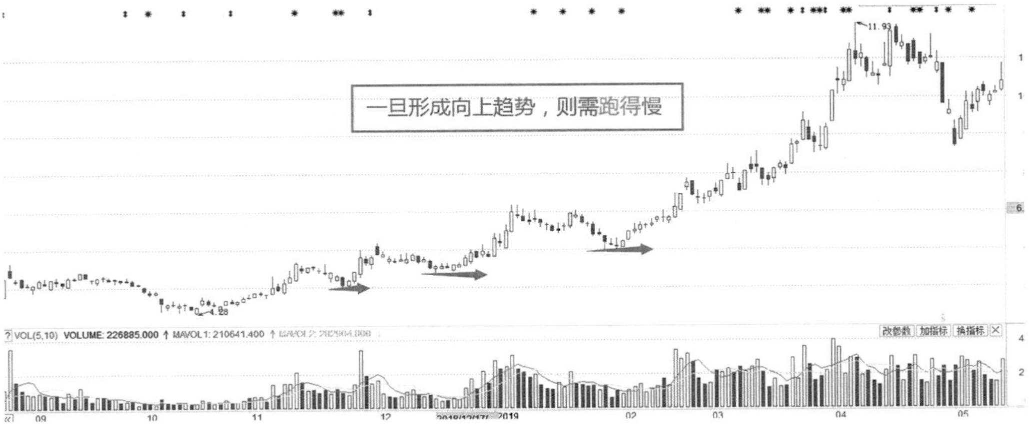

图 1–14　股价稳步向上

还有一种特别强势的见顶信号，如图1–15所示，个股在高位出现连续涨停板，之后快速下跌，在K线上形成断头闸刀的形态。这里出现的见顶信号越强，后期下跌的速度也就越快。

图 1–15　股价逐渐创出新低

不要在下跌趋势中抢反弹。当趋势都是空头排列时，你每一次买入的价格都很有可能是接下来一段时间的高点。个股一旦形成这种走势，就没有必要买入。任何交易一定都是小趋势服从大趋势的，如果大趋势已经走坏，小趋势也就必然以下跌为主，哪怕短期有反弹，也是诱多现象。短期反弹是为了接下来更好地下跌。

第二章
技术的本质

大多数人进入股市最先接触到的就是技术分析，这也是在市场中传播得最广的分析方式。有没有用？当然有，但是我们一定要弄清楚技术背后的本质是什么。个人认为技术的本质在于“记忆”，或者可以称为“大数据统计分析”。当某一段走势形成之后，根据大数据分析提前推演，我们可以进行求证以及判断。当然，技术分析也只能推演中波段以上的行情走势，对于短期而言是无效的。

第一节
专注熟悉的个股

“找一只你对它最有感情的股票，好好地一直做下去。”

对于成长股的投资，虽说我自己也有些经验，但现在还不是很成系统。通过师父我接触到了一位专做成长股的牛人，和朋友聊天经常谈起这位牛人的经历，我们发现他专注的个股一般不会超过两只，大部分情况下就是一只个股。这位牛人十几年如一日，有机会就下重注，没有机会就在那等着，每次向他请教，他都是以喝茶聊天的形式给我讲做成长股和专注个股时需要具备哪些因素。我认为他所说的都是较为顶级的理念和手法，他就是这样实现了今天的亿万财富梦。在夜深人静的时候，我经常会反思这一路走来的经历，是不是被股市的外表以及市场的喧嚣所诱惑，迷失了自己。

毕业之后我来到广州，从事股票投资这方面的工作。在这段时期，我遇到了很多在券商工作的朋友，也有操作游资的朋友，在朋友的帮助下，我学到了很多东西，真正了解到市场的投资真谛，也认识到市场的残酷。我发现股市的很多走势，都是有其内在规律的。我在这段时间也成长得非常快，感谢那段时间遇到的人和事。

也是在这段时间里，我遇到了我的师父，之后就一直跟着师父操作。我记得第一次跟着师父操作的股票是平高电气（600312）。当时我们在10元附近开始买入，在中间大级别的波段都会浮动操作一把，后来在15元附近陆陆续续全部卖出，如图2-1所示，之后就去操作其他的个股了。虽然没有从头跟踪到尾，但是通过这样一种来回滚动的操作，我能够感受到个股的“呼吸脉络”。这是我第一次用一年的时间只做一只个股。当然这只个股就收益而言一般，但是让我感觉它就像朋友一样，这就是专注的好处。后来在2017年我自己独立出来做投资，难免有些浮躁，需要自我反思。

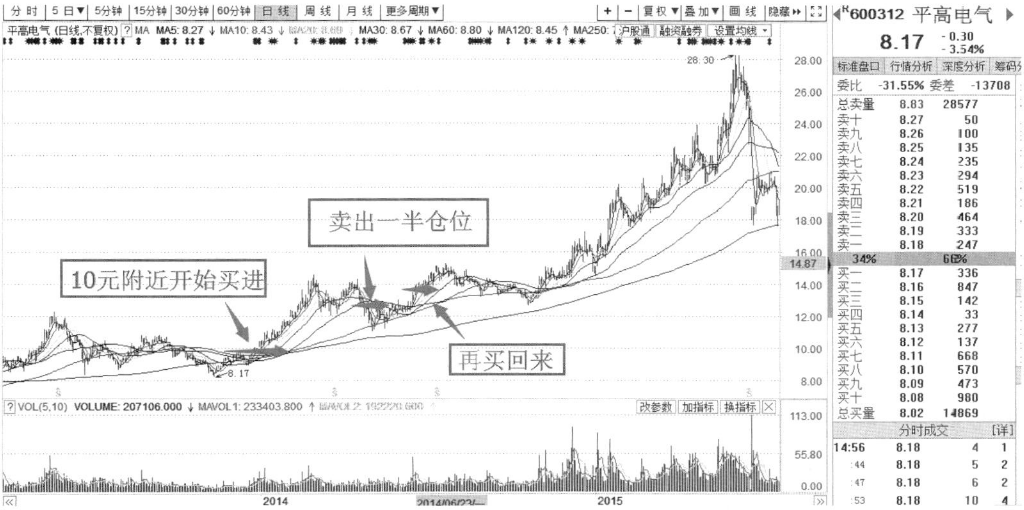

图2-1　平高电气（600312）中间“来回做T”

师父告诉我：第一，耐得住寂寞，方能守得住繁华。股市中没有常胜将军，如果有，那都是在市场中熬出来的，行情好的时候，多努力研究，争取收益超过平均水平；行情不好的时候争取少亏点，少亏就是赚。第二，要学会专注。当然入门者在开始的时候会比较难，但是要朝着这个方向前进，快点慢点都没有关系，因为股市中的成功就是熬出来的。要放慢节奏，股票有时候就需要我们慢慢做。有时候快就是慢，慢就是快。我现在还没有达到师父那个水平，但也在朝着那个方向前进。第三，对于自己操作的个股的基本面，一定要吃透、吃透，再吃透！长线作战重要的是关注基本面，看公司的内在价值，如果一个公司的订单排满未来两年，业绩预期会出现大幅度的增加，这就是我们加仓的底气所在；如果不能肯定这个基础，就会走进投机行列。由于当前各种因素，A股市场真正值得长期关注的个股并不多，所以有很大一部分个股都是在反复轮回。仓位小、短线操作手法好的投资者，短线投机几下没有问题。如果资金体量达到某个临界点，却还采取投机思维，投资者就很容易失败。

我现在一年只会储备10多只个股，具备可操作性的可能就2～3只，具体要看市场走势。运气好的时候节奏可以快点，运气差的时候就慢慢做。比如2019年上半年我就淘汰了2只个股。

记得在2019年上半年，我认识了一位股民朋友，他在2019年上半年的反弹行情中竟然还会亏钱，原因就是两点：涨了两个点就抛，跌了两个点就割。很多时候个股往往是上午一割完，下午就快速反弹，他因此不断地跟我眼泪哗啦哗啦地诉苦。

我这个人是见不得一个大男人这样哭哭啼啼的，心一软，就找了一只规律性和节奏感都比较强的个股给他，告诉他在什么价格买进，在这只个股涨到什么价格时坚决卖出，卖出之后就不要管了，该做什么就做什么，安心地等待价格回到你第一次买入时候的价格再买回来。

没过多久的时间，这只个股上去了，而我也收到他一堆堆感谢的话。人就是这么现实，搞得我浑身起鸡皮疙瘩，不禁让我想起“捧杀”比“棒杀”的威力更加可怕。

时间过得非常快，一个月的时间过去了，他亏损的钱也回来了。他问我：“涨的时候能不能一直拿着不抛？”我回答他不抛的话，行情很快又将回落。我坚定地告诉他抛了，做下一波吧。最后好像他确实也抛了。原以为事情就这么过去了，但我还是想得太简单了，人心永远是那么复杂、多变。

接下来，他时不时地给我发信息，内容无外乎是什么价格可以再次买进、忍不住要买回来，等等。我跟他讲，节奏一定要控制住，不然会吃大亏，耐得住寂寞，方能守得住繁华。其实我内心还是知道的，我说的这些话对方不一定听得进去，良药往往是苦口的。

一直以来不太爱被别人打搅的我，被他频繁地骚扰，所以不得已将他的联系方式删掉。删了之后的某天，他从另外的渠道找我，却又是第一次见面时的表情，哀求、恳切，因为他又被套了30%。

但这样的结果，完全在我的预料之中，不过此时的我已经没有什么兴致和心情听他讲这些。他讲了很多“假如、但是、可能、从来、结果”，所有的话语中，没有一个字说到自己贪心的过错，也没有认真地总结、反思自己。

在股市待久了，你就经常会听别人讲某某个股的走势看不懂。现在沪深两市加起来个股已经超过4000只了，即使机构投资者养着一大批分析师，配备最顶尖的分析队伍，我相信他们也没有能力将所有的股票研究清楚。说到底还是只能在自己的“一亩三分地”上进行买卖。咱们这些中小投资者，就更加需要精挑细选自己最为熟悉的品种了，其他的个股你不懂没有关系，只要懂一只个股就足够了，了解它的脾气，熟悉它的规律，我想这个道理很多人都不明白。

个人觉得，中小投资者真正做好一只股的精力都有限，何必再去买卖那么多的股票呢？现实生活中失败的故事里，乱买乱卖、操作频繁者占多数。我甚至还见到有些朋友，手中可能就只有几十万资金，但持有的个股数量却超过了两位数，每只个股就只买几万元，还美其名曰“分散投资”。你在市场这样操作根本就不是来赚钱的，而是来送钱的，既然操作的成功率与操作次数不成正比，为什么还要瞎折腾？最终也只会沦落为券商打工的人。

也有不少人有这样的习惯，容不得账户里一天有现金，容不得一只股票有获利，一有获利就抛售去换下一只，只有等完全套住了人才老实了。

再复杂的事情，我相信只要专一、专注地去做，反复地做，都能做好。还记得卖油郎的故事吗？一件事情做的时间久了，才能做精。熟是精的前提，多做是熟悉的前提。通过多年的锤炼，在做好“一”的基础上，自然能够举一反三，获得长足发展。如果一个简单的“一”也不想做，并且做不好，那么其他的新鲜事物就更难掌握。这话是我对自己所从事的全部工作，特别是对股票操作的经验概括。

在股市操作中，再复杂的事情，只要专一、专注地从“一”开始，反复做，重复做，再笨拙的人都能将之做熟，将之做精。

找只你对它最有感情的股票，好好地一直做下去。

如果一只股都做不好，就不要把网撒得太开。

这是我最想说的两句话。

你能够做到吗？

第二节

做精一种趋势

"成功不是与生俱来的，而是从你决定去做的那一刻起，持续积累而成的。"

一、轻指数、重个股

现实中散户是靠个股来盈利的，而不是通过指数点位来赚钱的。虽然我们说有股指期货，但是在增加杠杆的情况下，没有经过专业训练的投资者入场无异于飞蛾扑火，自取灭亡。所以大部分投资者还是要靠抓个股来盈利，哪怕猜对了指数的运行方向，可是没有把握好个股，同样难以赚钱。事实证明，我们在投资过程中只有通过捕捉上升趋势良好的股票，才可以抵御大盘震荡回落带来的下行风险，在震荡市中把握住个股机会。

二、紧跟主流资金方向

个股的上升趋势良好，是投资者长期做多的结果，或者说是由某一个事情引发的群体性事件的结果。这些个股是市场在一个阶段中资金的热点，无论是价值投资还是价值投机，只有在顺势而为、跟随主力做多的情况下方能盈利。

三、"做精一种趋势"的重要性

在本书前文我们讲到了"专注熟悉的个股"的必要性，现在我要强调的是"做精一种趋势"的重要性。投资者只能靠抓住技术趋势和价值趋势不断上涨的具体个股赚钱，这是落到实处的根本性问题，而其中的精髓就是做上升趋势良好的股票。牛市阶段上升趋势良好的股票比比皆是，而在熊市或者震荡市中这类个股就很少了，如果没有抓住这些个股，那么亏钱或者被套的可能性就很大。

在市场中待得比较久的股友都应该明白，A股市场历来是"牛短熊长"。牛市往往是大众狂欢的市场，也正因为如此，它的时间周期才比较短。而股市更多的是震荡市。自2015年股灾之后，2016年至2018年初这两年时间的股市其实相对来说还是具备了一定的可操作性，这期间虽然没有出现千股齐涨的局面，但是少数个股的波段趋势还是存在的。这就需要我们在平时选择个股的同时注意把握市场节奏以及政策导向，这些因素最终反映到股价上时，必然就是趋势的形成。一切政策及资金最终都会以趋势性走势反映到股价上，这就是“做精一种趋势”的重要性。

为什么有的人能够在震荡市或者是熊市底部的趋势下保持不亏，或者还能赚钱呢？其根本原因就是“抓住了上升趋势良好的个股”。可能很多股友会认为他们是侥幸抓住了市场热点的投资机会。但这些仅仅是作为“果”的存在，如果抓住一次算是运气好，那么抓住第二次、第三次就不是运气好了，而是因为“因”的存在。资本市场是一个只讲结果的地方，是以盈利和亏损作为评判标准的。当你熟悉一种趋势的时候，只需按照这种方式重复地去操作，就能保证盈利，这也是“做精一种趋势”的重要性。

四、买点

从买点价格来看，投资者基本上都是按照过顶突破的形态进入市场的。有的时候价格可能高点，这是因为投资者在等待上升趋势完全确立。这样做一方面回避了主力假突破的引诱，另一方面也是为了避免主力的洗盘、震仓的煎熬。我们换一个角度来看，如果采取的是注重小趋势、小波动的方法，那么可以肯定他们完全受不了市场的变化，会随便把筹码抛售出去，那样的结果就是赚不了几个钱。

或者他们也可以在主力挖坑洗盘的时候买进。那就是在个股趋势没有走坏的情况下，一路捂股走下去，或者等待股票下跌到趋势线下轨支撑时再买回来，通过这种方法降低长期持股成本。

其实我想说的是：①在自身长期持有上升趋势良好的个股情况下，先不要着急关注下一只个股，因为这样做很容易导致分心。只要手中个股的长期技术趋势没有被破坏，我们还是要做到那四个字——“能忍善捂”，并且也要做到专一、专注，绝不轻易动摇。②长期趋势向好的股票别轻易地进行短线买卖，别去幻想高抛低吸降低成本。当我们持有长线股，一旦有短线抛售的想法时，就会容易动摇自己的信心。比如你的计划价格出现了，正当你犹豫是否买进时，主力突破启动重新上涨的模式，打乱你的节奏，你的心态就会发生变化。或者说你卖掉股票以后，看到其他热点的出现想临时参与一下，然后再回头捡起自己的长线股，这样折腾容易“自乱阵脚”。而且随着主力一次次洗盘，很多散户会被洗出局。过于看重短期波动不但会令投资者无所适从，还会让投资者丢失真正的牛股。不可把自身对股票买卖的希望寄托在小区间或者小波动上，这样做是没有前途的；也不必那样看重分钟级别的指标。碰到长期趋势向好的股票就做、就留、就捂；反之，一概不做。这既是原则，也是制胜的法宝。

“事非经过不知难。”其实不管是做股票，还是做人，内在道理都是共通的。没有经历，何来感悟，也自然领悟不到事物本身的真谛，投资过程中大趋势可以理解为大盘的大趋势，也可以理解成个股的大趋势。牛市有熊股，熊市自然也有牛股。我们要学会在不同的市场环境下，始终保持对良好趋势中的个股的关注，同时也应该及时规避下跌趋势中的个股。

这一点我身边有一些朋友做得就很不错，比如2019年4月下半旬之后，指数开始调整，很多个股又回到了指数在2500点时的价格位置。而在大盘整体下行的情况下，他们还能获得不错的收益。这其实就是“做精一种趋势”的重要性。

很多投资者从最初的天天看盘，过渡到无须整日看盘，只需要隔段时间检查手中的个股长期趋势是否走坏就可以指导自身的投资。这代表着一种投资观念的成熟，是最后晋级的必然要素。

佛经里有一个故事，佛陀有一名弟子叫阿难，见多识广，记忆力超群，跟随佛陀二十余年，对佛陀的说法都能倒背如流，懂的东西很多，被誉为多闻第一。但是直到佛陀入灭之时，他都未能开悟，便悲痛而哭。看到这里我感悟颇多，懂得多的都未必能开悟。现在的人拿着手机，通晓天下大事，但那又如何，什么都知道的人往往什么都不懂，而且很浮躁，还不如沉下心来只钻研一门学科。就比如在浮躁的股市中，还有几个人能静下心来看几份年报呢？世上的智慧往往是相通的，当你在某一个领域达到很深的造诣后，就能一通百通了。

成功的投资当然需要足够的智力作为基础，但是聪明人在股市中并不占优势，如果仅从智商角度来考虑的话，相信没有多少人的智商能够超越牛顿。但是在1720年，牛顿在当时风光无限的南海公司的股票上却做了并不明智的选择。当时南海公司的股票已经大涨了一段时间，牛顿高位买入该股，最终亏损超过2万英镑，相当于当时一个教授几十年的薪水。牛顿事后哀叹道：“我能计算天体的轨迹，却无法预测人性的疯狂。”

对于绝大多数人而言，上当受骗并不是因为骗局的技巧有多么高明，而是因为我们内心深处存在某个强烈的欲望。骗局只是一根火柴，潜藏的深层次的欲望和诉求才是一大堆稻草，而理性是这两者之间唯一的防火墙。所以高明的骗局往往不是去表演，而是去寻找你内心隐秘的需求。股市让人失去理性的道理与之很相似，把欲望扔进一个充满神话并且可以自由行动的环境中，其结果如何并不难预料。

所以自我情绪的控制其实用两个字就可以概括，那就是“理性”。所谓理性，基本的特点是不易冲动，不被情感影响判断力，重视证据和逻辑，不易因受到外界的压力而影响正常的思维判断力。在我看来，难以保持理性的重要原因就是失去了平常心和每天患得患失造成的心理失衡。

浮躁，本是年轻人的代名词，随着年龄的增长、阅历的丰富，浮躁的心态是可以慢慢被戒除的，但是在A股市场年龄与浮躁好像并不是成反比的。频繁地进行短线买卖，上升趋势时手里握不住股，或者下降趋势中手里拿不住钱，都是心态浮躁的表现。

短线买卖个股的方法，需要一定的技术分析做基础。但是实现投资境界升华的方法并不是拥有高超的技术，而是拥有一个良好的心态。心态的培养是一个日积月累的过程，首先就是戒除你的浮躁。浮躁的直接表现就如猴子掰玉米，不停地掰，最后到手里的果实却没有多少。浮躁反映到股票的买卖上来，就是不断地买卖股票，可最终的收益却不理想。既然股票投资的收益不是由买卖的次数决定的，那为什么不把时间花在选股上？一周做一只行不行？一个月做一只行不行？半年做一只行不行？一年做一只行不行？这样下去你的投资水平必然突飞猛进。

之所以很多人都说做投资者一定要经历过一轮牛熊才能够由青涩走向成熟，是因为投资者只有经历一次大赚和大赔之后才会认真思考。对比之前操作过的股票就会发现，投资者只要做对大趋势，在令人恐慌的大熊市中也是能够有所斩获的。这其中经历了多少磨人的环节，在投资的道路上等待又是多么重要。

投资注定是少数人获胜的游戏，最终的胜利者一定不是最聪明的那类人，而是最有智慧的那群人。千万不能人云亦云，多一点独立的思考，多一点理智和清醒。很多人缺少的不是技术，而是一种特立独行的思维方式。

努力锻炼自己做长期趋势，投资要有大气魄、大手笔，别拘泥于小节。对于在行业周期向好、长期价值趋势向好的“双底”概念中的个股，我们要找准波段底，找准中级低点勇敢做多，才会有出路。

在投资压力大时，读心灵鸡汤、找高人指点都是没有用的，关键还是要严厉审视自己是否在做正确的事，是否在正确的时间里做出了一个有极高概率并且拥有优异赔率的决策。没有以这个为前提，一切都是自我安慰，这是非常危险的。

几乎人人都懂大道理，但是能够做到知行合一的人不多，谁做到，谁就成熟了。在投资世界里越是投机，越是看重小趋势、小波动，越容易失去大机会。有几位长期与我联系的投资人，他们在不到3个月的时间里，买卖股票的次数已经超过了10次，所买卖的股票多达十几只，而且基本都是走下降趋势的股票，他们的亏损就是这样来的。

不论市场处于什么情况，投资者必须顺应大趋势。你可以暂时忽略指数的运行（只要不是出现股灾式的下跌），但必须管好自己手中股票的趋势，这个趋势不是小级别趋势，而是中长期趋势。如果你持有的是一只“双低”标准的个股，它的技术趋势和价值趋势开始缓慢走出低谷，周K、月K线都慢慢抬头，或者持有的是一只长期趋势非常漂亮的稳健的个股，你不但不要轻易抛售，反而可以跟随主力步步加仓（当然前提是涨幅不能太高）。

在这期间如何进行学习？在复盘时找出几只长期趋势良好的个股进行观察和分析，绝对不要去看那些大势已去的个股。投资过程中需要“有放有收”，如果按照技术分析理解，就是处于下降趋势的个股一律不做，这里体现一个“放”字；如果按照基本面分析理解，就是受产业政策压缩控制的行业要远离，这里体现一个“收”字。

在复盘时，要记录心态、选股技巧、捂股能力以及风险控制要点，一旦手中持有向上趋势的个股，记得要远离市场操作，因为盘面在波动时会影响自己的心态，是谓关心则乱。当你能够做到这些时，就说明你已经成熟起来了。每个人在投资之路上都会犯错，这是正常的情况。但是不要去为失败找借口，只找成功的理由，才能不断成长。

经常亏损的人有一个典型的特征，就是经常在做判断。我们暂且不说判断的成功率有多少，因为他们的判断与行为经常背离。而强者正好相反，只对那些极其关键的事情进行判断，对于判断总是很谨慎，除非判断的基准改变，否则很难放弃已制订的执行计划。

成功不是与生俱来的，而是从你决定去做的那一刻起，持续积累而成的。我把这句话送给所有还在股市中挣扎的股友们！

第三节
论牛股的第二波

“当下的市场基本资讯，只能决定当下的市场价格。你如果不能思考资讯对未来的影响，那就只能‘泯然众人矣’，和市场大多数的投资者一样去追逐跟风、随波逐流了。”

在和很多股友交流时，我们常常会谈到牛股的第二波形态及出货的方式。我也梳理了一些相关知识点和需要注意的地方，不一定对，只是个人的一些投资心得或者说经验之谈罢了。

我们在复盘时常常会发现有一些个股在走完第一波快速上涨走势之后，经过充分调整，不知是何种原因令其再次走强。这种情况在A股当中时常发生，接下来我们就透过股价的表象来看本质。

我们先来看看短期牛股的走势（图2–2至图2–4）：

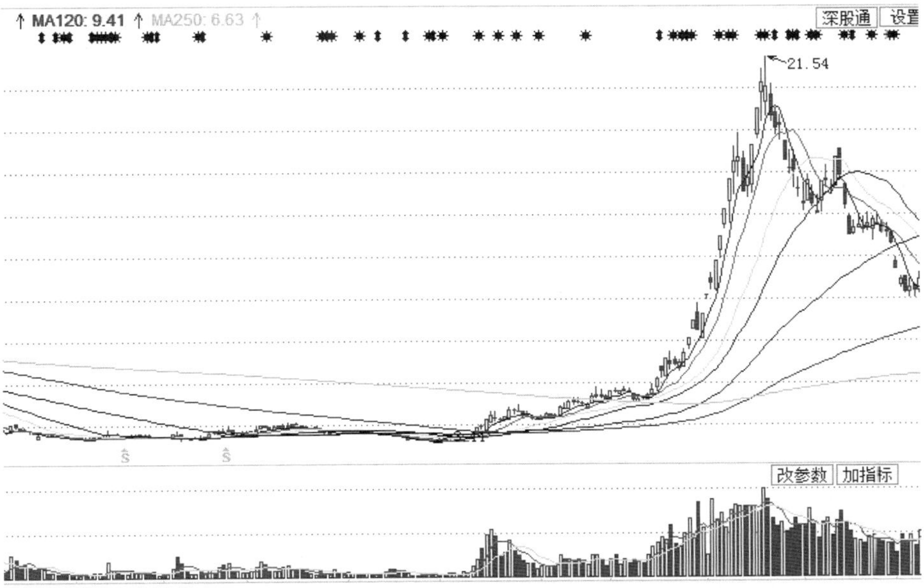

图 2–2 股价快速上升（1）

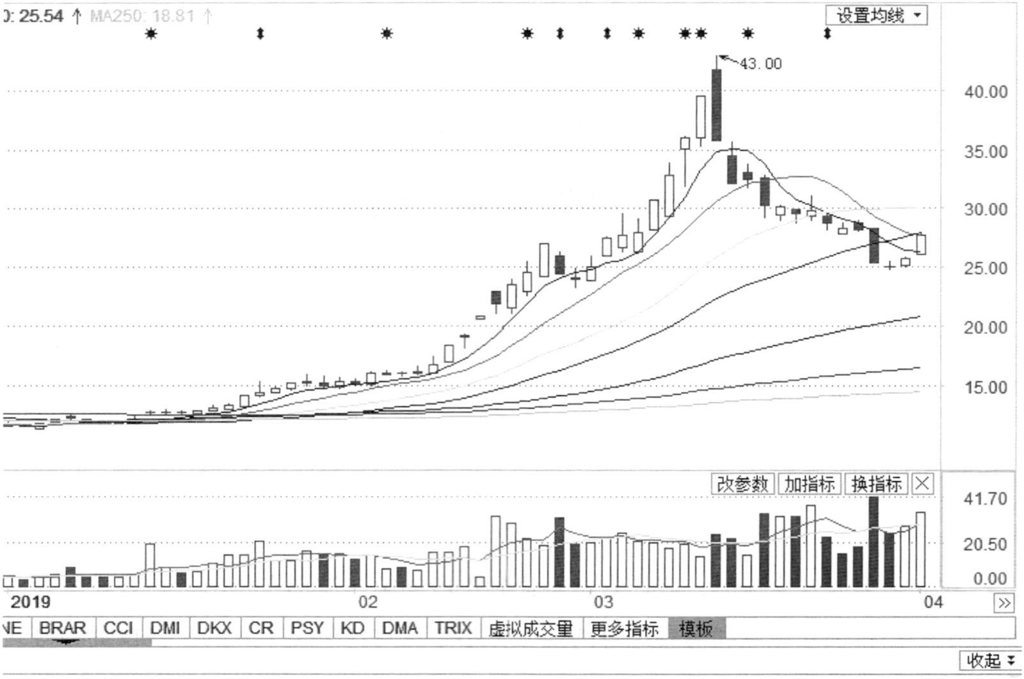

图 2–3　股价快速上升（2）

图 2–4　股价走强

这些都是短期非常强势且出现较大涨幅的品种，这种形态在市场中较为常见，案例也较多，就不一一列出来了。

在这里我们一起来探讨下：当股价经过一轮快速上涨之后，如何将手中的筹码套现（出货）？在大多数人的眼里出货应该是在上涨过程中完成的，这就已经出现了明显的思维误区。其实，多数情况下主力都是在回落过程中完成出货的。在实际的交易中，主力能够在拉升过程中将手中的筹码派发出去。这是最理想的情况，但也仅仅是我们的一厢情愿，因为在拉升过程中如果出现了明显的派发行为，股票走势就会形成明显的利空，其反映在K线形态上就是出现明显的上影线。大家可以多去复盘，多数个股往往在拉升第一个波段时很少出现这种形态走势，因为这类形态出现的次数过多，很容易对股价形成压制，进而影响个股的人气。所以真正的牛股一般而言都会有两波走势：第一波在开板或调整时，这已经是主力出货的空间下限了；在经过调整之后再进行第二波的拉升。为什么会是这种情况呢？其实主力的战略意图非常明显：第一，边拉升边出货，能出多少出多少；第二，为还没有出货的筹码拉出下跌空间，争取时间。这才是主力的战略意图。最后拉升的幅度往往都是50%～100%，用时间换取空间来争取出货的节奏。至于之后的走势，如果余下的仓位多，大势配合，消息也配合，可能会有第二波走势。

如图2-5至图2-8所示，这三张图形走势非常明显，个股在走出强势第一波上涨、股价经过短暂调整之后再次走出了第二波攻击形态，这种形态我们称为牛股的第二波。

图 2-5　股价回落之后再次走强（1）

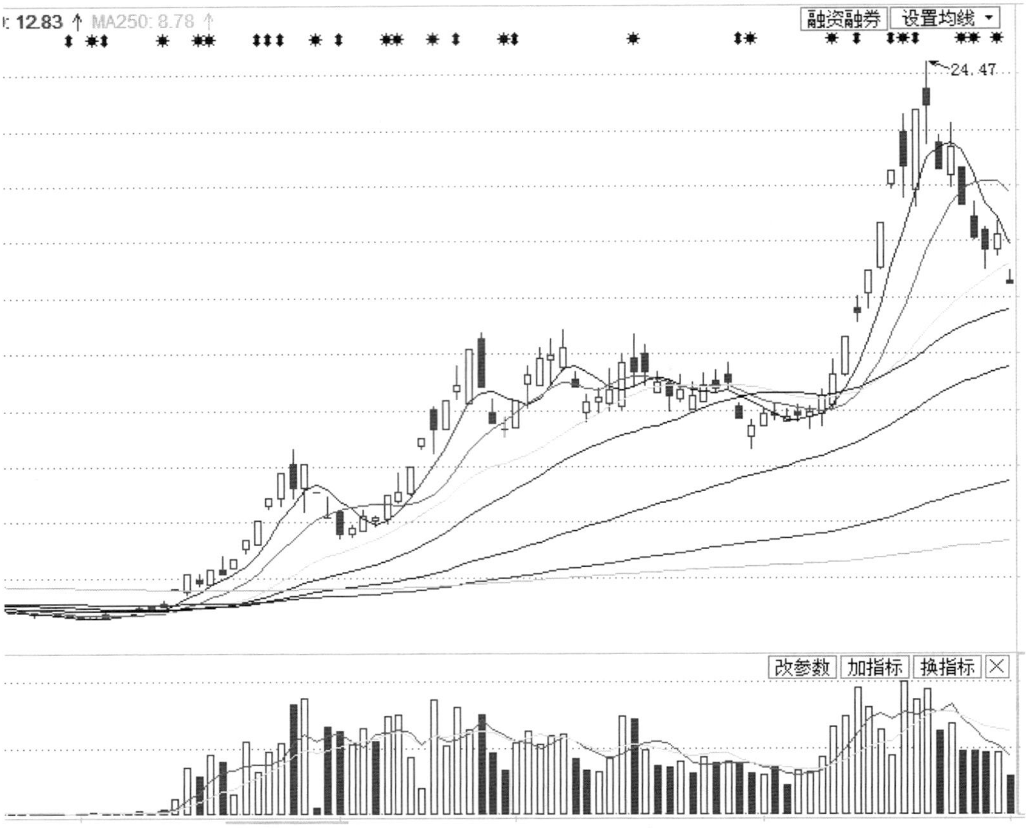

图 2-6　股价回落之后再次走强（2）

图 2-7　股价回落之后再次走强（3）

图 2-8 股价回落至年线附近再次走强

通过以上分析我们可以发现，在走完第一波走势之后，个股基本上会走出缩量调整的态势，只不过缩量程度不同，不能一概而论。在此期间对于调整的时间周期以及调整的幅度，我们需要有一定的判断力。比如对于接下来的调整不能跌破上升通道，因为一旦将上升通道跌穿，个股的人气也会受到比较大的伤害，这对于第二波的拉升无疑将起到减分作用。

这些走势有点类似于“牛回头”走势，股价在回落过程中一般都是调整至重要均线附近。其中走势比较强势的个股往往都是调整到60日均线附近之后开始出现反抽，这是一种较为强势的形态体现；其次就是回落至120日均线附近（也被称为“半年线”），这是一种稍微弱势的形态体现。第二次形态往往也是调整较为充分、安全边际较高的一种走势。

如何判断第二波“牛回头”走势成立呢?

（1）前期出现第一波涨幅的股票必须是牛股。牛股的股价在短期之内涨幅至少有一倍，当然这个涨幅仅仅是参考，在实际操作过程中往往会大于这个涨幅，这种判断就需要我们多去复盘，看看历史大牛股的走势。

涨幅越大，出现第二波走势的概率越高。其中主要的原因是在第一阶段的上涨过程中会有很多游资盘杀入，在第一波走势中很难完全将筹码派发完毕，所以在调整过程中往往伴随着缩量。当第二波启动时，成交量再次放大，甚至超过之前第一波主升浪的成交量，因为第二波的拉升往往更能吸引市场的关注。

第一波的拉升往往会使很多人踏空，但是市场是有记忆的。当行情再次启动之时，个股的关注度往往呈几何倍数增加，此时的跟风盘无疑也将呈几何倍数增加，主力资金在第二波的尾声就可以从容地将剩余筹码派发完毕。

（2）在重要均线附近站稳。对于均线我们都有这样的认识：10日均线优于5日均线；30日均线优于10日均线；60日均线优于30日均线；120日均线优于60日均线；250日均线优于120日均线。大波段的调整往往需要重要均线支撑方能得到站稳的契机。所以我们对于均线的认知是非常重要的。

（3）企稳。在长期均线附近调整完毕之后，股价的启动必须有一个启动信号。观察图2-5至图2-7，从这些个股的走势中我们可以看出，当走完一轮缩量之后，往往会有启动信号，这个信号有可能是放量大阳线，也有可能是涨停板。当然，最为重要的是成交量出现明显放大，而且要以组合的K线形态来看，因为单根量还不足以构成势。当价格处于堆量时，这种形态的确定性才更强，更具有参考意义。

一只个股从底部快速启动走完一轮行情，调整之后接着启动第二波走势，这种走势往往出现在群体性的投资机会当中。什么是群体性的投资机会？第一是大势配合；第二是消息也配合。

《孙子兵法》提道：“善战者无赫赫战功，故善者之战，无奇胜，无智名，无勇功！”这句话的意思是说会打仗的将军，不担大风险，不耍小聪明，不逞匹夫之勇，结果是会打仗的将军往往没有值得夸耀的战绩。《孙子兵法》的这一说法不仅适用于军事战场，对股票交易也特别适用。

在投资市场中“善战者”往往是做大概率事件，也就是跟着大趋势操作。在大部分情况下，个股的确定性更多地来源于所属板块的异动。你会发现当整个板块都呈现出攻击形态时，这个板块是有主力资金在关注的。当然也有少数个股独立于板块，走逆势行情，但这种属于小概率事件，我们不必过多地去纠结。所以当板块机会出现时，趋势的确定性就高过单只个股机会出现的情况。

我们在关注个股机会的同时，个股的所属板块也是一个非常重要的衡量标准，也就是我们常说的大势所趋。再者就是我们常说的关注消息面，板块持续上涨，往往是有驱动因子的，所以我们应该思考这个驱动因子对于板块而言是长期还是短期利好，以及是否会引发持续的热炒。我们要提高辨别这些消息的能力，这些是需要我们独立思考的。当前投资者所接收的资讯太多、太杂，以至于很多时候分不清楚哪些消息具有持续性，哪些消息不具有持续性。对于这点我的方法是关注《新闻联播》，虽然现在很多人不看了，但是不得不说，《新闻联播》往往是最具权威性的。股票价格的决定因子是当下的市场消息，它会影响未来的走势，那么我们在分析的过程中一定要着眼于未来。虽然有时候市场反应不会那么迅速，甚至有些消息会被市场遗忘，但正是在这种情况下才会出现套利空间。而当下的市场基本资讯，只能决定当下的市场的价格。你如果不能思考资讯对未来的影响，那就只能“泯然众人矣”，和市场大多数的投资者一样去追逐跟风、随波逐流了。

短期牛股除了第一波、第二波走势之外，还有一波相对比较确定的走势，我称之为第三波。这一波也是清仓大处理、大酬宾阶段。

观察图2–7的走势可以发现，经历过第一波的主升浪，第二波拉出来的出货空间，一般还会经历一个第三波的清仓大酬宾。调整的位置随形态和时间而定，一般而言，位置调整到120日均线为佳：一是因为时间充分，二是因为空间足，消化了库存的压力。这时候的筹码主要由两部分构成：第一部分是底仓的廉价筹码；第二部分是调整缩量的过程中，由于空间惊人的变化幅度（30%～50%），又从低位捡回的一部分筹码。一般调整之后的第二波、第三波适合小资金，不适合大资金。因为大资金进入，会改变主力的博弈模式，有可能直接倒货给对方。这样的案例有很多，大家可以根据牛股的第二波反复观察其中的细节。这种策略流传越广，越是失效。

第四节

揭秘筹码分布

“所以在进行投资决策时，一定要进行综合的决策分析，低位筹码密集后主力启动以前也要考虑到因为跟风盘较多，或者洗盘不够充分而改变作战计划，尤其是在高位。当股价突破上面的密集筹码峰、投资者追涨介入以后，灵活多变的主力行为就有可能转为打压或者出货。所以在实战操作中我们一定要对获利及止损位有一个相当清楚的认识。”

在一定的情况下，根据筹码分布可以计算出股票的获利与亏损的价格，同时筹码分布也会随着时间的推移而不断变化，但筹码分布只是理论。在这里我并不认为任何一种指标具有判断个股的前瞻性，不过指标作为辅助工具确实有其必要性。

如何通过超级移动筹码分布理论洞悉主力动向，掌握买卖的时机以及判断主力运作一只个股的收集、拉升、洗盘、发动主升浪、出货等一系列动作呢？

想要掌握个股的持仓成本，首先要了解筹码分布是用来检测主力运作动向的工具。个股在市场运行中的移动成本分布表现为“发散—密集—再发散—再密集—再发散”的循环过程。大资金操作股价的过程就是筹码流动的过程。

股价处于历史的相对高位或者低位形成的密集筹码峰，会造成股价不同变化的四种走势。另外，大家要注意，并不是在低位出现了密集筹码，股价将来都能持续地上涨。密集筹码峰股价在低位横盘，也并非就是股价见底的信号。

筹码密集后其股价是否见底，还取决于大盘及这只个股形成筹码密集状态是由主力行为还是散户行为造成的等诸多因素。最重要的一点就是，当大盘形成底部时，由主力建仓完毕形成的密集筹码才能成为可信的底部先决条件。

所以在进行投资决策时，一定要进行综合的决策分析，低位筹码密集后主力启动以前也要考虑到因为跟风盘较多，或者洗盘不够充分而改变作战计划，尤其是在高位。当股价突破上面的密集筹码峰、投资者追涨介入以后，灵活多变的主力行为就有可能转为打压或者出货，所以在实战操作中我们一定要对获利及止损位有一个相当清楚的认识。

一、筹码分布指标运用原理、市场含义及使用方法

1. 筹码分布的基础知识

“筹码分布”，准确地讲，应该被称为“股票的持仓成本分布”。在股市博弈中，大家要做的就是拿资金换取别人的筹码，最后用自己的筹码换取别人的资金。所以对于任何一个炒股投资者而言，理解和运用筹码分布是极其重要的。筹码分布的市场可以理解为在不同价位上投资者的持仓数量。

2. 筹码分布指标运用原理

筹码分布指标运用原理如下：下方筹码锁定，行情意犹未尽。这句话是指当股价脱离低位密集筹码峰，进入拉升阶段，股价下方的密集筹码峰没有跟随股价的上涨而向上转移。根据市场原理“获利不走的筹码是大资金的筹码”，可知下方筹码（股价走强的定海神针）没有转移，说明股价在拉升过程中没有完成高位派发的动作，所以股价走势短期内还没有结束，如图2–9、图2–10所示。

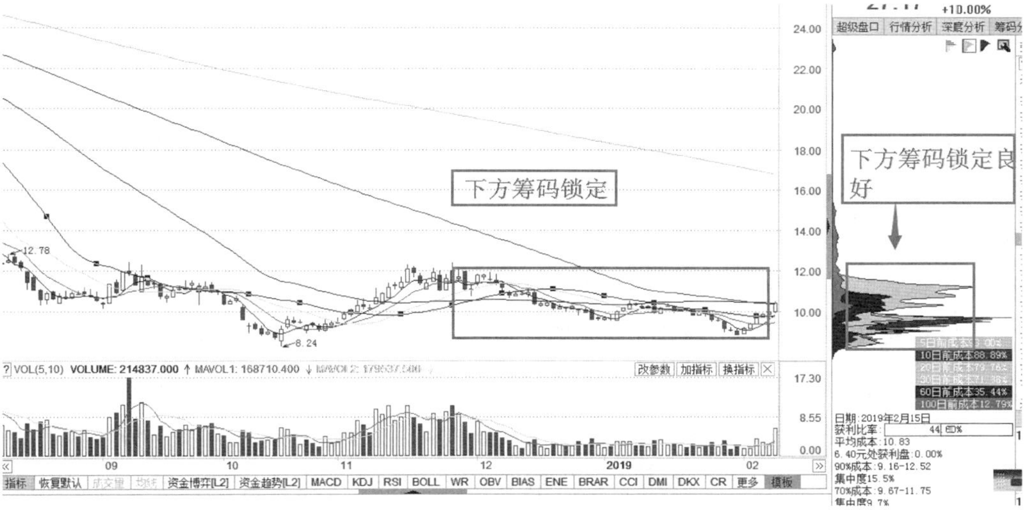

图 2–9 筹码锁定

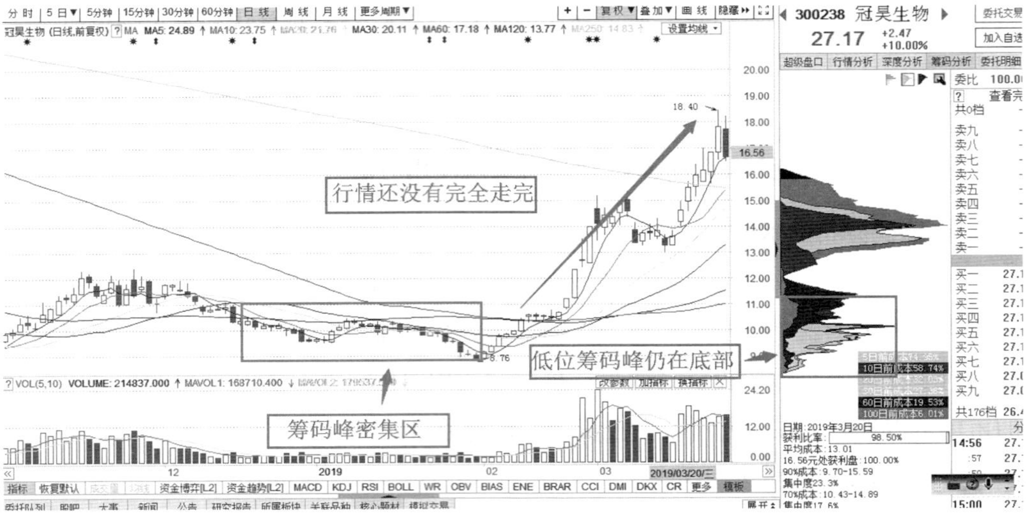

图 2-10　底部筹码保存完好

当股价进入拉升阶段而下方筹码没有向上方转移时，股价走势通常会出现下列三种情况：

（1）股价经过持续上涨，低位筹码逐渐在高位形成派发现象，股价在接下来的走势中形成顶部区域。

（2）股价由上涨转为下跌，价格回到低位密集筹码峰以后，股价再次向上形成突破走势。后期这种类型个股的涨幅巨大。

（3）股价由上涨转为下跌趋势，跌到低位密集筹码峰以后，股价反弹回原密集筹码峰的价格区域并展开横盘整理。这种现象通常出现在大盘处于牛市时，主力可以进行锁仓拉升。当拉升到主力认可的价位时，主力又可以从容地派发筹码完成出货。

诚迈科技（300598）就属于这种现象中较为典型的案例（图2-11至图2-13）。其股价在2019年2月份左右开始启动，当股价在第一轮炒作中达到30元左右时，其下方密集筹码锁定情况良好，没有出现大规模高位派发现象，所以走势还没有结束。其后股价在30元附近展开了一轮箱体震荡，之后再次冲高。当股价突破40元时，高位派发现象就已经非常明显了。在股价达到最高47.90元之后，股价连续下跌。这种下跌中间是没有任何反弹的，说明筹码在股价高位完成了大部分的派发。从起涨周期到结束周期，累计涨幅超过了138%，中间只有2个月时间。此时低位筹码由下而上进行了充分转移，之后个股行情炒作结束。

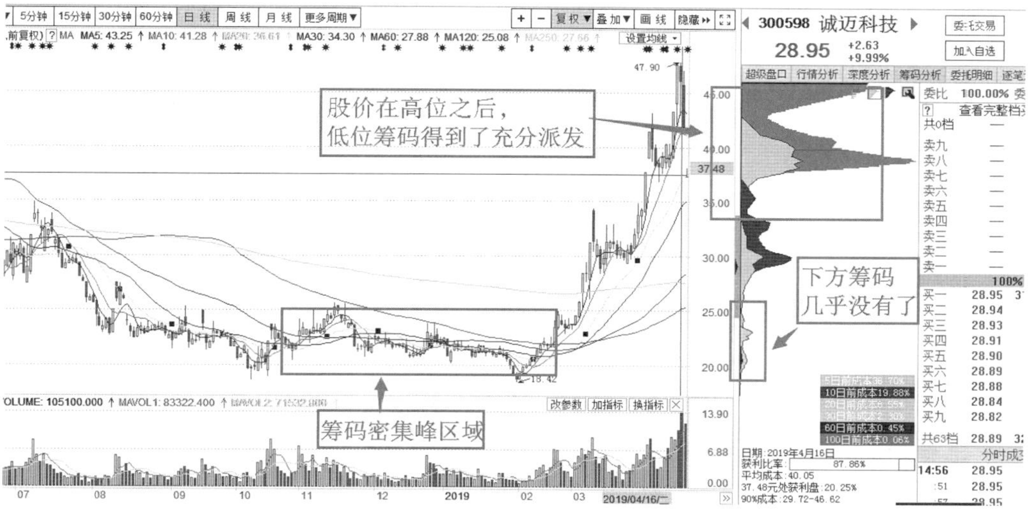

图 2-11　底部筹码已经松动

筹码在股价高位派发时，股价走势往往会出现异象。如图2-12所示，我们可以看到诚迈科技（300598）在高位是如何进行派发筹码的。

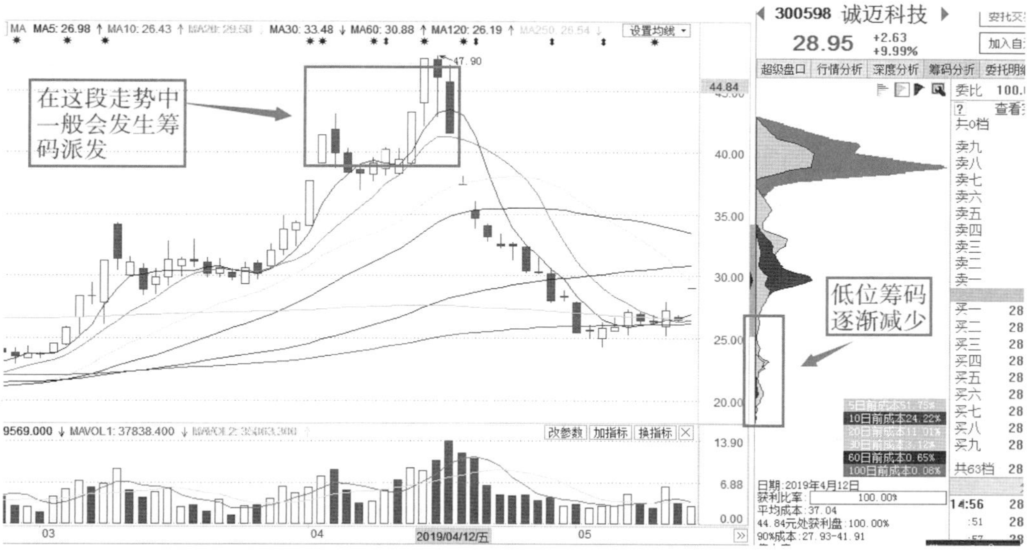

图 2-12　筹码在股价高位派发

由图2-12方框部分可知，股价在第一次高位调整时走出了三根阴线，这其实就是高位派发的迹象。从分时图看就是非常明显的派发现象，这种走势出现在高位基本上都是出货现象。股价在盘整三天之后，又出现两次涨停。这种出货之后的涨停往往就是“带刺的玫瑰”，是派发的另一种手法。对于高位涨停是买入居多还是卖出居多，我们可以通过下面的方法来判断：

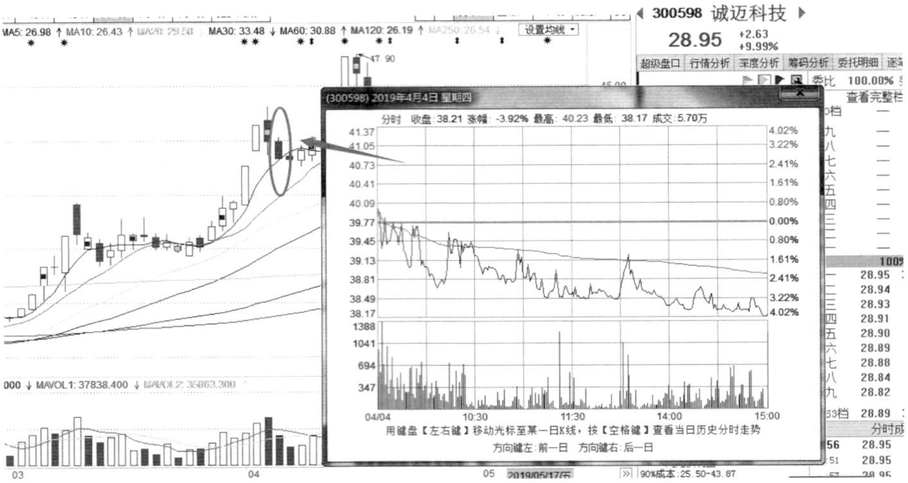

图 2-13 出货迹象明显

（1）正常情况下股价处于强势阶段或者上涨中继平台时，要么是在开盘之后半小时内出现涨停，要么就是当天上午涨停。这是在有资金买入的情况下出现的。

（2）当股价在高位出现涨停时，出现图2-14这种走势。这种走势完全没有之前涨停板的气势。很多个股在高位出货时，都会出现这种主力冲高的出货手法，在收盘前最后半小时再将盘面拉起最终涨停。很多不注意看分时图走势的散户就容易被骗，被吸引高位接盘。

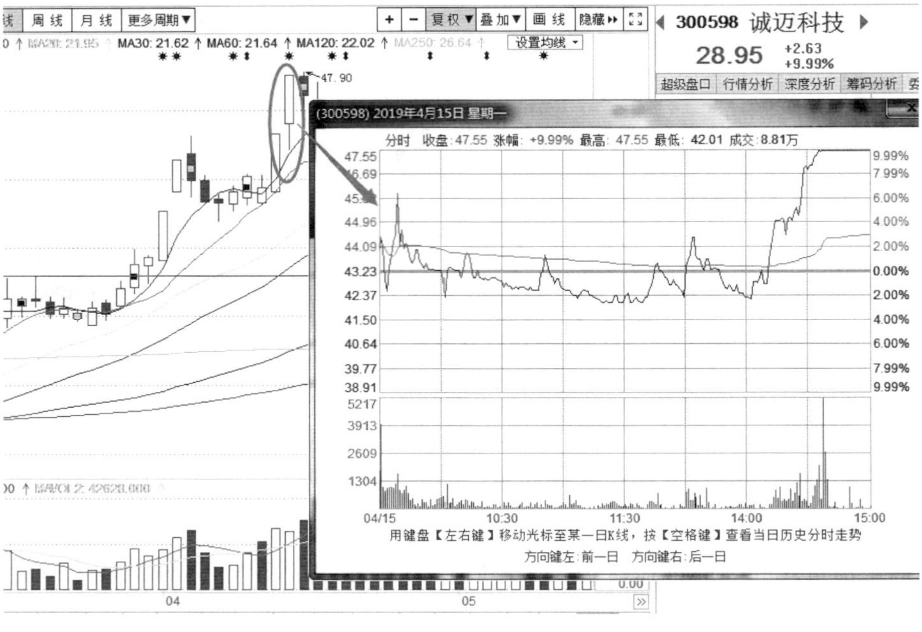

图 2-14 高位涨停诱多现象明显

注意图2–13与图2–14之间的相同点。一个处于下跌；一个处于上涨（涨停）。但看其手法（通过分时图看），个股明显呈现出冲高回落态势，这是一种较为常见的派发手法，最终都达到了出货目的。

在上述这一段走势中，它的换手率达到了160%，如此大的换手率，说明了什么？

大家可以多思考下！这种案例还有很多，就不一一列举了！

3. 如何通过筹码分布来捕捉超级牛股

一只个股如长期走牛势，一定有它内在的原因。当然，作为散户投资者，很难判断出内在原因，但是我们通过筹码、资金流向仍然可以了解个股的运作模式。接下来我们谈谈如何捕捉牛股！当个股走势没有明显特别之处时，前期大资金的介入（或者说主力资金的介入）在初始阶段并不容易被发现，此时它的筹码分别呈现出两种状态：①低位密集；②发散状态。其中以低位密集为主。二者有一个非常重要的共同特征，即筹码几乎全部处于高位套牢阶段。放量拉升30%左右后，开始出现回落现象。此时又有一个很重要的现象出现，那就是缩量。从博弈论来看，主力资金一定带有一个目的，那就是继续吞吃廉价筹码（这时大部分散户是要出逃的，因为K线表现出空头、时间长、指标走坏等特点）。这时的极限位就是筹码的下沿，其间反复的震荡会将浮筹清洗出来。当主力收集足够筹码之后，主升浪便开始了。

二、筹码在换手过程中的研究以及分析

股票价格的涨跌变化从表面上看仿佛只是股价的变化，但其内在的本质却是市场中持股者手中筹码的转换。一轮走势中无论是上升还是回落（下跌）均是由市场中个股筹码在不同价位进行不断转换造成的。要对市场中个股涨跌变化的本质进行深入的了解，就必须对筹码转换过程进行综合分析。

所谓“筹码转换过程”，就是指投资者手中的持仓筹码由一个价位向另一个价位变化的过程，筹码转换不仅描述筹码在价格上的变化过程，还描述筹码数量的转换过程。

在市场中造成个股筹码不断变化的力量主要来源于市场中个股背后的交易行为。主力的行为将直接影响股票筹码在不同价格区域内转换的过程。如果将筹码转换的过程简单地比喻为“筹码搬家”，那么显然主力就是市场的“搬运工”，其目的就是在筹码由低到高的搬运过程中获取利润。

完成一轮的行情的炒作主要有以下四个阶段：底部吸筹阶段、震荡洗盘阶段、

拉升阶段、出货（派发）阶段。

1. 底部吸筹阶段

此时个股的价格还处于相对底部，主力主要的任务就是在该区间大量地吸筹，把廉价筹码收入囊中。主力在该区间买入笔数的多寡将直接决定后期股价拉升的高度及获利的比例。

（1）从底部买入的筹码越多，主力在市场上流通的筹码就越少，自然控盘的力度就越大，最后股价拉升的高度也就越高了。

（2）从底部买入的筹码越少，市场流通的筹码也就越多，这导致控盘的力度减轻，在后面拉升过程中它抛压也就越大，最后股价拉升的高度也就有限了。

因此，市场主力控盘程度的高低与日后股票拉升时累积涨幅高低有很大关系。这就解释了市场中跟庄家交易的投资者为什么总是利用各种方法挖掘价格在低位且已经被高度控盘的品种。

2. 震荡洗盘阶段

洗盘阶段，通常意义就是在吸筹完毕之后，主力将市场中浮筹以及高位套牢者清洗出场的阶段。这里重点强调，洗盘只是为了日后出现主升浪的时候盘面的抛压能够减少，在拉升的过程中能够实现利益最大化。

主力震荡洗盘的整个过程就是一个非常明显的筹码交换过程，这个过程是以主力资金的买入和散户的卖出行为为主的交换过程。当主力资金在这个过程中完成交换之后，在整体市场配合的情况下就要发动主升浪，后面的过程就又是一个筹码转换的过程了。

通常在主力吸筹及洗盘过程中股价的忽高忽低，总是使得很多散户身心疲惫、焦躁不安，最后不得不抛出手中的筹码。而当进入拉升阶段及派发阶段时，股价往往呈现出价增量涨现象，以吸引市场投资者的跟风，从而达到派发的目的。

3. 拉升阶段

拉升阶段筹码的轮换非常频繁，但只要在低位收集的筹码没有完全向高位移动，就可以判定主力没有明显出货痕迹。如果低位筹码不断减少，而高位筹码却在不断增多，就说明主力在偷偷出货。此时大家就要小心了，哪怕后面还有拉升的空间，也要尽快离场。

4. 出货（派发）阶段

此时低位筹码已经很少，或者已经没有了，低位筹码逐渐向高位移动。这就已经非常明显了，个股在高位已经完成了其派发的使命。这个过程中，由于大量的散户看到个股在高位还有上升空间，不断往里涌入，所以在高位派发阶段时换手率也是最高的。当然，主力在这个过程中不可能将筹码全部派发完毕，但是大部分筹码已经出手，剩下的筹码在下跌过程中也会逐渐完成派发。这代表着一轮行情的结束。

这个下跌过程也会因为整体市场的氛围改变而有所变化。如果市场氛围较好，主力可能会拉高股价，将剩余的筹码再次高位套现。如果市场情绪此时已经走坏，股价有可能顺势下挫，不给在高位买入的投资者出逃机会。

三、移动筹码分布

1. 移动筹码分布理论形成

（1）市场主力是何时进场的？主力如何收集筹码？其成本应该怎么计算？何时拉升？怎样完成出货？如果获悉主力运作的动向，这些问题就能迎刃而解。要充分了解这些，我们就要知道市场的流动情况，首先要理解移动筹码分布理论。

我们这样来理解：如果聚齐全体流通盘的股东进来交易，然后大家按照其买入的成本把手中的股票放在K线相应的价位上，这样股票就会堆积起来，某价位的股票多些就堆高点，反之就堆低点。如果有人把手中的股票卖掉，我们就将其原来的价格位置拿掉，然后重新将股票堆积在买方新建仓的价位上。这样我们就可以非常直观地看到市场交易中所发生的成本流动情况。我们用一条条柱状线组成移动成本分布图案，所有柱状线加起来正好是100%的流通盘。超级移动筹码分布是用来监测主力运作动向的工具，它反映的就是市场在交易中所发生的流动成本的情况，力求为投资者提供更加准确的决策依据。

（2）筹码分布形态表示。移动成本的分布有两个显著的特点：形象性以及直观性。它通过横向柱状线与股价K线的叠加，形象、直观地表明各价位的成本分量。在日K线上，随着光标的移动，在K线图右侧会出现若干条水平柱状线，柱状线的高度表示股价，长度代表持仓数量在该价位所占的持仓比例。事实上，一个上市公司的流通盘最少也在1000万以上，这就形成了一个群峰似的图案。这些“山峰”实际上也是由一条条自左向右的柱状线堆积而成的，柱状线越长，表明该价位堆积的股票数量越多，也反映了在此位置的成本状况和持仓量。这些长短不一的线堆在一起就形成了高矮不一的山峰状态，也就是我们常说的筹码分布形态。随着交易的不断进行，这些筹码在不同的价位进行流动，也将使形态分布发生变化，进而形成不同的形态特征。最后不管筹码怎么移动，有一个本质的东西是不会改变的。大家看问题一定要透过现象看本质，抓住核心要点。很多时候虽然手法会变，但是其核心是改变不了的，那就是无论行情怎么变化，筹码在高位处于分散状态时，大量散户进场承接；而筹码在低位密集时，主力资金进场收集筹码。这是自有资本市场以来亘古不变的原理。

2. 如何查看移动筹码分布

（1）从图2-15来看，目前90%的持仓成本集中在29～46元。平均成本在37元附近。

（2）获利比例就是目前价位的市场获利盘的比例。获利比例越高，说明越来越多的人处于获利状态。

（3）集中度说明筹码的密集程度。数值越高，表明越分散；反之，越集中。

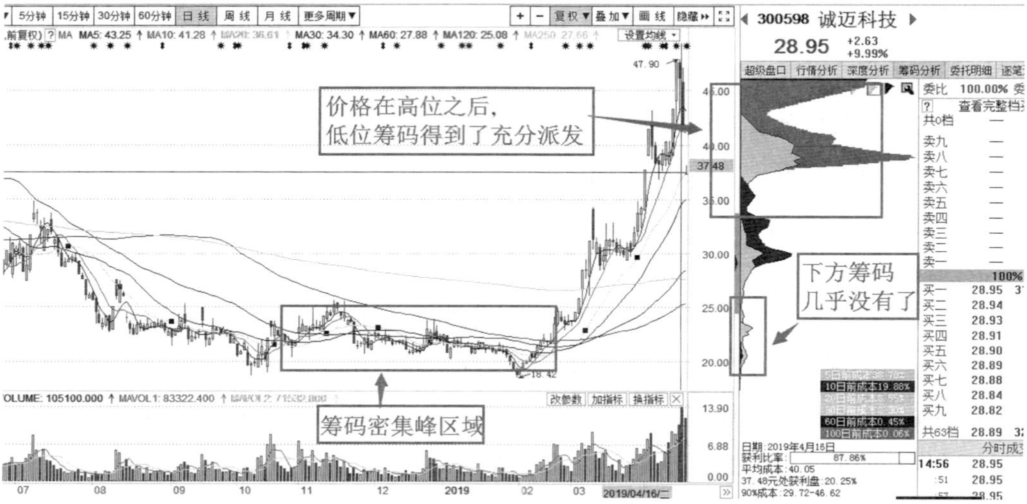

图 2-15　筹码持仓成本

第五节
画龙点睛之成交量

"大多数人都有一个错误的看法：股票成交量越大，价格就越涨。要知道，有一个买入者，必然有一个相对应的卖出者，无论在任何价格，都是如此。"

无论是大盘还是个股，如果抛开成交量来谈，一切都是无稽之谈，这也是我在本书中重点强调的一点，量就是钱，成交量的变化也是唯一能够在盘面上直观感受到的。这点是非常重要的，因为所有的操作都涉及钱的变化。无论是基本面还是技术面的走势，最终还是要回归到"钱"上面来。

自从跟了师父之后，在他的影响下，我慢慢喜欢上了国学文化，最喜欢的就是《道德经》的上篇《道经》。这也深深地改变了我的思维方式和为人处事的方式。以前我脾气不太好，与别人看法不一致的时候，就老喜欢争个对错、论个输赢，最后搞得彼此都很尴尬。经过这些年的磨炼，我已经改了很多，无论观点是否一致，我都不干预别人的想法。或者说每个人都有自己的观点，至于对与错，那就让市场来验证，实践是检验真理的唯一标准。

回到成交量上，关于量，量之要，其在势也。新手重价，老手看量，高手看势；高位之量大，蕴下落之能，动于九天之上，如转磐石于万仞之巅，其势不可当；低位之量大，孕上涨之力，藏于九地之下，如发机弩于毫发之间，其锐不可撄。

市场者，利益各方博弈之合力也；价格者，市场之表象也；量者，价格之势能也；博弈者，多空战争之权衡也，价格为其必争之地。双方竞技，其要在兵力之量；布局、谋攻，其要皆在量价形。凡战者，以正合，以奇胜。战势不过奇正，奇正之变，不可胜穷。故兵法有云：善出奇者，无穷如天地，不竭如江河。量之正在规则，其要在缩放之间，其形延展，而成量堆，或志之曰堆量，或名之曰坨。量之奇，缩放之间奇兵迭起，难理头绪。

是不是有点拗口？下面我们就不费劲了，以下这些都是我整理的关于量价关系的一些看法！

一、量从何来？——多空之间分歧所致

A股的撮合机制代表有买有卖才会达成交易。如果光有买或者光有卖是绝对成交不了的。只有一部分人看空后市，另外一部分人看多后市，两者产生巨大的分歧，最后又各取所需，才会出现成交行为。

（1）缩量。缩量是指市场交易极为清淡，大部分人对于后期市场走势都十分认同，意见十分一致。这里的缩量又分为两种情况：一是整体市场对于后市坚决看空，造成只有人卖而没有人买的状况，所以在盘面上就显示急剧缩量。特别是高位下跌缩量，碰到这种情况，就应该坚决出局，等量缩到一定程度，开始放量上攻时再买入。二是市场人士对于后市都十分看好，盘面上只有买盘，而缺少卖盘，这个时候成交量又显示出极为明显的缩量状态。正常情况下，缩量一般发生在趋势的中期，大家对于个股后期看法出奇地一致。上涨缩量，碰到这种情况，就应坚决买进，坐等获利，等股价上冲乏力、有巨量放出的时候再卖出。

（2）放量。放量一般情况下都发生在趋势出现拐点之时，市场各方面力量对于后市分歧逐渐加大，在一部分人继续看空市场的同时，还有另一部分人看好市场，这就会造成一部分人抛出筹码，另一部分人大笔买入的现象。单个的放量对于缩量而言，有很大的虚假成分，有时候控盘主力利用手中的筹码大手笔对敲放出天量，是非常容易的事，但只要我们用心分析其中的意图，就可以避过很多陷阱。

图2–16就是较为典型的资金对倒现象，从图形上看，成交量突然出现放大，股价走出两根大阳线走势。在此之后成交量非但没有延续此前的放量状态，反而呈现出持续的缩量萎靡状态，这种现象是值得我们警惕的。所以就量能而言，单根K线或者两三根K线都不足以令我们判断股价是否有资金在持续地买入。

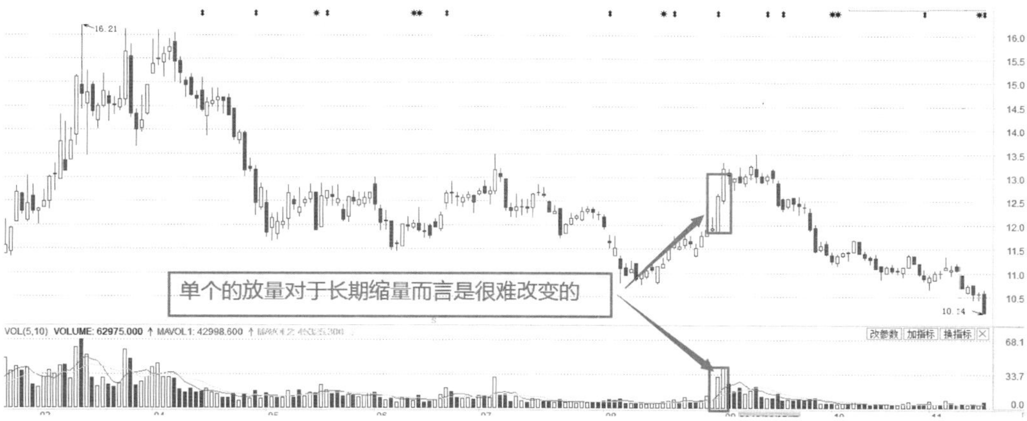

图 2-16　单个放量

上面讲的单个放量，很大概率是控盘资金对敲的行为，这种障眼法他们经常使用。但是当主力真正要拉升时，成交量就会非常漂亮，无论是几个交易日，还是几周，成交量都缓慢放大，股价慢慢上升。成交量在近期的K线图上形成一个类似于土堆的形态，这就是我们经常说到的堆量现象。堆量现象越明显，就越可能酝酿大的行情。

（3）还有一种现象，就是股价在高位出现堆量，这个时候就恰恰相反，说明大资金投资者不想继续“玩”了，正在利用高位堆量现象大举出货。所以当发现个股出现这种走势时，第一反应就是清仓离场。

从图2–17我们可以看出明显的堆量现象，这种堆量至少持续一个星期以上，而且在后期经常出现成交量放大现象，但是股价并没有出现明显的上涨（有时是微涨或者微跌）。在实际交易过程有一个术语——“资金的压盘”，就是指换手率增加但是涨幅没有增加，这种迹象往往意味着投资者后期看涨的意愿非常强烈。

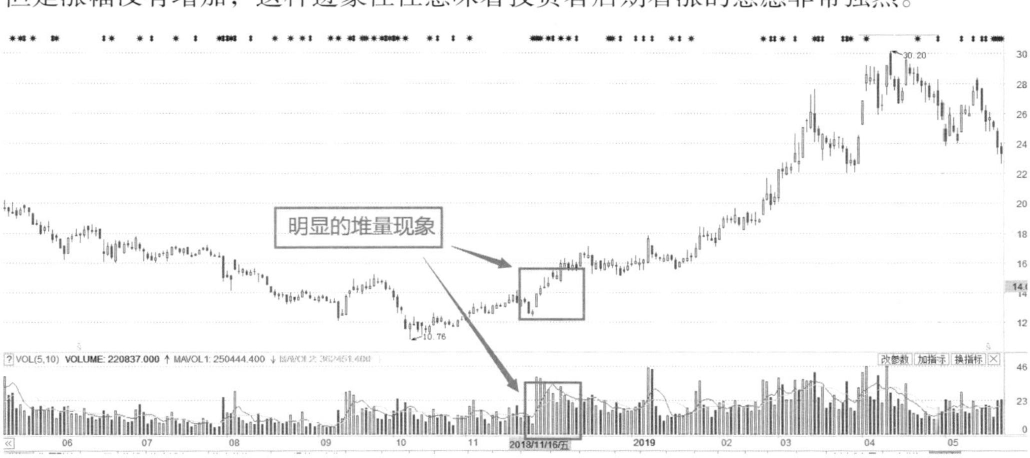

图 2–17　堆量

（4）量能处于不规则的放量与缩量。这种情况一般是在没有突发利好或大盘基本稳定的前提下由“妖庄”所为，风平浪静时突然放出历史巨量，随后又没了后音，一般是实力不强的庄家在吸引市场关注，以便出货。

二、市场成交量与价格的关系

（1）确认当前市场价格的运行轨迹是处于上升阶段还是下跌状态。顺趋势可以用较大的成交量或日益增加的成交量进行确认，逆趋势可以用日益缩减的成交量或较小的成交量进行确认。

（2）趋势呈现弱势的警告：如果市场成交量一直锐减，则说明目前趋势开始弱化。尤其是股价在成交量较小的情况下创新高或新低时，以上判断的准确性更高。在成交量较小的情况下创新高或新低都值得怀疑。

（3）区间突破的确认方法：市场失去运行趋势即处于区间波动时，股价创新高或新低即实现对区间的突破，将伴随成交量的急剧增加。价格得到突破，但缺乏成交量的配合，表明市场尚未真正改变当前运行区间，所以应多加谨慎。

（4）成交量催化股价涨跌：一只股票成交量的大小，反映的是该股票对市场的吸引程度。当更多的人对股票未来看好时，他们就会投入资金；当更多的人不看好股票未来时，他们就会卖出手中的股票，从而引起价格下跌。但是无论如何，这是一个相对的过程，也就是说，不会所有的人对股票“一致”看好或看坏。这是一个比较单纯的看法，更深层的意义在于，股票处于不同的价格区域，看好的人和看坏的人数量会产生变化。比如现在市场上有100个人参与交易，某股价格在10元时可能有80个人看好，认为以后会出现更高的价格，而当这80个人都买进后，就真的会引起价格上升；股价到了30元时，起先买入的人中可能有30个人认为价格不会继续上升，因此会卖出股票，而最初看跌的20个人可能改变了观点，认为价格还会上升，这时，价格产生了瞬间不平衡，卖出的有30人，买入的只有20人，价格下跌。看好、看坏的人数会重新组合并决定下一步走势。

大多数人都有一个错误的看法：股票成交量越大，价格就越涨。要知道，有一个买入者，必然有一个相对应的卖出者，无论在任何价格，都是如此。在一个价格区域，如果成交量出乎意料地大，只能说明在这个区域人们有非常大的分歧，比如50个人看涨，50个人看跌；如果成交量非常小，则说明有分歧的人很少或者人们对该股票毫不关心，比如5个人看涨，5个人看跌，90个人无动于衷或在观望。可以从成交量变化分析个股对市场的吸引程度。成交量越大，说明越有吸引力，以后的价格波动幅度可能会越大。

在一个价格区域，如果成交量很大，说明该区域有很大的压力或支撑，趋势将在这里产生停顿或反转。观察价格走出成交密集区域的方向：价格走出成交密集区，说明多空分歧得到了暂时的统一，如果是向上走，那价格倾向于上升；若向下走，则价格倾向于下跌。

我们可以根据成交量在不同价格区域的相对值大小，来判断趋势的健康性或持续性。随着某股票价格的上升，成交量应呈现阶梯性减弱，一般来说，股票的价格越高，感兴趣或敢于参与的人就相应越少。并且这一点从成交额的角度来看，会更加显著。

仅仅根据成交量，我们并不能判断价格趋势的变化，至少还要有价格来确认。成交量是价格变化的重要因素之一，也是一个可能引起市场变动的本质因素，但是在大多数时候，只起到催化剂的作用。

市场上有这样一种认识，个股或指数的上涨，必须要有量能的配合。如果是价升量增，则表示上涨动能充足，预示个股或股指将继续上涨；反之，如果是缩量上涨，则视为无量空涨，量价配合不理想，预示个股或股指不会有较大的上升空间或难以持续上行。与缩量阴跌一样，缩量上涨一般能持续相当长的时间。缩量阴跌表示市场处于弱势，极小的成交量就能压低股指，阴跌之后必然有放量大跌，这对于多方是极为不利的；反之，缩量上涨表示市场处于强势，较小的成交量就能推动股指上扬，之后必然会放量大涨。大盘如此，个股更是如此，缩量不但能上涨，而且能大涨特涨，如图2-18所示。

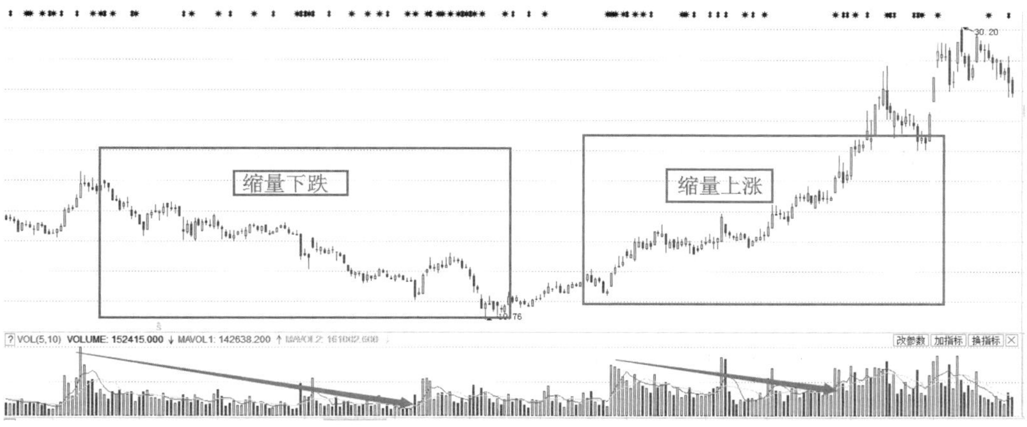

图 2-18 缩量下跌与缩量上涨

第六节
建仓五部曲

"标准的建仓手法主要包含5个阶段：底前阶段（平台）—做底—底后阶段（平台）—推高建仓—初升平台。"

首先要强调一点，股票在不同的周期，资金属性是不同的，甚至在同一时期，它也受多笔资金之间的相互博弈影响。这些情况最终会导致其走势更加难以分析。这里以长庄股为主进行分析，因为它涉及各个步骤，历时比较长，涨幅的空间也较大，是我们在交易过程中主要考量的对象。永远记住，针对长庄股而言，只买低价，不要追高。操作一次长庄股，就像打了一次大战役。在建仓过程中最需要在乎的是价格，其次是数量，最后才是时间。筹码结构不合适的股票我们根本不必考虑。

一、标准建仓手法的5个阶段

在开始建仓时，股价距离最近的一个成交密集区下缘实际上已经很远了，一般都是在30%以上，其标准的建仓手法主要包含5个阶段：底前阶段（平台）—做底—底后阶段（平台）—推高建仓—初升平台。

底前阶段（平台）：主动买套期，在大盘出现持续下跌时，大资金开始接手盘中出现的割肉盘。这时如果是单纯的横盘，就没有太多的成交量，所以还是会继续震荡，主力会尽量避免出现大阳线以规避短线资金的介入。

做底：当大盘出现见底信号时，此时的市场往往处于人气最为低迷时期，股民们个个风声鹤唳。如果此时股价跌破平台，就会导致市场出现更多的"割肉盘"。

底后阶段（平台）：股价见底，"割肉盘"被清洗出来之后，主力再稍微地进行拉升。这个高度一般而言要超过见底前的平台，使"割肉盘"或者踏空者不愿意再买回来（人性很大程度上都有这样一个特点，原来在低位卖出的，现在要到高位接回来，这是很难下决定的一件事）。这样就有足够的时间让主力来进行继续建仓，由于股价仍然处于低位状态，持股者信心仍然不足，故仍有不少“割肉者”。随着时间的推移，其平台底部震荡的时间越长，持股者心态越趋于稳健，加上有买盘的介入，越往后能够买的筹码就越少，所以此时主力开始推高股价。

推高建仓：这种推高走势，总体涨幅并不大，上下间的震荡幅度却非常大。很多前期买入的投资者，受不了大幅度的震荡，纷纷止盈出局。由于需要避免引起短线客的注意，所以我们在涨幅榜很难找到这类个股。虽然底部横盘的时间较长，但主力在这个阶段吃到的筹码更多，换手更加明显。当主力在底部建仓之后，由于在这个价位上能够卖出的筹码已经很少了，或者由于大盘环境、业绩等外围因素已经不允许股价继续维持低位，主力便开始推高股价。推高的启动时间、结束时间、结束价位、中途走势，在一开始就已经全部计划好了。所以走势是不会随波逐流的，有着其固有的趋势和特点。由于此阶段主力资金信心最足，加上有相当一部分筹码在底部已经完成建仓，所以总体在外的流通盘不多，上方抛压较轻。此阶段很少有中途夭折的，虽然涨幅有限，但在这一阶段赚钱还是蛮划算的。这种阶段走势在上升通道中最为常见，上升的速度和该股的历史走势与推高的时间有很大的关系。但是速度一旦确立，就不会有太大的变化。成交量上一般较为温和，基本持平，即使有放量，也是单量，不会特别明显。早盘拉高之后，大多出现横盘震荡，没有太多的下跌现象。需要注意的是，有些主力机构比较急，不喜欢推高建仓，就采取一次性连续拉升，将股价推到目标位，然后再进行横盘建仓。这样做的成本要高很多，但是建仓的时间可以缩短。有这种形态的个股，易于推断启动的时间，而且涨幅往往很大。

要注意主力推高建仓与拉高股价的区别，多数推高建仓的上升速度是非常温和的，而且走势呈带状，于是多数人都反映“钱难挣”。而拉高的速度哪怕再慢每周也要在5%以上，而且是连续上涨。如果是单纯为了将股价推到目标建仓位的，其走势与拉高股价没有太大区别。区分拉高与推高最重要的是看股价所处的位置，如果价格处于历史性的高位，且是经过长期横盘之后，那必然是拉高。如果价格处于低位，注意看底部的大小，如果底部非常大，可能就是主力不洗盘了，直接拉升。

初升平台：在经过一段时间的推高之后，股价有了一定的涨幅，各项的技术指标也都到了高位，很多股民又不看好此股了，对于主力而言，此时正是洗出获利筹码的好时机。这个平台不管怎么样，看好的人都不多。待主力觉得手里筹码足够时，再开始让股价进入拉升阶段。依据筹码的分布情况，有时候可能会出现多个平台的拉升。

这里有一个要点，那就是后一个平台的回调点，通常就是前一个平台的高点或者低点，最后一个平台整理后，个股上涨超过前期高点，之后进入主升浪。

另外，见底后未必会出现平台整理，也有可能是缓慢推高吸筹（很多知识点需要灵活运用，不能生搬硬套，要举一反三）。

请观察图2-19至图2-22。

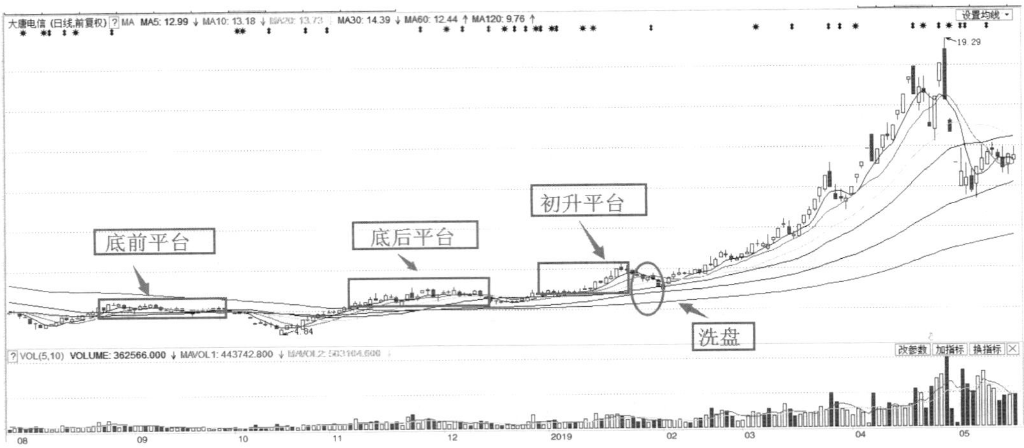

图 2-19　大唐电信（600198）股价推高上涨

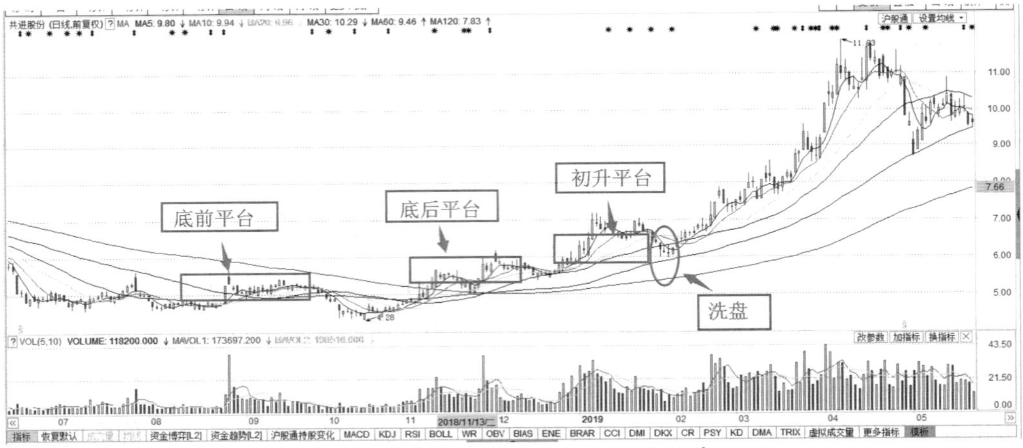

图 2-20　共进股份（603118）股价推高上涨

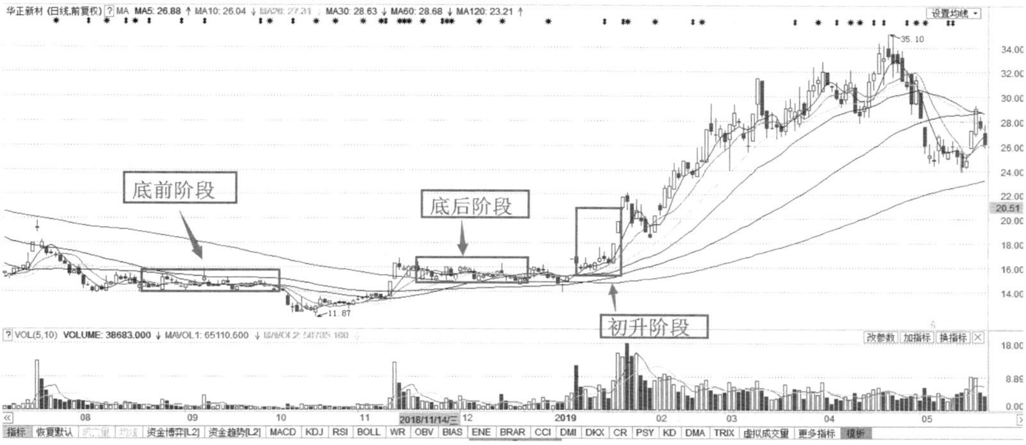

图 2–21　华正新材（603186）股价推高上涨

图 2–22　菲林格尔（603266）股价推高上涨

由图2–19至图2–22可知，图中均线最高值是120日均线，在上升过程中，价格的回调一般很难回到年线附近，所以250日均线用得比较少。但是250日均线对于压力而言还是很有参考价值的。上述四只个股都是非常经典的走势。当然，市场中还有很多此种类型的走势，大家可以多去找找进行印证。

二、不同建仓手法的特点

（1）潜伏底：此时的庄家只管吃货，不负责股价的拉抬。由于个股价格长期处于底部区域，所以给人的感觉就是该个股非常“熊”。等到了一定的时机，股价就会快速脱离成本区，进而走出主升浪行情，这就是经常说的“横有多长，竖有多高”。大家可以看看大唐电信（600198）2019年上半年走势（图2–19），你能看到主力的进场位置吗？这就是主力在底部买入而不拉高吃货的表现形式。

（2）拉高建仓：这种交易主要是中线主力所为，忽视前几个阶段，直接拉升，从而进入初步升级阶段。这种情况往往发生在后知后觉的主力身上。但是没有经过前期建仓和洗盘等各种阶段，造成的结果就是平均持仓成本过高，且最后能够抢到的筹码也不会太多，后市拉升的空间就比较有限了。

（3）换庄与接庄：后一个庄家直接从前一个主力资金手中接过股票。由于纯属个人行为，且常有内幕消息，所以很难找到规律。

三、引发卖盘的常用手法揭秘

要买入大量的筹码，就必须有大量的卖出，吸引卖盘的有以下几个因素（价格是不算在内的，只要有好的价格，别人是一定会卖给你的，当然高价建仓往往在特殊时期发生，或者是大头庄家的行为）：

第一靠时间，听起来有些奇怪，其实我并不是说主力非常有耐心，而是涉及筹码理论。一方面，一个人刚买股票就被套了，短时间内总是很难接受现实，也很难“割肉”卖出，所以在这段时间内“洗”盘也是“白洗”。然而时间一长，被套的人心理上的痛苦逐渐减弱，对于股价的现状也逐渐接受，最后只要有一点外力影响，他就会选择卖出股票，这就是时间的威力。另一方面，多数人只要获利，很快就会卖出。所以想做股票，第一件事就是要让股价在低位停留足够长的时间，高位的筹码自然会掉下来。不管是谁去接，只要有点小利润，自然就卖出了。

第二靠消息，我们可以回过头来看看，很多大牛股在建仓阶段都是利空消息满天飞，意志力不够坚定或者不强的股东大部分都被吓跑了，这类例子很多。如大唐电信（600198）在没有公布业绩之前，很多消息都在传言这只个股将要退市等。在下跌幅度已经很大的情况下，再次出现利空，再来一波下跌，然后资金悄然入场。这在很长时间内导致持股者心态都特别不稳定，只要稍加震仓，就会被清洗出去。消息分为两种：一种是借题发挥，另一种是制造消息。后一种现在越来越盛行了，而且多反映在业绩上。

第三靠手法，很多投资人看重的是中期趋势。手法分为中期形态、日K线组合和盘中运作。在中期形态上要制造出下跌破位的形态，要在合理的位置进行横盘整理，等待推高股价的时机。在日K线的组合上，主力要注意形态的多样性，振幅要适度，而且还会经常制造空头陷阱。盘中运作不能给人强势的印象，也不能一味地保持横盘。要制造振幅，促进交易，经常会运用一些小技巧，如大卖单、突然砸盘、尾盘砸盘等。

四、高位平台建仓的几种特殊形式

如图2–23和图2–24所示，股价经过长时间的上涨，且在高位形成箱体震荡格局之后，再次迎来了第二波拉升。这种形态往往都是通过时间换取空间的方式，用时间来消耗散户耐心，以达到收集筹码的目的。

图 2–23　潍柴动力（000338）高位建仓

图 2–24　苏泊尔（002032）高位建仓

（1）高位平台。高位平台一般出现在近两到三年的最高位密集区附近，依据习惯可能略高于或者略低于该位置。横盘的时间非常长，最起码也是6个月以上，否则没法达到横盘的目的。此时整体的成交量比较小，盘中成交很少，有时日成交只有几万股。在盘中有些资金不喜欢操盘，就让股票随波逐流，到达预定的低点附近就拉一把。有时候主力希望在盘中多吃一些筹码，偶尔会放出巨量，让大阴线出现。实际上这种情况的出现，时间是主要决定因素，过多的震荡反而会引发短线客的买盘。高位平台初期，盘面技术形态与头部非常相似，所以在初期主力资金往往会砸出一个低点，之后横盘多在此点位进行。这种情况下主要看主力资金已经持有的仓位和头部的成交量，如果相差很多，则有可能横盘。此时横盘的价位也很重要，如果高出前期高点太多，就应该出货，低出前期低点太多也一样。高位平台需要和出货平台、中继平台相区别，主要关注盘中走势，因为在日K线上往往会出现假突破。中继平台，有时也是建仓，因为该股已经创出新高，但它的突破力量与高位平台无法比拟。

（2）拉高。高位建仓之后就是拉高。此时的拉高与建仓相比有两个特点：一是上涨速度快，二是涨幅大。这是由主力的心理决定的，所以在交易的过程中要握住拉高，也就是经常讲的“坐轿”这一段。对于分析者而言，拉高与建仓最大的不同点，就在于建仓时前期有成交密集区做参照，比较容易把握价位，而拉高时股价则“从零开始”，没有可以参照的位置，所以最后往往是股价拉高后涨幅不少，但是赚到全部的人却非常少。拉高时走势和涨幅到了这个阶段，因市场上已经没有太多的套牢盘，基本上不受外界因素的影响，而拉高只是拉高建仓和拉高出货的中间一段，两头没有明确的界限，所以很容易判断失误。而在此期间有的股票还出现停顿，即换手平台，这有可能是主力在等待机会；也有可能是出货不利，只好继续拉升。拉高过程中，有的主力还出一部分货，但这和建仓是两个概念，其主要目的是做差价，降低拉高的成本，从而推高散户介入的成本。对于持仓筹码较少的个股而言，这个过程是必须要有的。有的个股走势被戏称为“推土机”走势，即日线天天涨，但是每天主力资金早盘买进，中间拉高，尾盘卖出，维持其持仓量的稳定。有的则是涨一天，跌一天，主力以此来进行差价的买卖，最后到出货时，能赚到比全部持仓不操作还要大的利润，但这种股票涨幅绝对不大。

（3）拉高的停顿，即大家常说的“整理”或者“调整”阶段。停顿有的是因为大盘见顶或者出现利好，主力正好借此机会出货，打一个差价；有的是因为浮筹没有清洗干净，主力稍微整理，从而推高散户的持仓成本，便于后期出货；还有时候是因为时机未到，为了给最后出货留一些拉升空间，同时也为后期的下跌制造出一个支撑位。现在高位横盘一段，有时候是因为想做头部，结果出货不利，越做自己口袋里的股票越多，只好再次拉升一段，回头高，就形成了拉高时的停顿。调整可以分为回调和盘整：回调就是股价短期见顶，然后下跌至短期见底，再继续上涨；盘整即横盘，也就是股价在某一段时间内基本在某一段相对较小的范围内上下波动，或者说数个回调并列起来。不管是回调还是盘整都是中继形态。盘整又分为两种：一种是建仓（高位平台），另一种是打差价。这里主要介绍后一种。盘整是由多个高低震荡组成的，如果做得好，每次都可以高卖低买，但是由于中间的振幅不大，差价很少，如果把握不好，就成了低卖高买，失败的出货往往是这样的。盘整刚刚开始的时候，会有一批短线买盘的追入，一旦下跌，以前的获利盘就会有不少卖出。很多时候光这一个差价就足够了，如果不够就再拉，而后再砸，经过反复几次，就会有不少短线盘介入，当横盘时间达到一定长度时，最初的追高者便会开始“割肉”。成功的主力，必须保持一定比例的持仓量，如果持仓量过高，就成了孤家寡人自弹自唱，整天还要敲打敲打，痛苦得很。正常情况下，主力一旦完成建仓，多数时候不会增加持仓量，而是会随着价格的上涨逐步减仓。所以对横盘的理解，应该是垫高散户的持仓成本，减少抛压，在可能的情况下将持仓的差价做下来。

主力最怕的就是那些怎么震都震不出来的人，因为一旦进入拉升期，这些人将抢走大量的利润，而且一旦股价见顶他们就会开始往外跑。此时主力不仅需要很多资金来托盘，搞不好还要被他们套住。所以在上涨途中，主力一定会变换方法让他们出来。最不怕的就是短线客，他们胃口小，胆子也小，只要略施小计就能把他们洗出来。

所以盘整的目的，就是让获利盘出来，让路给新进来的短线资金，从而将平均的持仓成本拉高。一般是先卖而后买，这样主力就可以在资金上保持主动，即便买入价格高于卖出价格，也可以保证持仓量，继续运作。这跟先交钱后付货是一个道理。之所以横盘不会调整，是因为主力为了保持持股者的信心，需要锁定一定筹码。而价格一旦回调出现跌幅，很多中线资金就会介入，这些人可能比前期的获利盘更加难缠。

对盘整的观察，要注意其振幅与运动速度，主力清洗浮筹的特点常常是振幅大，速度不减，但成交量减少，横盘的时间短。很少有一个月以上的横盘洗筹，因为时间一旦过长，散户就会把筹码都交出来。如果振幅逐渐加大或者缩小，速度减慢，此时就要小心。不管是出于什么目的都很容易出现回调。如果横盘时间过长，则散户会把筹码交出来，这要么是一种失败的盘整，要么就是主力把它当作一种建仓，然后继续推高股价。

第七节
技术的确定性是否存在

“长周期的K线确定性优于短周期的K线确定性；月线的确定性比周线的确定性要高，尤其是在判断底部方面，经过月线过滤之后成功的概率更高。”

大家在谈论市场的时候，经常会谈到预测不准的原理，也称为不确定性原理。其实索罗斯在《金融炼金术》里也谈到预测不准或者是不确定性原理，并做了详细区分，体现了自然科学与社会科学的巨大差别。在我看来，现实生活中存在着规律，且它不会因为人员与地域的差距而有所差别，不以人的意志为转移。

对于资本市场而言，这种规律性体现得更加彻底。但是在大资金与小资金中还有一个很重要的变量，那就是“认知结论”。所谓认知结论，就是认知主体自身的心灵认知，它带有很大的主观性，受到认知主体自身的影响。同时个体作为群体的一部分，个体行为虽然不能产生很大的作用，但是因为认知主体的社群性特点，在“羊群效应”的作用下，它会在个体与群体之间相互传导并产生影响。这种效应与自然科学有很大的区别。

以上说的可能很多人不是很懂，但还是要认真思考。说简单点就是个体对于主体认知的独特性，与个体与群体的互动性。前半句涉及对市场、个股的影响，有助于提高投资的确定性。后半句涉及对群体的认知，关键时刻帮助产生逆向思维，这都是我在亏损的那段时间里恶补不少知识得出的结论。

确定性应该是在基本面分析中才能经常谈论的事情，那么技术分析与确定性有什么相关性呢？技术分析中的确定性最好与基本面结合来看，这一点需要好好把握。

不过这不是现在要和大家分享的，这次只说技术分析中的确定性，我认为在技术分析领域中确定性应该是这样的：长周期均线的确定性优于短周期的；60日均线的确定性优于30日均线与20日均线的；120日均线的确定性则优于60日均线的；而250日均线的确定性又优于120日均线的。

我想其中的道理很多股友应该都知道。道理很简单，60日均线走好需要的时间长于20日、30日均线，即长期均线走好需要的时间比短期均线长很多。所以，即使做短线也要谨记，如果你做短线交易持股时间为一周的话，那么你的均线至少要有10日、30日均线做支撑。如果你的持股周期是10天，那么你的均线至少要有30日、60日均线做支撑。我本人的持股周期一般都是半年，当然有时候也会跨年，单只个股操作一年半载也是常有的事。我个人对于均线的要求是持股在60日的周期上，120日均线与250日均线最起码走得不错才行。

在交易过程中有几个非常重要的均线在这里依次重点提一下：比如说次新股没有年线只有120日均线，那么30日均线就是我们常说的洗盘线。如果有年线的话，那么60日均线就代表中期趋势。120日均线是中长线投资者关注的方向，它又被称为半年线，也叫牛熊分界线。月线图上20日均线也多被看作牛熊分界线。坊间也有人称35日线是主力洗盘线，135日线是资金异动或主力启动线。

这就是我们常说的技术分析的确定性。

长周期的K线确定性优于短周期的K线确定性；月线的确定性比周线的确定性要高，尤其是在判断底部方面，经过月线过滤之后成功的概率更高。

我们可以通过资金异动（也就是“百鸟朝凤”）相互印证，从而提高判断的准确性。

如图2-25和图2-26所示，图中第一个圆圈内出现能量堆，非常符合“百鸟朝凤”的特征，也就是资金的异动行为。第二个圆圈内价格突破前期平台，构成了我们常说的启动点（也可称为黄金买点）。当第一个圆圈内的形态出现时我们认为它有50%的上涨概率，出现第二个圆圈内的形态时上涨的概率就增加到80%了。

这两只个股尽管走势有所差别，但是资金运行的轨迹大致相当，其手法也相差无几。有所差别的无非就是吸筹、洗盘时间的长短，而这决定了后期股价拉升的力度及空间。当然，两只个股向上的趋势是不会发生改变的，不同的就只是上方的空间。

图 2-25　资金异动（1）

图 2-26　资金异动（2）

大家经常讲，有道无术，尚术可求；有术无道，止于术。在投资市场我的理解是：要看大方向，做小方向；不要看小方向，而做大方向。这里讲到的大方向是有级别的，大级别的量能没有耗尽时，一个小级别的买点足以引起大级别走势的延续，这是再正常不过的。但如果一个小级别的买点与大级别的走势方向相反，而该大级别的走势没有任何衰竭迹象，这个时候参与小级别的买点就意味着冒大级别走势延续性的风险，这就是典型的“刀口舔血”。

小级别操作，一定要结合大级别的走势判断，否则很容易被套。市场就是赌场，市场的操作是可以精心安排的，当你买入时，你必须问自己，这是买点吗？是什么级别的买点？大级别走势如何？

至于如何提高准确度，那是一个理论学习与不断完善实践的问题。这套程序与节奏是不会发生改变的，准确度可以改变，但是节奏不能乱。节奏比准确度更加重要，节奏代表成功率，准确度代表利润空间。

对比图2-27和图2-28，我们可以发现以下这些相同之处：

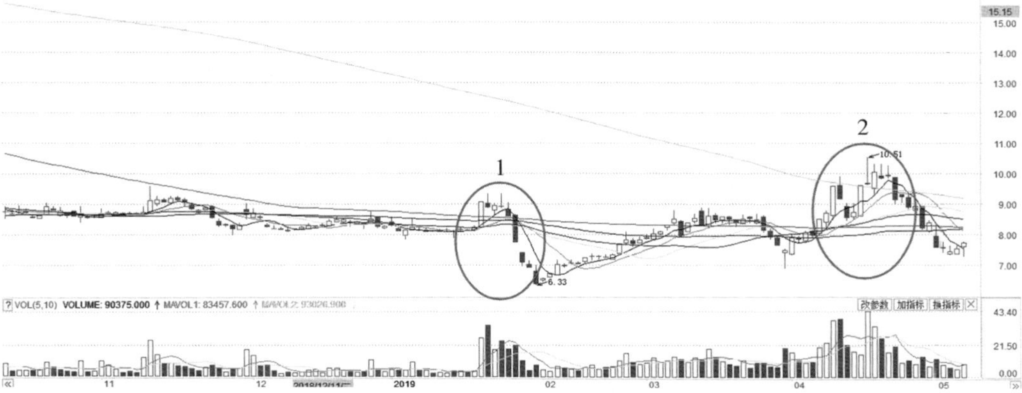

图 2-27　成交量放大，资金异动（1）

图 2-28　成交量放大，资金异动（2）

第一，都出现了长阳+串阴的漂亮信号（第一个圆圈内）。

第二，都出现了堆量长阳+串阴，成交量也是非常配合（第二个圆圈内）。

第三，当下的股价都处于一个底部区域，基本上又回到主力的控盘资金的成本价以内。这个区域内是非常安全的，如果此时在这个位置买入，那就是以时间换空间了。

对比图2-27和图2-28我们可以发现以下这些不同之处：

图2-27当前的走势，还处于长期均线下方（也就是250日均线下方），这在很

大程度上会抑制后期上涨，所以第一波上涨的空间不会太高，时间也会长一点。

而图2-28的走势则要好于图2-27，可以非常明显地看出它已经将长期均线（250日均线）压在脚下，所以出现启动点就是介入的时机。图2-28第一波上涨的走势也要好于图2-27的走势。

分享一只我操作过的个股：共进股份（603118）。

图2-29至图2-31分别是2019年共进股份（603118）的日线级别、周线级别、月线级别的走势图，从日线级别走势图来看，每一次的短期突破都伴随着成交量的持续放大，需要同时结合图2-30与图2-31来看是否具备“黄金买点”。

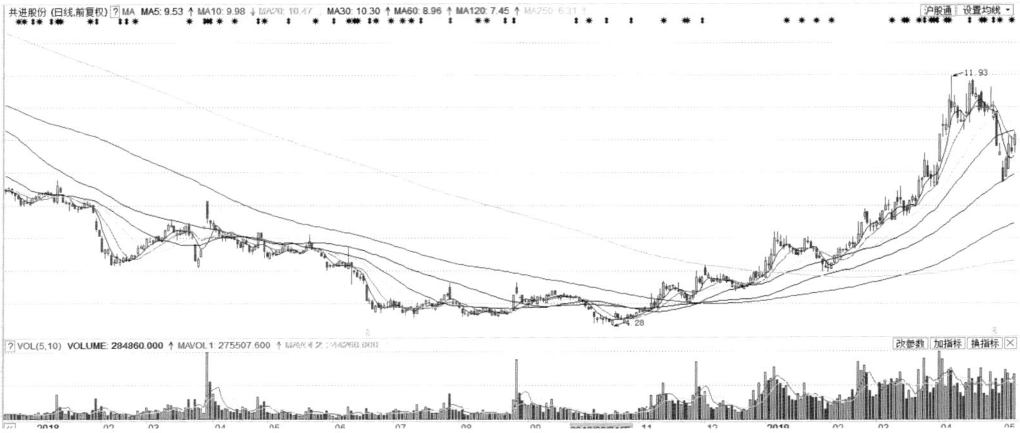

图 2-29　共进股份（603118）日线级别走势图

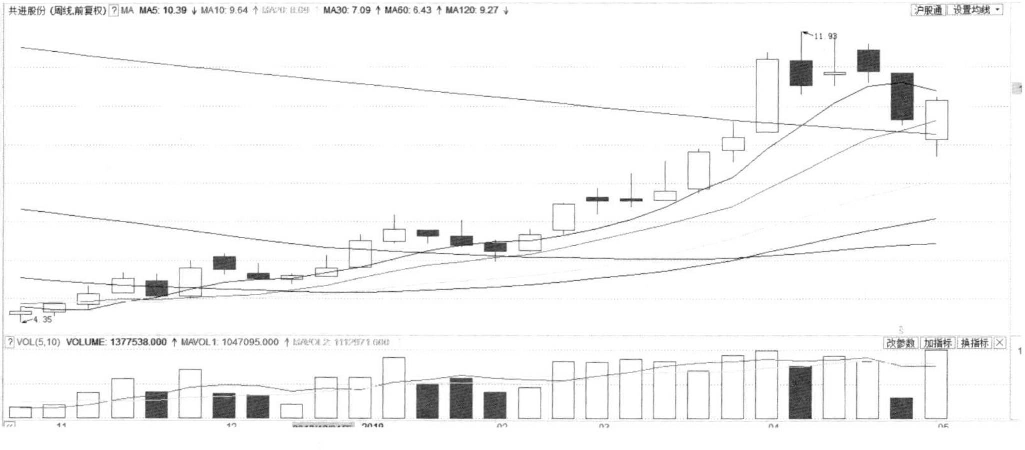

图 2-30　共进股份（603118）周线级别走势图

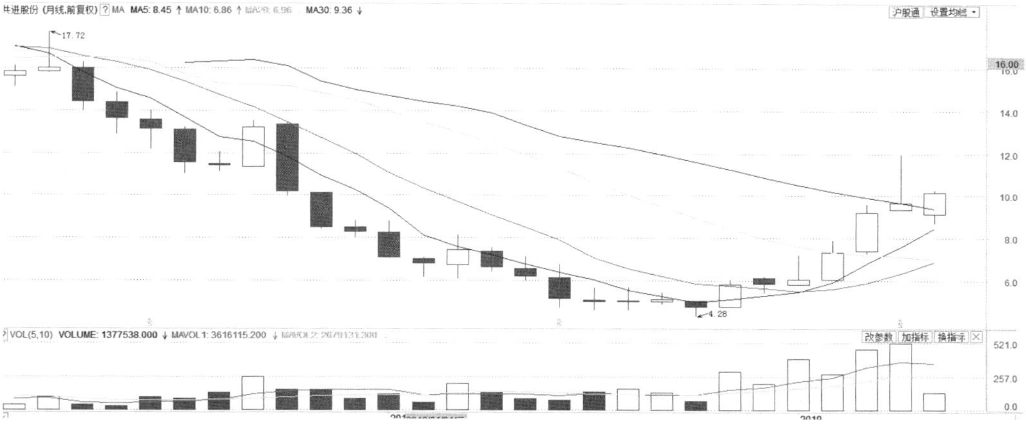

图 2-31　共进股份（603118）月线级别走势图

从图2-32可以看出这是一只5G和次新题材的个股。买入之前资金已经出现了两次明显异动，第一次出现了大阳线+串阴的漂亮信号，成交量呈现天量态势；第二次也是出现大阳线+串阴的回调、堆量。

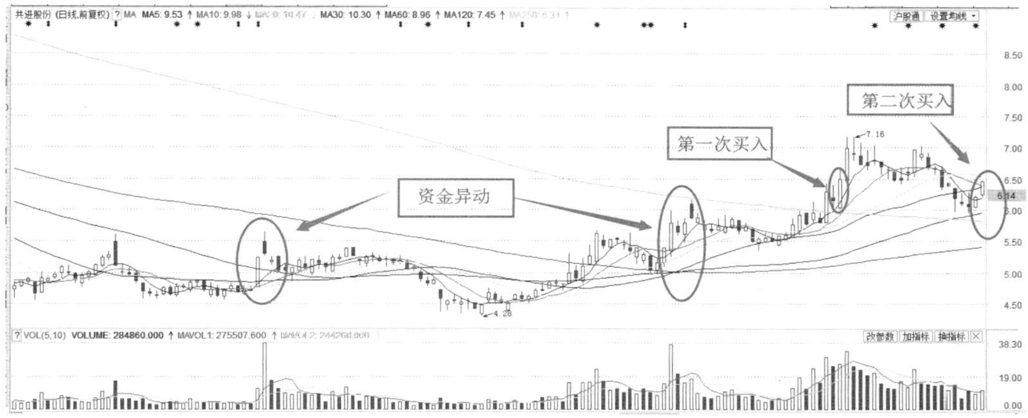

图 2-32　资金异动痕迹明显

长期均线（250日均线）已经出现走平，当价格第一次将长期均线踩在脚下，走出大阳线时，我第一次出手买入了三成仓；当价格再次回踩长期均线站稳时，我第二次出手，将剩余的仓位全部买入。共进股份（603118）之后的走势一路向上，整体走势还是非常符合买入之前的预期的。

我们再来复盘：

（1）当初我买入的理由是市场整体出现了5G潮，这是一个大的方向，也就是我们经常说的市场氛围。这个是大前提，也可以称为基本面。

（2）从月线定势来看，股价在2018年11月份，从缩量下跌到放量上涨，空头趋势或者说大级别的下跌趋势已经告一段落，第一根月线级别的放量阳线就确立了未来几个月股价的走势。这是月线级别的反转信号，它的确定性已经达到了80%。

（3）价格第一次上穿长期均线无果之后，出现冲高回落。当价格第二次站上长期均线时，这就是再次确定的信号了（当价格在底部震荡之后，其对长期均线都会有一个碰、撤、穿、压的过程）。

（4）回踩长期均线之后，价格出现了明显企稳，这就是加仓信号。

看到这里相信很多朋友都会有一个疑问，光看技术面，那基本面怎么办？基本面很多时候就已经反映在个股的走势、K线形态和股价当中了。这就是技术与概率的现实版应用。

通过公开信息进行基本面分析的确定性也远远优于听取小道消息，原因如下：

其一，公开信息的确定性要比内幕消息高，所谓的内幕消息对于普通投资者而言犹如鸡肋，因为信息的传导都是由内向外扩散的，等散户知道了，那基本上这个消息已经很滞后了。所以此类消息的准确度往往是值得商榷的，而公开资讯则是宝藏。

其二，公开资讯虽说有滞后性，时效性肯定不及内幕消息，但是公开信息的影响力比内幕消息要大。

如果技术性买点的确定性与基本面形成共鸣，那确定性自然就更大了。不要偏废，技术面和基本面在很多情况下是相辅相成的，而不是相互排斥的。有时候需要的只是多一点耐心，静下心来想一想、看一看。

第八节
技术在操盘中的实际应用

“在我有限的投资生涯中，我始终认为在交易中不是通过勤劳致富的，而是通过风险管理致富的。交易不是让你考虑怎么赚钱，而是需要你有效地控制风险。风险管理好了，利润就会自然而来，这是一个水到渠成的过程。”

技术分析的本质在于追随趋势，可是在很多人眼里趋势又具有一定的滞后性，所以有人会说这是马后炮。如果每个人都能看得懂，市场就不会有那么多人亏钱了。市场的特征是，一定会用一切办法来证明大多数人的错误。在我有限的投资生涯中，我始终认为在交易中不是通过勤劳致富的，而是通过风险管理致富的。交易不是让你考虑怎么赚钱，而是需要你有效地控制风险。风险管理好了，利润就会自然而来，这是一个水到渠成的过程。

如果投资做到了一定程度，还不明白这一点，就永远不会有稳定而持续的盈利体系，即使某段时间运气比较好，赚钱了，最终也会以不同的形式还给市场。但大多数人都妄图从开始到结束都能抓住大部分的投资机会。

股票是公司的影子，所以要关注公司的差异性。而技术却是基本面的影子，公司千差万别，只有业绩最终决定市场价格的大趋势。所以最终技术的趋势是具有某种共性的，也就有了所谓的“牛股牛相”。但如果认为这样就可以利用技术分析来摆脱基本面，随意通过技术分析来选股，那就大错特错了！

“投资世界中存在着某种共识，就是市场无法预测。”我认为这句话一半对一半错。

对的地方是投资市场中谁也没有办法预测下一分、下一秒的走势。就好比树上的落叶，下一片究竟会落在哪里，谁也不知道，我们又凭什么能够预测呢？这就是市场无法预测的合理之处。

那么错的地方在哪里？虽然某片落叶落在哪里我们无法预测，但是我们能够知晓大部分落叶所落的区域范围，这是大概率的事件，也是市场预测的合理之处。虽然我们没有办法预测下一分、下一秒的走势，但是我们能够把握趋势的某一段机会。

所以我认为学习技术分析的本质主要在于两个方面：①追随趋势，但不是追随整段趋势；②找到自己有感觉的、能够看懂的那一段趋势。

一招鲜，吃遍天！不要试图找到整段趋势的密码，那是不切实际的！找到属于自己的那一段就足够了。比如自己擅长的形态、均线体系、业绩与技术的共振形态，我相信这些就已经足够了。只要找到自己擅长的操作形态，基本上就可以靠市场吃饭了，这才是学习技术的真正目的。

所以很多时候信仰比理念重要，系统与策略比预测重要，找到你的专长比找到某个赚钱点更重要！鱼与渔谁更重要，相信大家心里都有一个比较。

接下来我们通过举例对两种不同类别的技术分析进行分类。另外说几句题外话，市场从2015年之后就一直处于下跌状态。经历连续4年的下跌，虽然2019年上半年的反弹较为犀利，但也仅仅是反弹。市场越是低迷，对于很多投资者而言，或者对于我本人而言，越有更多的“人生赌注股”可以寻找。扯远了，让我们回到正题上来！

此时对应的大盘走势如图2-33所示。

图 2-33　指数底部反弹

对应的个股走势如图2-34和图2-35所示。

如图2-34和图2-35所示，我们先看趋势，这种类型的形态有很多，大家可以自行寻找，今天我们以某个股为例。从大周期级别来看，无论是下跌的时间还是空间都非常惨烈，里面的投资者都被“炸”得“血肉横飞”。但是这类个股从超长周期来看，是未来的潜力品种。明显它的下跌是跟随大盘的自然下跌。“太阳底下没有新鲜事”，现实无非就是历史的轮回版。我们回过头看看过去的一段历史，在某一时期内其走势是如何演绎的。

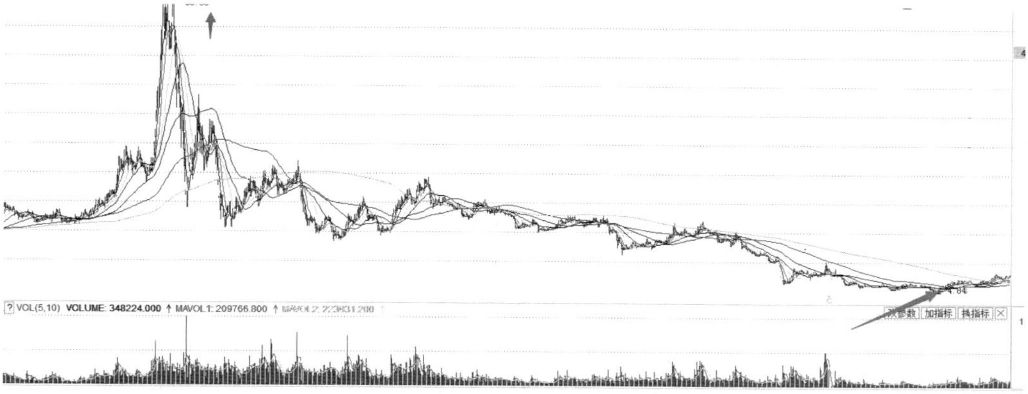

图 2-34　股价底部反弹（1）

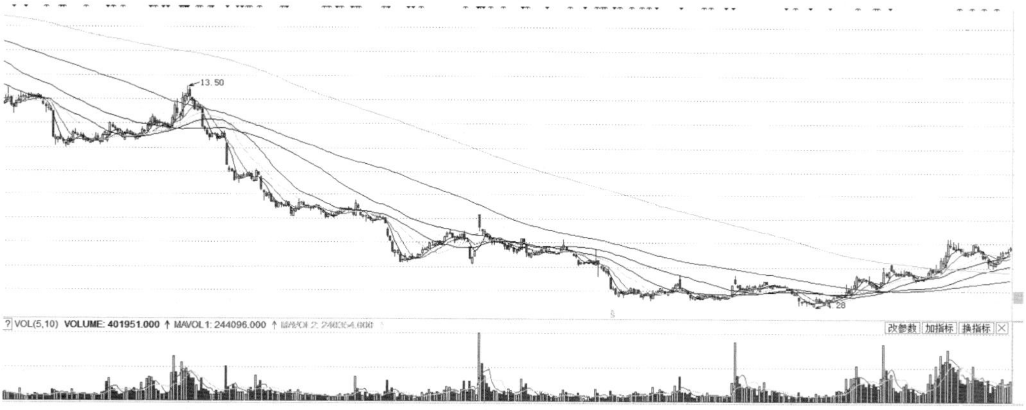

图 2-35　股价底部反弹（2）

图2-36就是我对整体趋势的判断，这当中包含了对技术、趋势、题材指数的综合判断。我们再放大看其他品种。

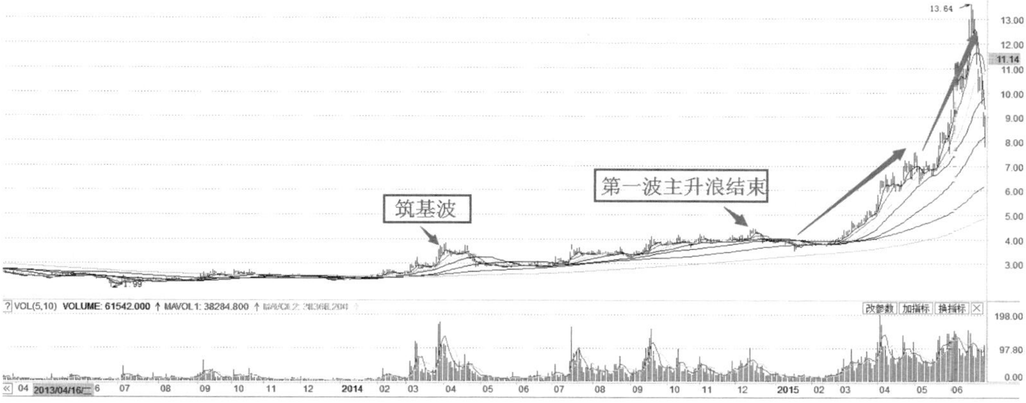

图 2-36　一轮完整的趋势图（1）

图2-37是相当大一批个股在2014年至2015年的走势，是不是很有趣？

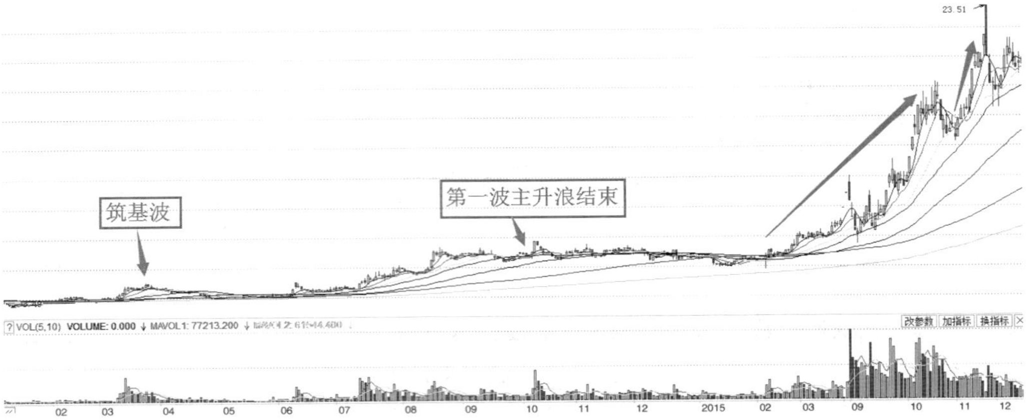

图 2-37　一轮完整的趋势图（2）

如图2-38至图2-40所示，2019下半年很多个股在底部形成了此种类型的筑底形态。大家看看市场中，非同一行业，非相关个股，当它们群体性地走出相似的技术走势的时候，我们能得到一个什么样的结论？

图 2-38　股价筑底成功

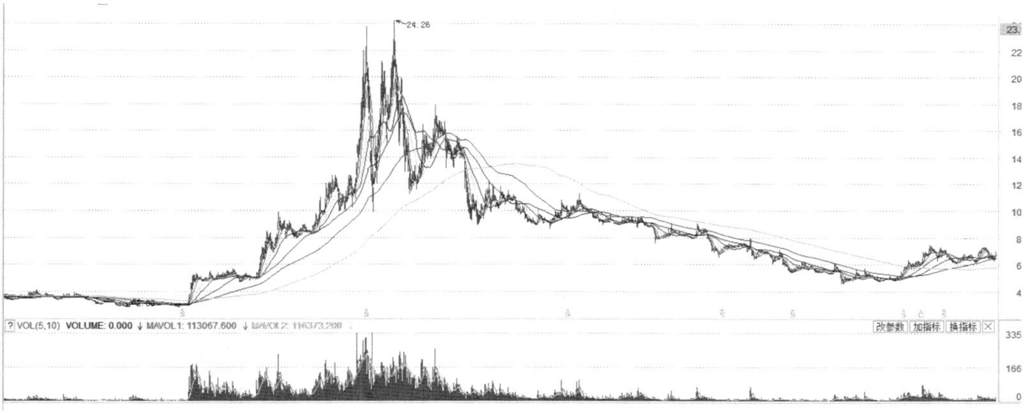

图 2-39 股价走出底部区域（1）

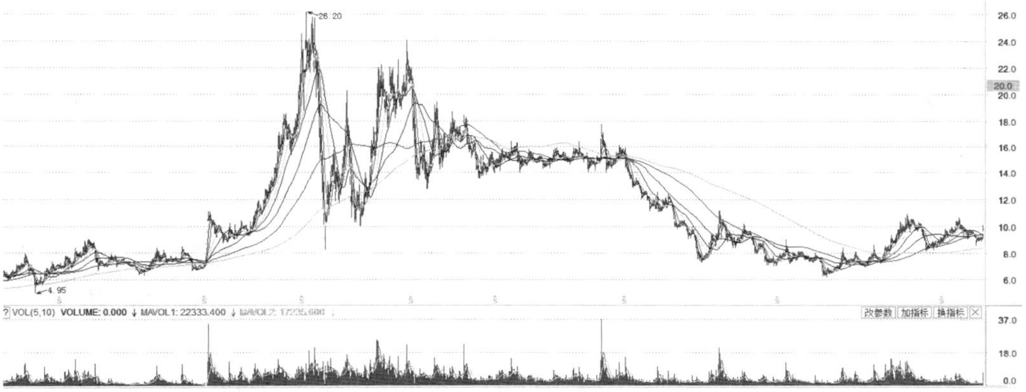

图 2-40 股价走出底部区域（2）

如果我们对于指数的判断不够清楚，那么就可以参考这些群体性个股。它们所处的阶段对于指数而言，是不是也是一个非常重要的参考指标？对于我而言，通过这样一种思路去解析大盘，虽然有时候也会出现误判，但是通过这种群体性个股和指数的相互印证的手段，成功的概率比一般的情形要大一些。

接下来我们分析技术是怎样一步步起作用的。首先，我认为作为一个群体，与指数相互印证，可以让我们在做出决定时不至于空想，最起码市场中有一部分判断是可以得到印证的。至于这种印证结果充不充分，我们需要边走边看。就理论而言，在没有强作用力的干扰下，这种走势或者趋势会自发地走下去，这就是市场组织、平衡的相关性。其次，通过全方位的技术分析，比如周K线、月K线、形态、量价共振的条件，去判断需要突破哪种压力，哪些压力已经试盘完毕属于虚压，哪些是实实在在需要克服的压力等。最后就是根据以往的复盘经验，以及已经走出来的走势进行技术分析，对之后出现的各种情况进行分类。

这就是本节需要涉及的关键内容。

如图2–41所示，面对这样的走势，接下来该如何进行技术分析？

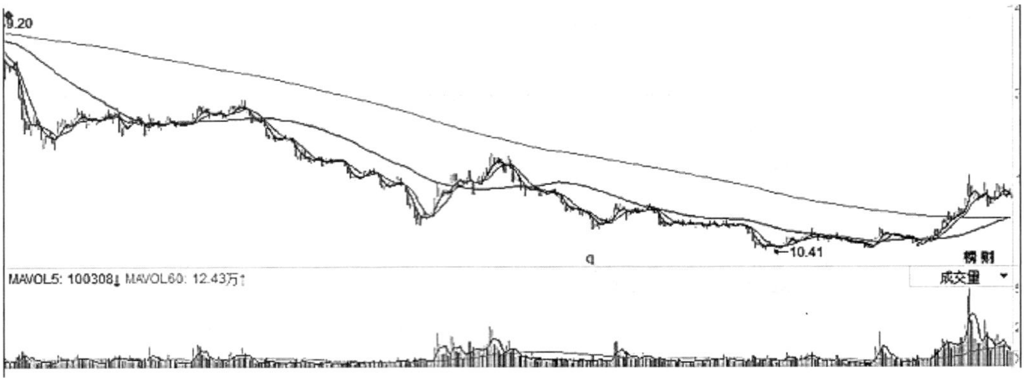

图 2–41　突破整理阶段

潜在走势A ——最强走势（图2–42）：股价经过短期调整之后，直接向更高峰发起攻击。

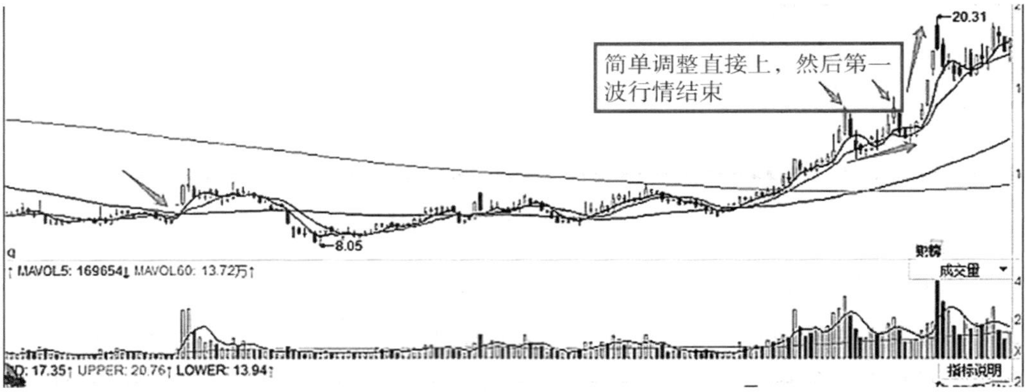

图 2–42　短期调整之后再度上涨

潜在走势B——次强走势（图2–43）：股价经过近一个月的缩量整理之后，选择向上攀升。

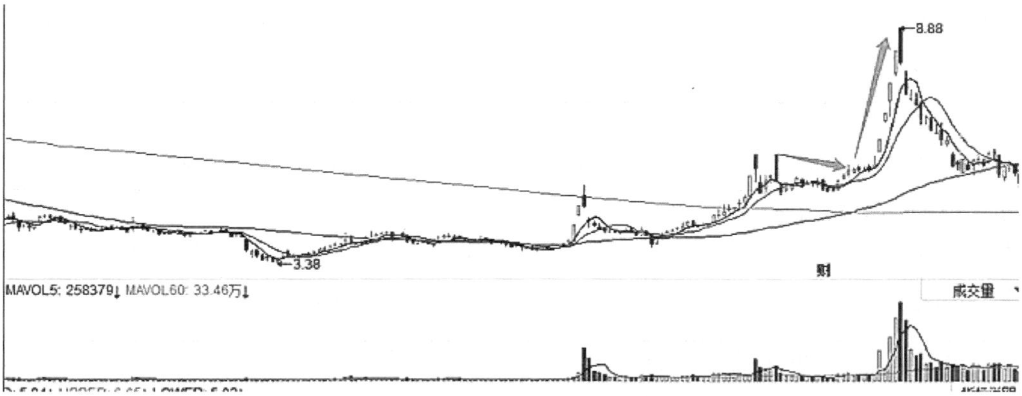

图 2-43 缩量震荡之后再度上攻

潜在走势C——最弱走势（图2-44）：股价出现连续的向下破位调整，回到长期均线站稳之后，才出现第二波攻击形态。

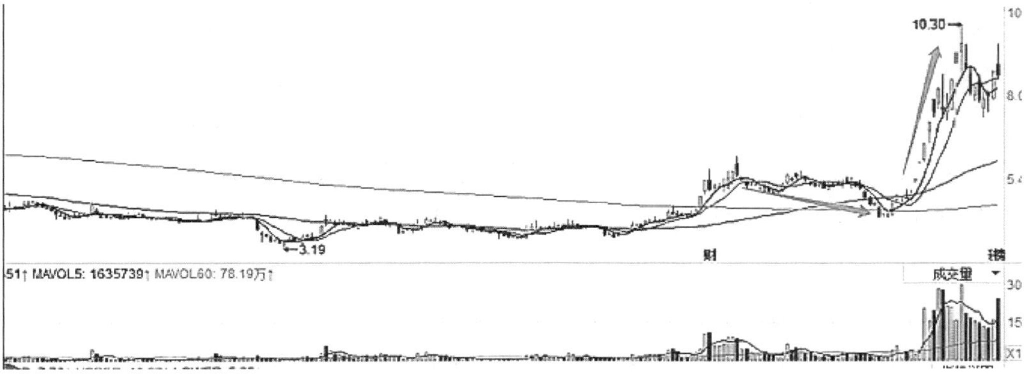

图 2-44 深度调整之后再度上攻

图2-42至图2-44是当一种形态形成之后，其后续演化出的三种不同类型的走势。我们学会推演之后，当它再出现任何一种走势时，我们都能够通过技术分析推演股价下一步的走势。

投资过程当中我们经常会用到一句话："宁愿模糊的正确，而不要精确的错误。"哪怕对于基本面而言，本杰明·格雷厄姆在其著作《证券分析》中也一再强调，趋势的本质是模糊的，而不是精确的。大家不妨思考一下，本杰明·格雷厄姆作为财务分析的教父级的人物，深谙基本面分析之道，他却说趋势的本质是定性的，而非定量的。

回过头再看技术，我个人觉得，就技术分析而言，趋势的本质也是定性的、模糊的，而非定量的、精确的。虽然透过技术分析确实能够找到压力位、支撑位等各种精确数据，但是趋势的本质还是定性的。这就需要我们各自了解自己所做的趋势是什么级别、周期，辅助运用各种参考指标，比如均线、形态，自己对于符合这种趋势级别的配套系统一定要有清醒的认知。

比如我就喜欢大周期的趋势级别，以年为单位，操作上看长做短。我的操作周期是以3～6个月为单位的中级趋势。

前面谈到的三种可能出现的走势，其未来会在不同阶段走出不同形态，我们需要根据走势得出相应的操作策略，然后根据此来操作。

在股市中如何通过经验将这些可能出现的走势提前绘制出来呢？这在我们职业生涯中是非常重要的，也是非常有意思的，同时也是最难的事情。而在实际过程中，市场上99%的人是没有耐心学下去的，或者没有耐心进行深度钻研。因为这需要大量走势图的积累，并在你的脑海中进行归纳总结、分类整理。这个有点类似于大数据，当你的储存量足够多时，有一天你会突然发现熟悉的身影，那么此时就要恭喜你，你的潜在机会来了。之后我们再通过其他的分析手段，进行综合分析，判断究竟值不值得。

这就是我常说的推演未来的意义，推演未来并不是说走势一定要这样走，我们只是通过经验，对应走势的大数据图库，提前绘出各种可能的走势。这只是对更多可能的概率进行预测，把它具体化、直观化而已。这和概率游戏的本质并不冲突，也不矛盾。

比如上文中推演的A、B、C三种走势。这三种情形都有可能出现，具体市场选择了哪一种走势，这种走势与预期中的哪一种更加接近，则需要看当时的市场氛围，操作上也要根据其走势进行修正。最后具体要不要行动，则看个人了。如果觉得时间过长，或者调整较深不想参与，那就撤出；如果觉得能够接受那就守着。

当然对于我个人而言，我更加倾向于走势C，因为从长远来看，这是最好的走势！

那么假定我按照第一种情形也就是走势A操作，结果走出来是走势B或者走势C的深度调整，那么你可不可以接受？在我的操作体系中是可以接受的。

或许有朋友会讲，你怎么确定那是底，万一下面还有“十八层地狱”呢，怎么办？

这就是见仁见智的问题了，需要运用自己的经验进行过滤，比如我采取的方式是：

第一种，基本面过滤，如果没有意外出现，只是正常的调整，那么可以接受。

第二种，周K线、月K线趋势的过滤，一般而言，月K线的走势是打开新周期的开始，它的错误率极低。

如果这两种情况都考虑到了，但最后还是失败了，那也没什么，因为投资是没有办法开启上帝视角的，我们要做的就是通过不断试错来增加成功率，仅此而已。

在不追高的前提下，非ST股这样走，还失误的话，那只能说是运气不好。一般而言，“戴帽”的时候会有反应，如果刚好跌破平台，可以再杀一波。如果有一波缓冲，那么基本上把此前的涨幅吃回去就已经算是不得了了。何况还需要根据具体的指数走势、市场氛围做出相应的调整，但是大趋势这样判断没有什么问题，是可以接受的。

此时个股走势的好坏，并不会影响你的心情，很简单，这类个股你基本上都会跟踪很长时间，甚至是一两年。走出来的时候还是熟悉的味道，确实会让人处变不惊！

至于大家非常关心的仓位问题，看个人的操作情况，没有统一的要求。市场上主流的方法是分批投资，组合操作。但是我不太喜欢分散，所以仓位往往集中，一般就是全仓持有两只个股。

我的策略跟一些人不太一样，因为我对于波动的容忍度比较高，所以就仓位而言相对比较集中。不少人的做法是“不把鸡蛋放在一个篮子里”，但人的精力毕竟有限，我的做法是精研个股，用时间换取空间。我常说的一句话就是：“股价波动，上下成空间，左右成时间，上下左右结合就是形态。不要觉得形态就是形态，它其实是空间的一部分，所以在很多时候形态也是包含了空间测算的。”

投资中积累的财富终究是一个人思考的产物，尤其是在资本市场这个虚幻的世界里。虽然个股有其公司兜底形成所谓的价值基石，但是股价的波动在很多时候跟这种东西是无关的。心理影响预期，预期影响行为，最终就形成了交易习惯。

在我看来，股市没有太神秘的东西，基本上都是明牌，哪怕是内幕交易，仍然难以隐藏。你的交易系统为你的交易画出了一个圈，95%的东西都落在了圈外，也就是说，你的交易体系对于市场而言是小概率事件，但是在你的圈子里面，对于你而言它就是确定的。所以你把95%的股票都排除在外，就算99%的牛股都没有抓到，也不影响你赚该赚的钱。

学习的目的，并不是找出所有的牛股，而是当满足自己交易系统的个股落在自己圈子里的时候，自己能够牢牢抓住。所以在投资路上别人不认可你的做法，很正常，因为这套交易系统，仅仅适合你而已。没有最好的系统，只有适合自己的系统，自己满意就好了！

第九节

百鸟朝凤系列一：资金异动
——影响未来的关键点

1. 技术是大趋势，凡是妄图从更加细微的地方去纠结技术，就等于自寻死路。

2. 技术面是基本面的影子，找到技术形态与基本面之间的共振点是提高技术分析的重点。

3. 找到属于自己神乎其技的那一段走势，只需要一种或者两种，专注才能专业，专业才能够无可替代 。

首先从标题说起：资金异动往往表现为股价的异动，这在我们交易的过程当中是非常重要的一环，也是交易系统重要的一个点。就K线的资金异动而言，对于股价来说往往就是惊涛骇浪前的涟漪，对于投资者而言，这是需要特别注意的地方。无论是业绩还是题材，最终都是需要通过“预期中的业绩”来体现的。

做价值股和成长股，是基于个股以往的表现和现有的财务数据来进行未来的预测，更靠谱一点，可称为“可见的基础业绩预期” 。做题材股，是基于预期激发的未来想象，多数情况下想象多于现实，是资金在背后推波助澜，可称为“建在沙滩上的城堡” 。

但是无论哪一种现象，它们都是需要通过股价以及量能来进行转换的。第一步需要将手中的现金变成股票；第二步则是将手中的股票变成现金；如果没有这两步，终究属于白费工夫。所以资金进出的痕迹往往都是可以通过肉眼进行观察的，反映在盘面上就属于量能的异动行为。

低位的时候要吃货，也就是说买方力量大于或者远大于卖方力量，尽管在很多时候会出现故意打压或者隐藏实力的行为，但多数情况下放量是必然现象。

高位的时候要出货，也就是说卖方力量大于或者远大于买方力量，此时双方的势头已经在盘中出现了明显的逆转，走势也逐渐转为量能放大，上涨的力度逐渐衰减，多空逆转，开始下跌。

我们通过复盘来聊聊什么是资金的异动。

（1）股价在经过长期下跌之后，长期均线已经出现了趋缓、走平，或已经黏合在一起的迹象。

（2）这个时候在第二天会突然出现大阳线或者涨停板，并在第三天冲高回落，这两天的成交量会放出天量。然后股价再次下跌，将这几天的涨幅全部“吃完”。

（3）行情在一次兴奋之后归于沉寂，接下来的走势大概率是吃掉阳线，有时候甚至会创出新低。

（4）阳线区域之后，长期均线开始散开一点，比如120日均线、250日均线，有时候会破坏掉60日均线，有时候不会。

股价在底部出现这种走势的案例很多，大家可以多去找找。整个走势在这种时候为什么会出现股价异动或是成交量的放大呢？本章第五节重点讲述成交量的变化及其对股价的影响，大家可以多读几遍，领悟其中规律。

图2-45至图2-47这三张走势图中都出现了明显的资金异动现象，股价在放量冲高之后都出现了新低，这种走势就是通过短期快速拉升，打破沉闷的盘面，犹如在平静的湖面上掀起一丝涟漪，使其最终演化成惊涛骇浪。

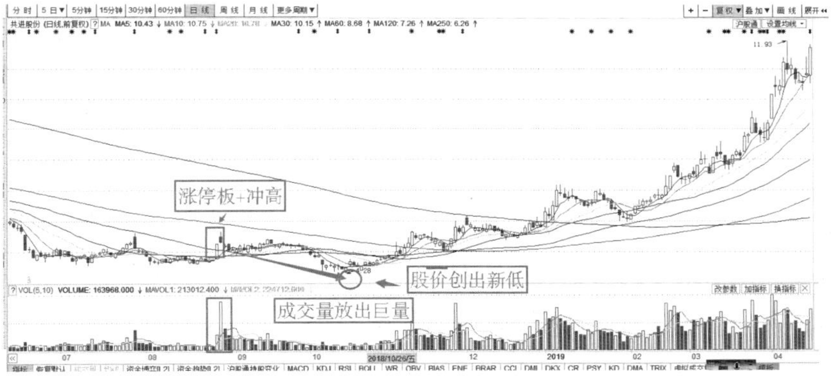

图 2-45　股价冲高之后创出新低（1）

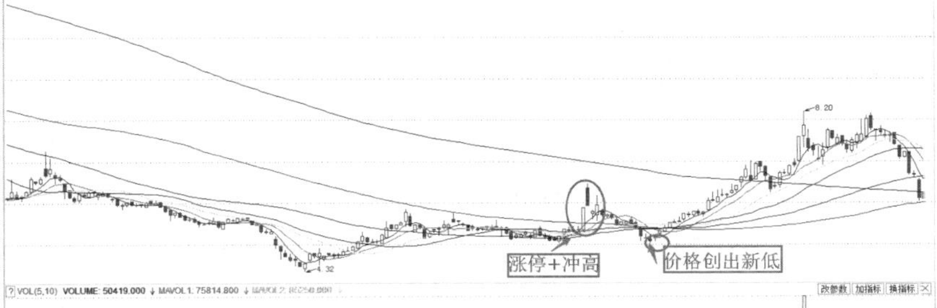

图 2-46　股价冲高之后创出新低（2）

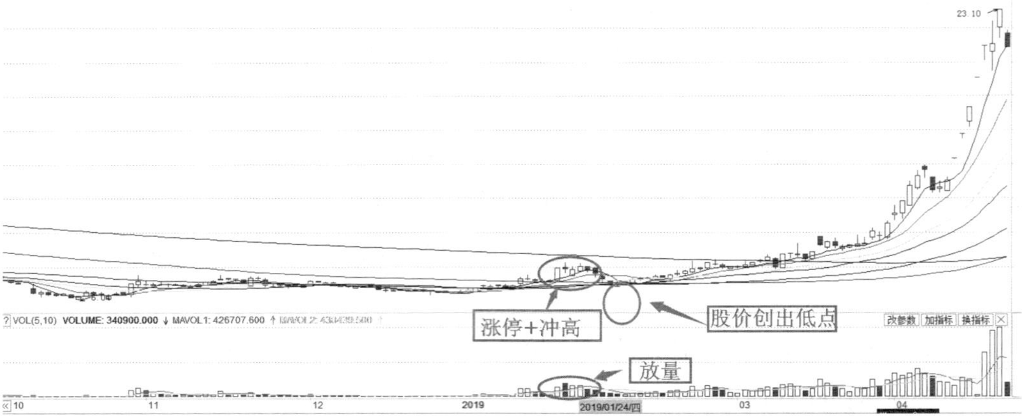

图 2-47　冲高之后再次回落

一段阳线区域的作用主要有：其一，试盘，吸货。当价格处于底部阶段时，市场的分歧就开始加大，有的人开始由空头转多头，有的人依旧保持悲观情绪。此时如果股价开始出现快速拉升，一部分看空的筹码会被迅速抛出，从而被某些人收入囊中。这部分筹码将来大部分都将成为底仓，这个时候往往是大资金主动买套的时期。其二，打破沉闷，开始发散均线，发挥之后均线的助涨助跌作用，注意看图2-47，可以非常明显地看出股价之前一直在120日均线之下运行，均线在交易当中一个非常重要的作用，就是发挥助涨助跌的作用。这也是对于整个走势的一次大格局上的改变。当股价站上长期均线时，整个生态就会发生非常大的变化，同时也会吸引很大一批中线交易选手的关注，这就是突破的意义所在。 其三，股价短期的快速上冲，为洗盘留下空间，一般这样一拉一砸，10%～30%的波动空间就拉出来了。这样做有两个目的，第一是当股价经过一轮短期上涨之后，原来的看空的筹码已经出掉大半，但还有一部分没有出掉，此时主力发动洗盘特别是当股价创出新低时，原来在冲高没有卖出的筹码，会在股价创出新低之后而出现杀跌现象，散户被迫"割肉"止损。第二是股价短期上涨，会吸引一部分短线投机客，此时顺势洗盘，也可以搂草打兔子，一起赶出去。

试问有多少个散户在这种振幅20%左右的洗盘之中还能坚定立场？

当股价处于这种阶段时，对于中线投资者来讲，此时是布局的最好时间点。一是不需要参与很长的横盘期（这个时间重点还是要根据自身持股的周期而定，很多时候对于我而言，三个月才是起步阶段）。二是此时的股价才刚刚出现异动，这个区间就是主力资金的成本区，有时候甚至比主力的成本还要低。且不说后续股价会不会出现上涨，最起码这个位置的技术恢复区的套利空间是存在的。

至于股价后续怎么走，是温和推高，还是如疾风骤雨般上涨，就要看个股的题材和市场的氛围了，但是在这个位置买入整体上讲是输掉时间但不会输空间的。

当股价在底部出现这种明显异动时，我给它取了个好听的名字——百鸟朝凤。这种异动情况，在底部往往会多次出现。

如图2-48、图2-49所示，股价在一段时期内出现了多次脉冲式上涨，且每一次上涨之后，伴随的就是低点的出现，这种现象在股价走势中比较常见，这种案例很多，就不一一列举了。

图 2-48 股价冲高回落（1）

图 2-49 股价冲高回落（2）

每一段区域内出现这种异动之后，在技术上都会存在技术性的修复区。这一段异动的出现也将改变整体的运行轨迹，是股价从底部震荡到走出上升趋势的起点，也是影响未来的关键节点。

第十节

百鸟朝凤系列二：资金手法揭秘

“在关键时刻，敢买、敢配。无他，手熟耳。”

前面说了，每一只个股在启动前都会出现资金异动，我把这种异动称为“黄金眼”，大家不要过度神秘化这个东西。其实用技术术语来解释就是，只要能够显示出主力资金有异动，同时对未来走势有某种预示意义的K线组合或形态，都可以被称为“黄金眼”。简言之，“黄金眼”就是主力待不住了，也掩饰不住了或刻意为之的表现形式，总之这时候可以从图形的蛛丝马迹中发现主力今后的运作意图。

一个个股完整的股票运作周期至少可以发现三只“黄金眼”，分别处于底部区域、拉升期、顶部区域位置。

大家也不要机械地套用这套标准，有时候次新股不可能有一个完整的运作周期，持股者多数也以出货为主，但是这时候也会出现比较明显的运作痕迹。这跟所处的周期没有关系，只是显示出某些运作痕迹罢了，但也可以称之为“黄金眼”。

图2–50中有三只“黄金眼”，分别位于圆圈之内，透过“黄金眼”大家看到了什么？是否能够推演出未来走势？

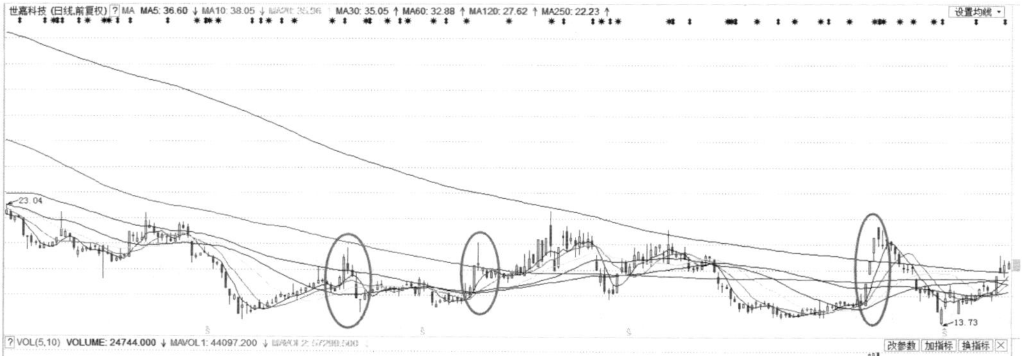

图 2–50　世嘉科技（002796）冲高回落

对比图2-50与图2-51可以发现，这两只个股有下面这些共同点：

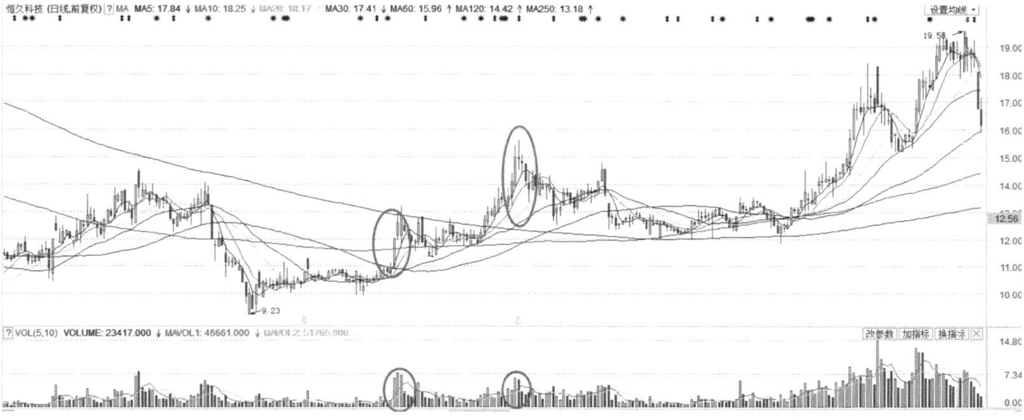

图 2-51 恒久科技（002808）股价冲高回落

（1）资金在底部出现异动，而且是多次异动。

（2）长期均线如120日、250日均线（120日线通常可称为半年线，250日线可称为牛熊分界线）都出现了交叉现象，这是一个较为明显的底部特征。

（3）这两只个股就下跌幅度而言都是腰斩之后再腰斩，这里有一个判断底部的方法：当一只个股从最高点下跌幅度达到50%之后，再次下跌50%，那这个位置基本上就是底部了（当然这里指的是正常下跌，基本面出了问题的要排除在外）。这种情况下个股基本上已经跌不动了，这个位置是一个长期底部的位置。

这样的案例有很多，有兴趣的朋友多复盘。

如图2-52所示，世嘉科技（002796）的三次异动，价格都处于同一水平（19～20元），这就表明主力在底部的洗盘、吸筹做得非常充足，主力意图高远，资金在这个价位反复震荡。这有两个原因，其一，散户必然面临着资金的压力，资金是有成本的，耗费时间越长，对自身压力也就越大。其二，在这个价格趋势之内，大资金是很难获利的。正常情况下只有拉出足够的空间，才能有获利。这一区域之内主力更多的是通过反复地洗盘、拉升，将前期的浮筹清洗出去。

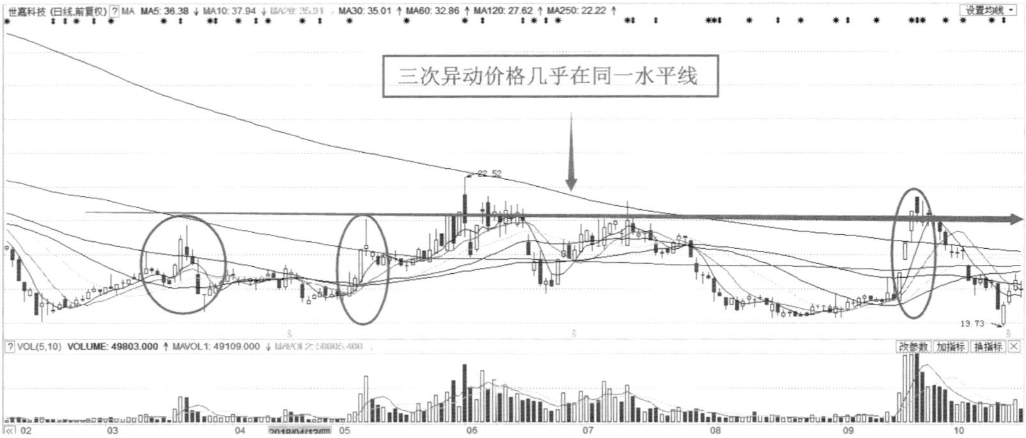

图 2-52　世嘉科技（002796）资金异动，股价冲高回落

这往往代表后期的行情都不会太小（图2-53），毕竟资金的成本摆在那里，这是做不了假的。

图 2-53　世嘉科技（002796）资金多次异动，最终得以快速上涨

看一段后期走势大家就明白了（见图2-53），这种走势往往代表着市场后续的空间，是可以看到未来、推演未来的。很多时候我们看到已经发生的事物，这个并不代表什么。市场真正的高手，是能够看到未来，看到还没有发生的走势。

这个过程虽然短期内会遇到各种消息面的阻碍，或者受利空的影响，影响短期走势，但大方向在资金三次异动时就已经确定下来了，这就是因果。

回过头看恒久科技（002808），如图2-54所示。

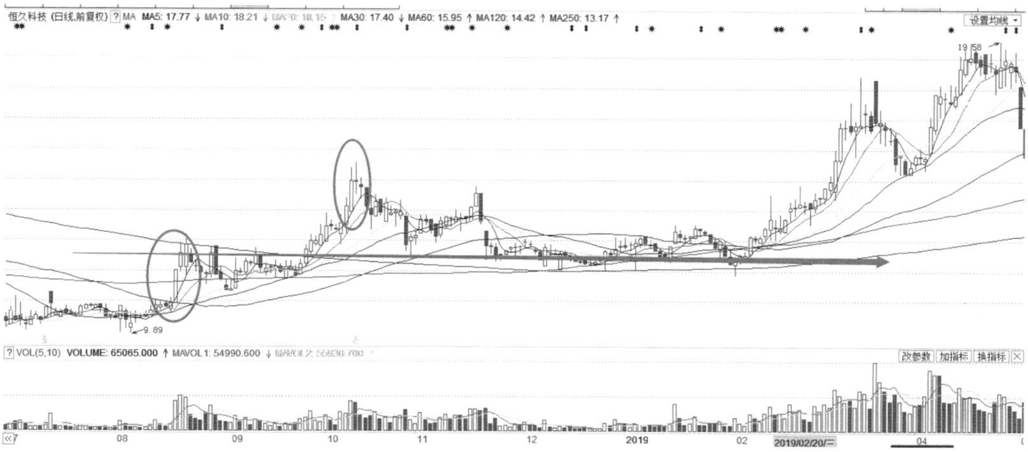

图 2-54 恒久科技（002808）资金异动之后进入了较长时间的沉寂期

该个股的资金异动也是较为明显地出现了大小两个量能堆，这同样是资金“耐不住寂寞”的前奏。但能明显感觉到这只个股的节奏比较快，出现第一次异动之后，没有出现较大幅度的洗盘，而是在盘整之后快速脱离成本区，这自然也限制了后期涨幅的高度。价格出现第二次异动之后，仅回落到了第一次资金异动的位置。这个价格附近明显没有洗盘到位，也就是说控盘主力手中的筹码并没有太多，不足以支撑后续股价的大幅度走高。

上述这两只个股的共同点就是资金在底部是有买入的，都呈现出明显的堆量区。无非就是介入的多与寡，重与轻。影响的仅仅是后期的涨幅空间，不影响上升趋势。

除了技术走势之外，题材、热点也是需要关注的点，如果个股刚好处于当下市场的风口，那么溢价自然会大不一样。

由图2-55、图2-56总结一下：第一，这些都可以称为“黄金眼”，有大有小，都能体现里面的资金的部分动向，提前预示了未来走势。第二，“黄金眼”不一定非要机械地与之前讲的某个阶段的行情相关联，因为有些所处的阶段根本分不清楚，混淆性很高，没办法确切知道所处的运作周期。尤其是次新股，以出货为主。这些部位资金异动明显，即使没有外来资金介入，出现这些异动，多数也预示未来有一波中级别行情。第三，“黄金眼”之间可以相互印证，提高判断准确性。

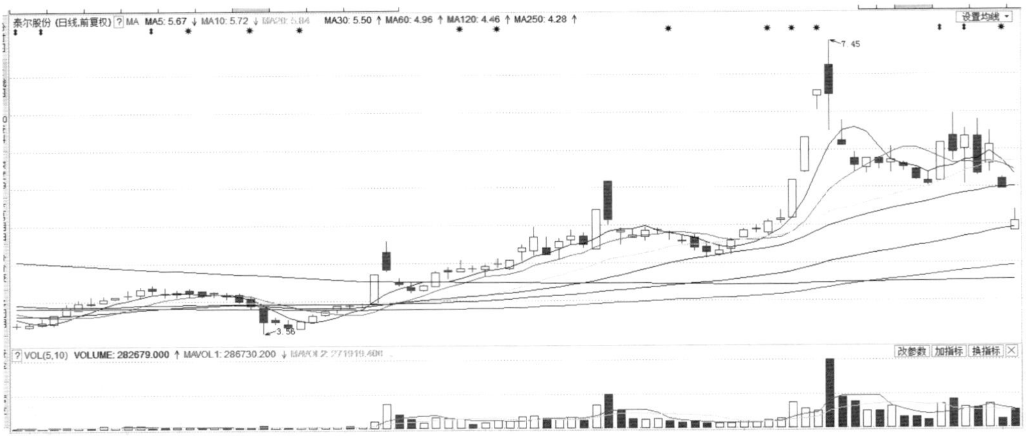

图 2-55　泰尔股份（002347）股价异动

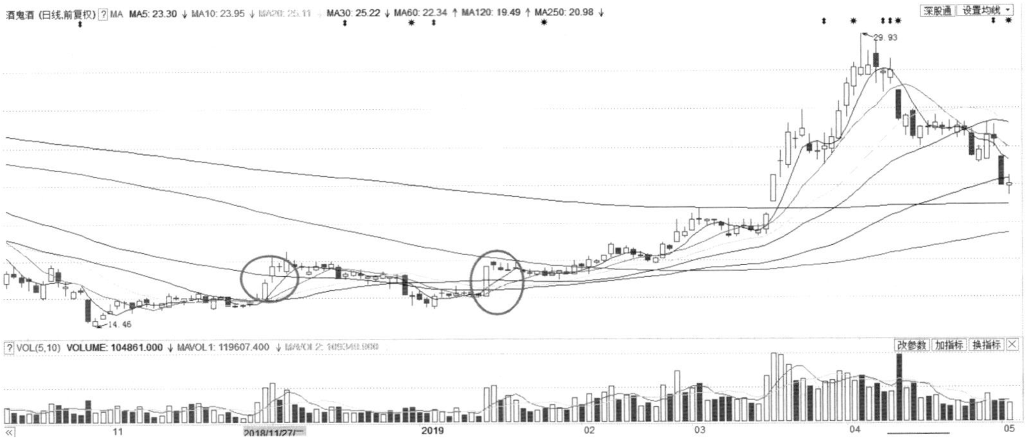

图 2-56　酒鬼酒（000799）“黄金眼”

图2-57、图2-58是我在上一轮牛市买入的个股——八菱科技（002592）。第一次股灾之后，股价又走了个翻倍行情，明显是资金在高位没有出完。第二波没有抓住，有点可惜，不过当时保住了第一轮上涨的胜利果实，也算是完美收官。

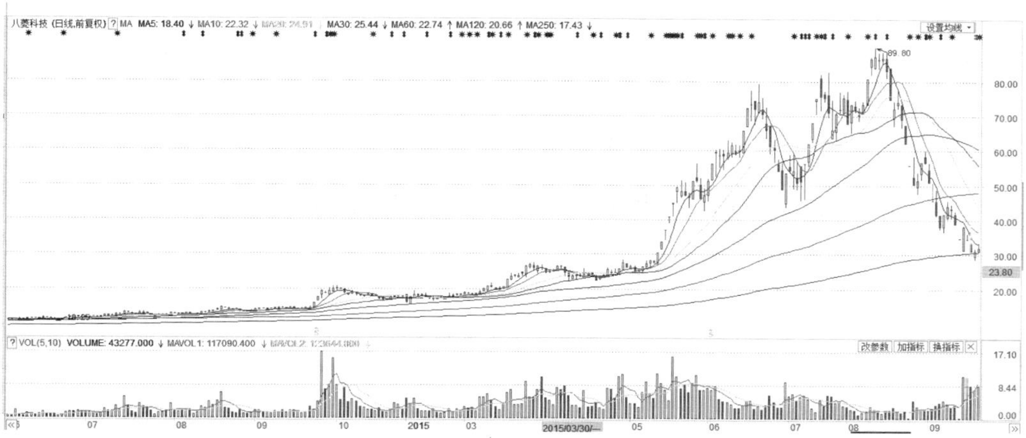

图 2-57　八菱科技（002592）一轮完整的股价走势周期

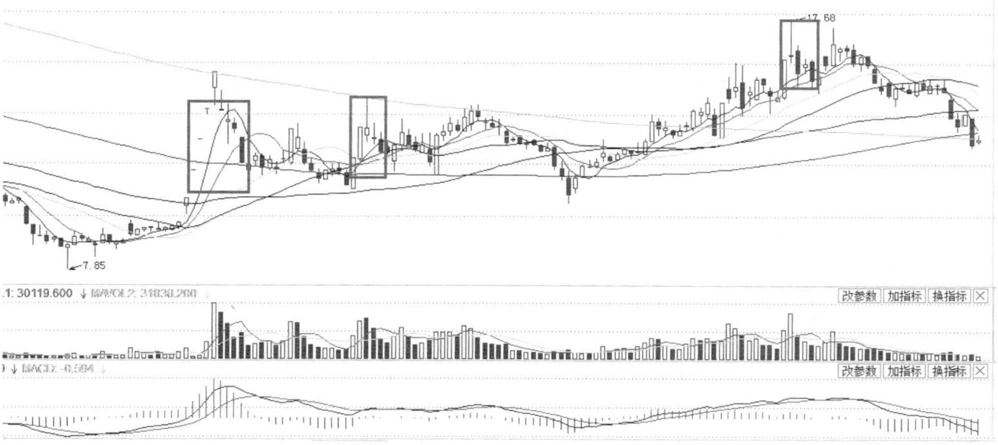

图 2-58　八菱科技（002592）资金多次异动

这就是“黄金眼”的重要意义，在关键时刻，敢买、敢配。无他，手熟耳。

至于何时介入，只需要密切跟踪，启动点出现的时候，大胆买入就可以了。什么是启动点？如何判断启动点的强弱？请看下一节。

第十一节

百鸟朝凤系列三：论启动点的强弱

"成功的交易者，一定是知行合一的。"

前两节重点强调资金的异动行为，当我们对于前面两节有深刻理解之后，就需要判断启动点，并区分其强弱。一只个股要走一轮循环，必然要面临以下几个阶段：建仓—洗盘—打压—初升—启动—拉升—出货。这是一轮循环的完整过程（图2-59）。由于建仓、洗盘、打压耗费的时间非常长，所以这块我们留到最后分享。

接下来和大家重点分享启动、拉升、出货这三个步骤。

一只个股经过短期建仓、洗盘、打压、初升之后，就面临一轮快速拉升的阶段。这个快速是相对的，有时表现为长线资金走势稳步向上，呈现一个加速的状态，而短线资金走势看起来就比较"粗暴"了。

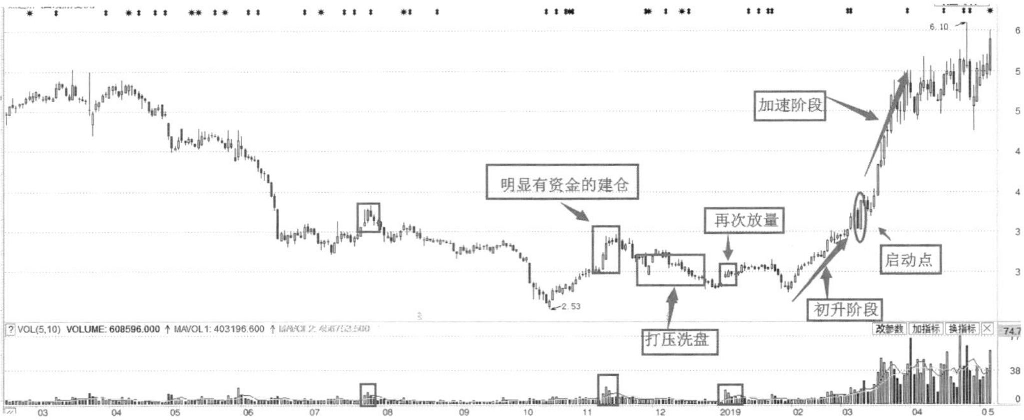

图 2-59　股价不同阶段的走势

就和我们谈恋爱一样，我相信很多朋友都有这样的经历：一开始双方初步认识，然后互相发信息、点赞朋友圈。这个时候就会开始第一次约会，吃饭、看电影。这是最普通的套路。当然还有各种各样的活动，为的就是能够进一步接触下去。比如开始牵手，直到最后在一起。这些交往的招式，其实就类似于一套完整的坐庄流程。

最关键的时刻就是如何把握启动点。启动点，还有一个说法是“黄金买点”。在投资市场当中，大家都在寻找一个合适的买卖点，这个买点是一个非常关键的位置，同时也可称为资金的“G”点。就正常情况而言，个股一旦出现此类买点，就意味着离真正主升浪形态不远了。只要能够抓住此类买点，就能够“吃到整个鱼的鱼身”。可能很多朋友知道有这么一个说法：“横盘突破，就是买点。”这句话其实只说对了一半。横盘突破周期的不同，也就意味着上方空间的不同。如果只是突破月周期，那么涨幅有限。如果突破半年周期，一年周期，上升空间就比较可观了。对于投资者而言，此类黄金买点，介入的机会稍纵即逝。我们经常说市场永远有一个7：2：1定律，真正能够成熟运用这套交易系统的投资者，应该就已经能够成为“1”的那个部分了。当然，如果一种手法被大多数人知晓，那么肯定就会出现变化，但本质是不会变的。市场永远是一个动态博弈的市场，当一个平衡被打破之后就会形成另一个平衡，如果A股市场的格局没有得到改变，这个7：2：1的格局就不会变。

那么，如何来判断个股启动的黄金买点呢?

（1）股价突破前期整理平台的第一根阳线（这根阳线必须是中阳线），出现涨停板更好。

（2）进入主升浪阶段的开始。

（3）成交量必须放大，且至少放大1倍以上的量（越大越好）。

（4）股东人数发生了明显变化，即股东人数减少，筹码集中度增加。

从图2-60与图2-61可以明显看出，股价在突破上行过程中成交量出现了异常放大，这就是我们判断股价为真突破还是假突破的一种方式。这种方式不一定百分之百有效，却可以作为一个参考指标来运用，突破盘整的时间周期越长，其之后空间越大。

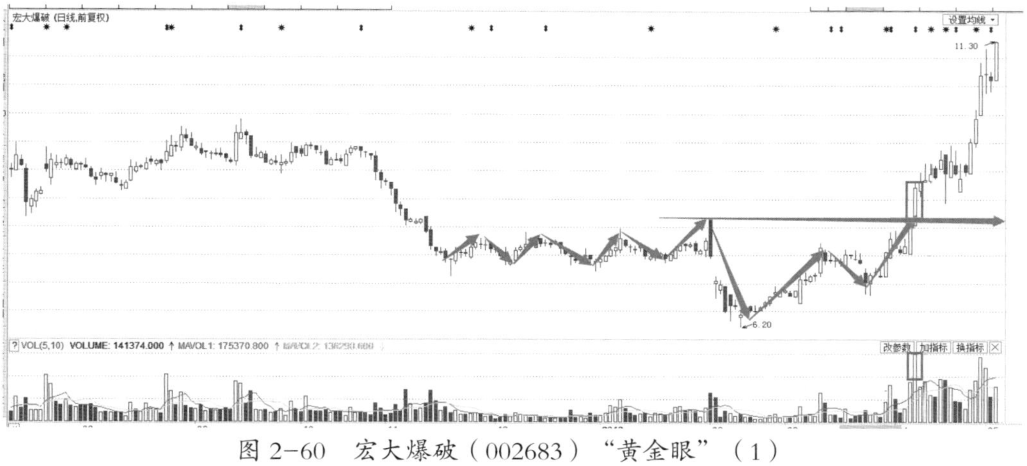

图2-60 宏大爆破（002683）“黄金眼”（1）

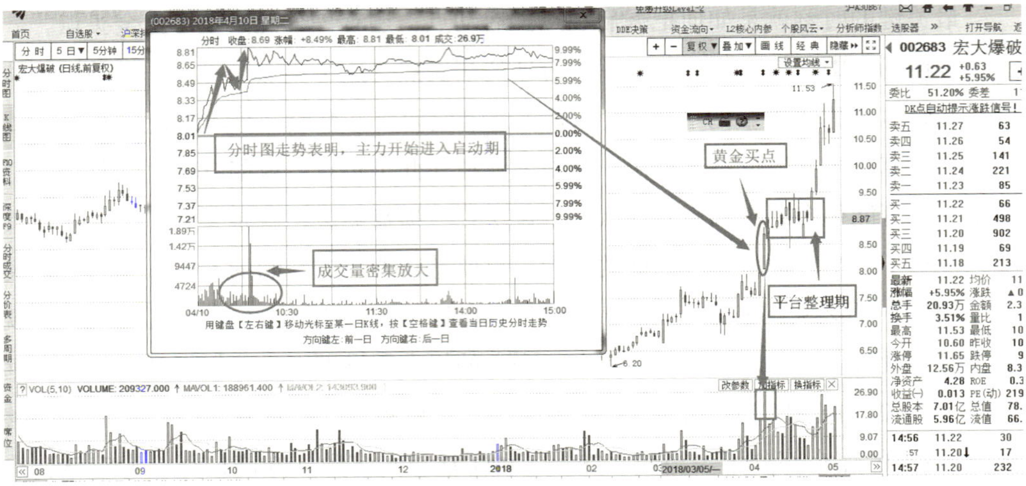

图 2-61　宏大爆破（002683）“黄金眼”（2）

如图2-62所示，大家可以对照观察股东人数的变化与股价是否存在一定的关联度，也就是上文中提到的股东人数明显减少，筹码集中度增加，是否对应后期股价的变异。

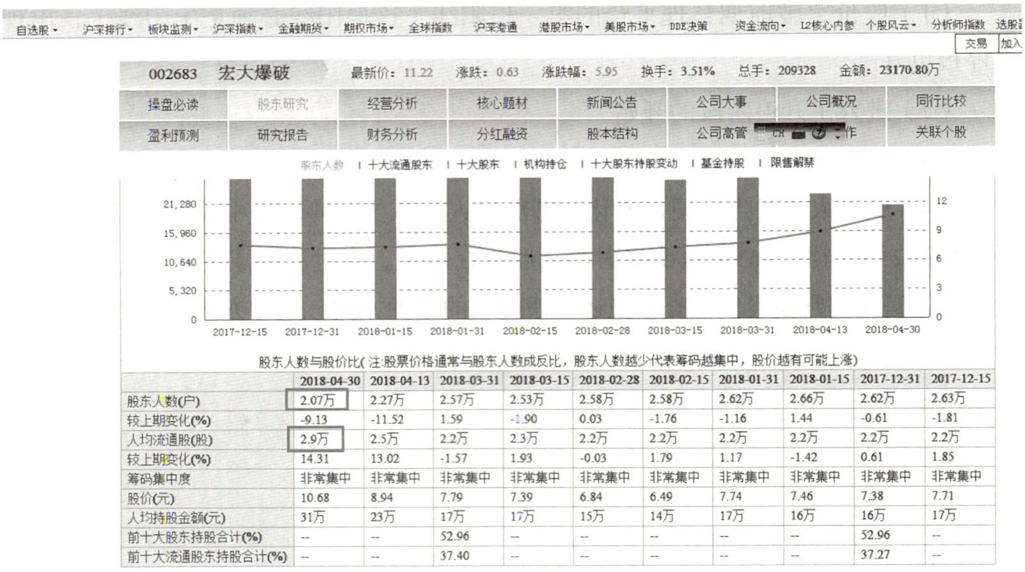

股东人数与股价比(注:股票价格通常与股东人数成反比，股东人数越少代表筹码越集中，股价越有可能上涨)

	2018-04-30	2018-04-13	2018-03-31	2018-03-15	2018-02-28	2018-02-15	2018-01-31	2018-01-15	2017-12-31	2017-12-15
股东人数(户)	2.07万	2.27万	2.57万	2.53万	2.58万	2.58万	2.62万	2.66万	2.62万	2.63万
较上期变化(%)	-9.13	-11.52	1.59	-1.90	0.03	-1.76	-1.16	1.44	-0.61	-1.81
人均流通股(股)	2.9万	2.5万	2.2万	2.3万	2.2万	2.2万	2.2万	2.2万	2.2万	2.2万
较上期变化(%)	14.31	13.02	-1.57	1.93	-0.03	1.79	1.17	-1.42	0.61	1.85
筹码集中度	非常集中	非常集中	非常集中	非常集中	非常集中	非常集中	非常集中	非常集中	非常集中	非常集中
股价(元)	10.68	8.94	7.79	7.39	6.84	6.49	7.74	7.46	7.38	7.71
人均持股金额(元)	31万	23万	17万	17万	15万	14万	17万	16万	16万	17万
前十大股东持股合计(%)	--	--	52.96	--	--	--	--	--	52.96	--
前十大流通股东持股合计(%)	--	--	37.40	--	--	--	--	--	37.27	--

图 2-62　宏大爆破（002683）股东人数

从图2-63与图2-64可以明显看出，股价在突破上行过程中成交量出现了异常放大，这就是股价在变盘期经常出现的异象。大家可以多翻看一些历史上的大牛股，看它们在走强之前都有哪些成交量的变化，这种变化对于股价而言会产生哪些影响。

图 2-63　佳发安泰（300559）股价突破平台（1）

图 2-64　佳发安泰（300559）股价突破平台（2）

如图2-65所示，股东人数的变化与股价走势存在着某种关联性，股东人数越集中，对应的股价呈现出越明显的上攻形态。

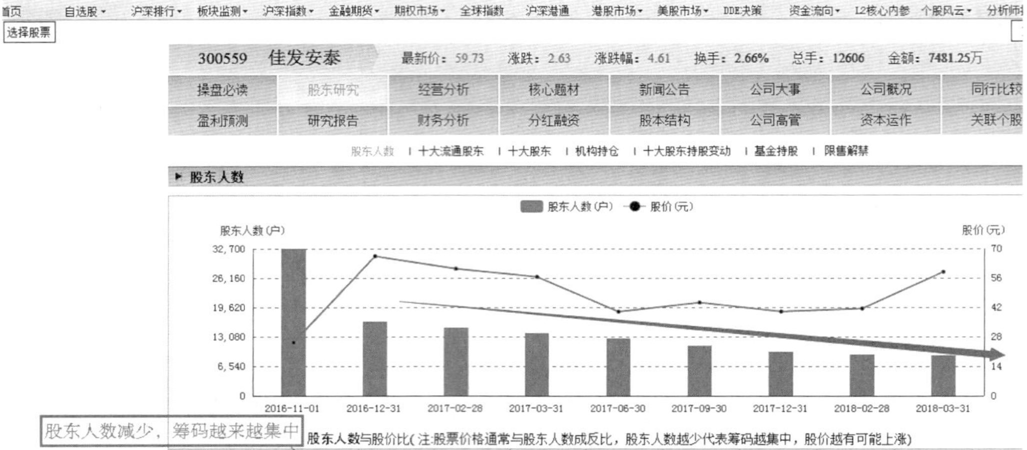

	2018-03-31	2018-02-28	2017-12-31	2017-09-30	2017-06-30	2017-03-31	2017-02-28	2016-12-31	2016-11
股东人数(户)	9001.00	9184.00	9849.00	1.11万	1.28万	1.40万	1.52万	1.65万	3.27万
较上期变化(%)	-1.99	-6.75	-11.52	-12.97	-8.51	-8.21	-7.90	-49.42	--
人均流通股(股)	5258.7	5153.9	4074.0	1617.1	1407.3	1287.6	1181.9	1088.5	550.6
较上期变化(%)	2.03	26.51	151.93	14.90	9.30	8.94	8.58	97.70	--
筹码集中度	非常集中	非常集中	较集中	非常分散	非常分散	非常分散	非常分散	非常分散	非常分散

图 2-65　佳发安泰（300559）股东人数的变化

盛和资源（600392）的情况如图2-66至图2-68所示。

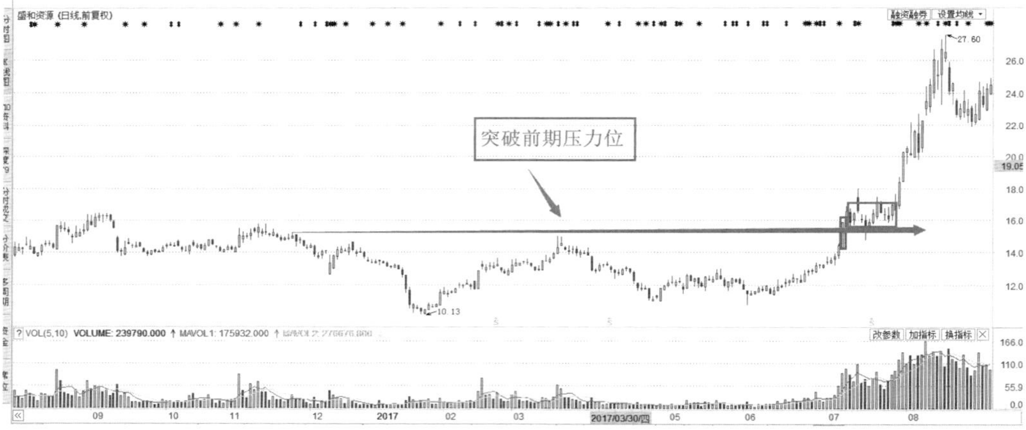

图 2-66　盛和资源（600392）突破长期整理平台

图 2-67　盛和资源（600392）“黄金眼”

股东人数与股价比(注:股票价格通常与股东人数成反比，股东人数越少代表筹码越集中，股价越有可能上涨)

	2018-03-31	2018-02-28	2017-12-31	2017-09-30	2017-06-30	2017-03-31	2016-12-31	2016-09-30	2016-06-30	2016-03-31
股东人数(户)	9.69万	9.90万	9.60万	9.71万	5.60万	5.84万	6.30万	7.03万	7.48万	4.71万
较上期变化(%)	-2.09	3.10	-1.13	73.20	-3.98	-7.33	-10.37	-5.99	58.65	-1.04
人均流通股(股)	1.1万	1.1万	9804.6	9694.1	1.7万	1.6万	1.5万	1.3万	1.3万	2.0万
较上期变化(%)	2.14	10.65	1.14	-42.26	4.15	7.91	11.57	6.38	-36.97	1.05
筹码集中度	非常集中	非常集中	非常集中	非常集中	非常集中	非常集中	非常集中	非常集中	非常集中	非常集中

图 2-68　盛和资源（600392）股东人数的变化

正泰电器（601877）的情况如图2–69所示。

图 2–69　正泰电器（601877）突破长期整理平台

仔细看图2–66至图2–69，能不能看出某种联系？

市场既然出现了黄金买点，就必然会有强弱之分，我们可以根据过往走势来判断：①前期股价较为活跃的个股，在后期黄金买点出现后，股价的上涨幅度将非常明显。②黄金买点若是以涨停板的方式呈现，意味着主力资金非常雄厚，主力有非常强的拉升欲望，后期涨幅往往非常可观（以此类推，阳线越短，后期走势越弱）。

根据近期一段时间出现涨停板的次数来判断，出现涨停次数越多的个股，往往意味着其后市走势将非常强。

根据黄金买点的强弱，可将走势分为三种形态：最强形态、次强形态、弱势形态。

（1）最强形态。如图2–66和图2–67所示，从黄金买点的位置来看，前期成交量一直呈现出缩量状态，启动点一出现，则犹如万马奔腾之态势出现涨停板。且成交量放大较为明显，成交量越大，证明资金介入越大。前期波幅越窄，则后期上涨的动力越大，“横有多长，竖有多高”。最强形态的特征有三个：一是换手率逐步放大；二是成交量比震荡时期放大1～2倍；三是股东人数经过长期的减少已经到了一个相对的低位，而持股户数则越来越集中。

一般来讲，最强形态从黄金买点开始，个股涨幅可以维持在1倍左右。

（2）次强形态。前期走势相较于最强形态来讲稍弱，但总体来看，收益还是较为乐观的。市场中绝大部分上涨，都属于这种次强形态。如果前期走势较为活跃，就经常会出现大阳线形态的K线。当黄金买点出现之后，成交量逐渐加大，价格波动也呈现出放大现象，这就是启动的信号。股东人数逐渐减少，筹码集中度增加，这就是主力吸筹的特征。次强形态从启动点开始涨幅40%～50%。

宏大爆破（002683）的情况如图2-70所示。

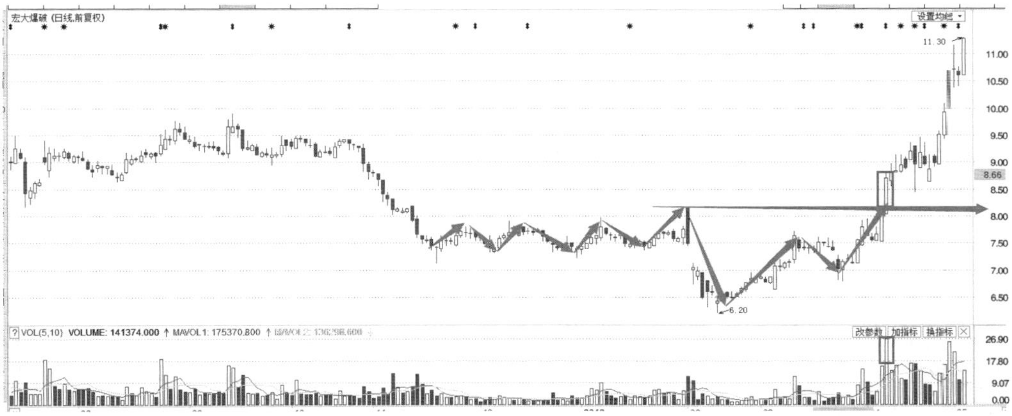

图 2-70　宏大爆破（002683）突破整理平台

海普瑞（002399）的情况如图2-71、图2-72所示。

图 2-71　海普瑞（002399）突破整理平台

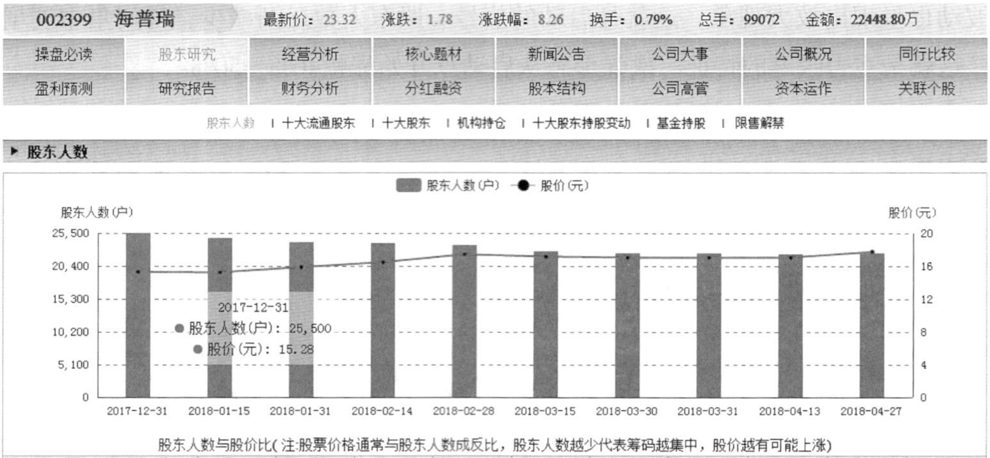

	2018-04-27	2018-04-13	2018-03-31	2018-03-30	2018-03-15	2018-02-28	2018-02-14	2018-01-31	2018-01-15	2017-12-31
股东人数(户)	2.24万	2.23万	2.24万	2.24万	2.27万	2.37万	2.40万	2.41万	2.48万	2.55万
较上期变化(%)	0.56	-0.66	0.00	-1.47	-4.03	-1.05	-0.55	-3.02	-2.72	0.00
人均流通股(股)	5.6万	5.6万	5.6万	5.6万	5.5万	5.3万	5.2万	5.2万	5.0万	4.9万
较上期变化(%)	-0.56	0.66	0.00	1.49	4.20	1.06	0.55	3.11	2.79	0.00
筹码集中度	非常集中	非常集中	非常集中	非常集中	非常集中	非常集中	非常集中	非常集中	非常集中	非常集中
股价(元)	17.74	17.05	17.04	17.04	17.17	17.41	16.47	15.87	15.22	15.28
人均持股金额(元)	99万	96万	95万	95万	94万	92万	86万	82万	76万	75万
前十大股东持股合计(%)	--	--	83.26	--	--	--	--	--	--	83.10
前十大流通股东持股合计(%)	--	--	83.26	--	--	--	--	--	--	83.10

图 2-72 海普瑞（002399）股东人数

（3）弱势形态。较于次强形态，弱势形态相对偏弱：①前期走势更加缓慢；②走势相比前两者显得更加具有阻力；③表明这类个股的庄家更弱，也就是资金比较不足；④K线形态多数呈现为上下阴线。

从启动点开始涨幅30%左右的形态为弱势形态。

上面和大家讲的三类买点，理论上是可以直接从启动点开始买入的，但是在实战过程中就没有这么简单了，现在和大家复盘可能更多的是马后炮。因为这里涉及一个非常重要的东西，那就是“人性”。投资过程中的涨跌其实更多的是人性博弈，一旦手中的个股被套就抓住不放，实在扛不住了就“割肉”，而一涨就管不住自己的手抛出，后面大半利润就和你无缘了。

成功的交易者，一定是知行合一的。虽然很多朋友没有达到，但是一定要朝这个方向前进，做投资快就是慢，慢就是快。

以上是我对于启动点的划分，可能不够细致，大家将就理解下吧。对于普通投资者而言，能够熟练掌握这套交易系统，其实已经非常了不起了。做投资不是一两年的事情，而是十年乃至二十年不断坚持的过程。与诸位朋友共勉。

第 三 章
交易实战

实践是检验真理的唯一标准，同样实战也是检验投资者是否投资正确的唯一衡量标准，本章阐述了不同交易风格投资者的交易体系是如何构成的。同时在本章中我也将通过实战案例阐述在交易过程中会产生哪些心态上的变化。

第一节
股市异志录：一招鲜，吃遍天

“无论是股民还是大众，都是想走捷径的，如果不问缘由地生搬硬套别人的成功模式，那是极度危险的。唯经验、教条的意识会让很多人在错误的道路上越走越远，成为别人成功的牺牲品。”

朋友们，在阅读本节的同时，请你们想想为什么在A股市场中有的股民可以从散户起步，经过屡败屡战，最后利润像滚雪球一样越滚越大，身家达到千万、上亿元的级别（这种人在A股市场中虽然不常见，但是我们不能否认他们的存在）。而大多数股民却成为市场的“盘中餐”“口中食”，有的股民甚至连血汗钱都亏掉了。其中原因究竟是什么？

有这么一个笑话，一个人在死后进了天堂，这时候天堂的管家就问他：“你的智商有多高？”此人大为不解。于是管家就解释说：“在天堂我们按照智商来分配住宅。如果你的智商达到了160的级别，你可以和爱因斯坦住在一起，这样你们就可以在一起讨论相对论的问题；如果你的智商处于120的级别，那么你可以跟丘吉尔住在一起，这样你们就可以讨论为什么英国可以在‘二战’时期抵挡得住德国的进攻；如果你的智商只有60，那么不好意思，你只能跟股民住一起，你们一起讨论股票正好合适。”这人就更加不解地问：“炒股不是需要很高的智商吗？”管家笑着说：“请问华尔街的金融家们，有哪个的智商可以和爱因斯坦相比？但是他们不是都比爱因斯坦更有钱吗？”

这个笑话虽然损人，却一语中的，很多时候炒股并不需要太高的智商，很显然，智商的高低并不是决定炒股成败的因素之一。炒股失败是因为所学技术不够多吗？在我的认知中技术含量绝不是决定炒股成败的因素！曾经有一位上海的股民，他从仅有的1万元起步，用5年的时间，就赚到了100多万元。后来记者采访他，问他精通什么炒股技术，他说自己没有什么特别的，只会一种技术而已，那就是“5日均线”。股价站稳在5日均线，他就买入，股价离5日均线太远，他就坚决卖出。

仅仅就是一种简单的技术方法而已。从这个例子来看，炒股赚钱似乎并不需要掌握太强大的技术，那么股民要怎样才能赚钱呢?

大部分股民缺少了某种东西，这种东西就是将某种简单的炒股技术通过经验的积累而升华为某种境界的素养，这种素养首先来源于股民（或投资者）对炒股（或者投资）的正确的认知。

在目前的中国股市中，大多数股民仍然以短线投机为主。实际上，短线投机虽然在短期内有让股民获取巨额利润的可能，但这其实是一件非常困难的事情。对于一般散户而言，想要在投机中盈利更是不容易。而市场中大多所谓的专业机构，往往又容易误导投资者，使得大多数散户在认知方面走入误区。

正如很多人说的一样："这是一个最好的时代，同时也是一个最坏的时代。"说它是最坏的时代是因为中国经济经过了长达二十年的高速发展，已经在往更正规和更成熟的方向发展，对于个人而言机会也就越来越少了。同时当下也是最好的时代，因为社会正在走向更成熟的阶段，这中间是需要时间来过渡的。在十年乃至二十年之后你就会发现，原来当初那个时代对于现在来讲是最好的，虽然规则在逐渐完善，但还是有一些机会留给普通人。对于股市而言同样如此，很多来自国外的操作理论，并不一定适合中国的国情，或者说这些理论对于中国的资本市场而言，仅仅具有参考作用。但是很多人不明白这一点，他们将这些操作理论奉为圭臬，甚至到了亦步亦趋、教条式地照搬照抄的地步，这样做显然是很不理智的，又怎能赚到钱呢？近些年国内流行巴菲特的价值投资理论，其实很早就已经被前人验证过了，结论就是巴菲特的投资方法不太适合A股市场。

实际上，股市里真正的高手赖以制胜的法宝绝不仅仅是从书本中学到的知识，而是将各种所学与人生经历、感悟等凝结而成的经验。所谓"经验"来自时间的累积，如果从肤浅的层面理解的话，他们累积的也许就是一些十分平常的套路或者招数，也就是很多股评人士所说的"有招"。如果我们从更深的层面去解读和把握，他们累积的是融会贯通、运用之妙存乎一心的"无招胜有招"的东西，正所谓"不滞于物，不乱于情"！

所谓"无招"，其实并不是指没有套路或者招数，而是指将某种简单的技术中所有的套路和招式融会贯通之后，升华为一种发自内心的素养，此时的你已经看不到原来的套路和招数的痕迹了，所以给人们的感觉就像"无招"一样。"无招胜有招"指的就是累积了足够多的经验之后的某种境界，这种境界需要我们用心去体会、琢磨，是只可意会不可言传的东西，需要有较高的悟性和丰富的人生阅历，才能把握和领悟其中的精髓。

当然，人的悟性并不完全是由天分高低决定的，后天的学习和实践比天分更加重要，因此要想在股市中盈利，达到“无招胜有招”的境界，只有不断地学习和实践（不断地试错），不断积累经验，除此之外别无他法。

我再说说身边遇到的事，记得在2017年，我去兄弟公司交流研讨。交流完后，时间已经接近下午6点，还未尽兴，所以我们约定接下来边吃边聊。其间兄弟公司某同事，我们暂且称呼他为A君，当时他交易得特别顺利，当月收益已经达到40%，后来在聊天过程中得知A君只做涨停板个股，业界俗称“打板”——这是股市中的一种短线玩法，虽然能够成功的人极少，但是我们不能否认这种玩法的真实存在。随着交流的深入，慢慢地我们就聊开了。

我们先来聊聊A君的故事，A君从大三开始接触股票，其间学习几乎全部落下了。毕业之后就去了证券公司上班，以为进去之后能够学有所成，但是内行人都知道，进证券公司工作和做股票是两回事，最后他只能边上班边炒股，这个时候是最为艰苦的。应该说最开始入市的股民和他的经历都是大致相同的，按照目前中国散户的心路历程来看：这些散户前期投资小有盈利，此时他们的自信心开始膨胀并逐渐加大资金的投入，之后就开始亏损，然后继续亏损，到处学习，希望能够找到“武林秘籍”，再继续亏损，最后开始怀疑自己适不适合炒股。

大多数投资者到了这个地步就放弃了，这也是为什么很多散户始终卡在第一阶段而无法快速进阶，但A君没有放弃，继续他的投资生涯：

反思→有所醒悟→有所盈利→逐渐形成自己的交易系统→稳定地盈利。

当然实际情况可能没有这么简单，但是这个过程应该是每一个股民成长必须经历的，A君最终依靠自己走了出来。他回顾当年的经历说，现在想起来都害怕。他为了炒股抵押过家里的房子，也破产过，后来女朋友也跟他分手了，最绝望的时候他一度想要跳河自杀，他觉得他不可能在股市中走下去。这其中的艰辛想来也只能“冷暖自知”，虽然我也有类似的经历，但是还不至于这么疯狂。

在经历了一系列“打板”失败之后，A君又东拼西凑借了点钱，开始新的炒股生涯。再后来随着“打板”体系逐渐完善，A君的交易盈利开始滚雪球般地爆发，十几万资金在不到2年的时间里迅速地扩大到600万（虽然这不是很多，但是对于很多散户而言，这已经实现了质的飞跃）。

这是一个完整的散户成长史，就发生在我的身边，虽然没有电视里的刀光剑影，但里面的“天人交战”却无时无刻不在发生，“坚守与放弃”无时无刻不在投资者的脑海中盘旋。A君是一个比较具有传奇色彩的人物。不过这种交易风格比较激进，不太适合市场中的大多数投资者，A君这样的人在市场中是比较小众的群体，但他们又是确确实实存在的。所以成功有千百条路，你只需要找到那条属于自己的路，但千万不要教条式地去模仿他人成功的方法，否则就容易越走越远。

资本市场里的“钱”是一种非常骄傲的东西，它会用深入骨髓的眼光审视你灵魂深处的弱点，然后化身成诱惑和让你最为恐惧的东西一次次地测试你。而且这种测试既有后天学识层面的，也有先天基因层面的，只有通过多重考验后，它才会接受你这个主人，而通不过测试的，往往反被其奴役，甚至被剥夺一切。

A君就是一个鲜活的样本，当然人的认知是存在幸存者偏差的，我相信有很多像A君这样操作的投资者，大多数没有挺过第一关就中途下车了，因为像A君这种操作方式会造成短期内账户的波动非常大，这条路实在是太难走了。我不太喜欢这种激进的操作方式，我始终是一个偏保守的交易选手，不太喜欢追高买入，这可能跟性格有很大的关系。

作为一般投资者，不要拿自己身家性命来做投资，因为一旦输了就很难再翻身。A君的情况是可以做到的，但需要你能在最困难的时候坚守，把自己的后路全部砍断，一般的投资者是做不到这点的，所以投资还是拿闲钱比较适合。

以上是A君的投资经历。我们再来聊聊另一位朋友的交易经历。

我们把他叫作B君，他目前40岁左右，是我公司的一位同事，早年间一直在证券公司上班，十年如一日。一直以来B君的交易盈利都还算是比较稳定，他的交易手法跟A君有很大差别，虽然两者都是短线交易选手，但是A君交易的手法更加激进，当天追进去，第二天如果不能继续“打板”，那么在第二天无论是上涨还是下跌他一定会走。这也导致了他的账户波动非常大，波动最大的时候一个星期账户亏损50%是很正常的事。如果没有强大的内心，很难抵御如此大的波动。

B君的交易风格就没有这么激进了，他一般只在尾盘15分钟左右的时候买入个股，第二天早上如果有高开或者冲高2到3个点，就立马卖出。如果买入的个股在第二天不能冲高或者一直处于下跌状态，他也会在收盘前将个股全部卖出，然后找机会再次入市。

他的这种交易方法可称为跟随交易法。寻找当天的市场热点，之后选择相应个股进行交易。比如寻找当天某一个涨幅比较好的板块，这个板块在收盘前半小时基本上不会有太大的变化了，根据这个板块的“龙一”来选择“龙二”，或者“龙三”。往往当一个板块成为热点之后，“龙一”涨幅最好，还会带动后面“龙二”“龙三”呈现出不同程度的涨幅，所以第二天出现冲高时应快速落袋为安。如果第二天出现低开低走，收盘前不冲高，也要快速止损。

这种交易方式短、平、快，有时候需要“盘感”，我从聊天中得知，B君靠这种交易方式每年都能在市场中获取翻倍的收益，不过这种操作方法只适合小资金散户，一旦资金体量达到一定阶段就不适合了。

B君每年都会把市场中的收益全部提取出来，只留下本金在账户里进行交易，其他资金都用于改善生活，用他的话来说就是“取之于民，用之于民”。

虽然A君和B君有不同的交易类型、不同的风格，但有一点是确定的，就是他们通过自己试错，摸索找出了一条属于自己的投资之路。这条路有时候可能不需要投资者有太高的智商、太多的理论知识，但要投资者不断地坚持、不断地试错。在这个过程中投资者需要逐渐修正自己的交易风格，这种风格不是通过书本就可以获得的，是需要自己通过实战去不断印证的。

以前我看过一部小说，里面有一件非常具有哲学深度的事，我至今记忆犹新。书中的男主人公通过“见路不走”的方式来决定工作和生活的方式。“路”是什么？别人成功的经验、方法就是路。

那么路有没有用？

肯定是有用的，不管用早就没有人走了，但是路只能用于借鉴、模仿、参照。我们说路有漏洞，因为成功者除了经验、模式之外，还有他本身的条件、所处的时代，等等，这些都是不可完全复制的。

“见路不走”就是提示我们，不要拘泥于经验、教条，要走因果。因为只有因果是讲究的，是人就会犯错，但至少我们要有这样的意识，这样比起唯教条、经验就能少出错。而“见路不走”，不是让我们跟别人一样，也不是让我们跟别人不一样，是要我们立足于自身的条件，以自身的条件为判断，去解决操作层面存在的问题，这是一种实事求是的态度、思想。如果没有这个意识，即使我们手伸得再长，也很难得到正确的结果。

在当今的信息时代，“成功学”泛滥，再加上各种“急速成功”案例的宣传，放大、宣扬了一个又一个的神话。如果我们只看表面，不通过表面去透析本质，就很容易导致集体意识继续扩散，迷失自己。

无论是股民还是大众，都是想走捷径的，如果不问缘由地生搬硬套别人的成功模式，那是极度危险的。唯经验、教条的意识会让很多人在错误的道路上越走越远，成为别人成功的牺牲品。

“见路不走”的最终目的不是让我们跟别人不一样，而是让我们根据结果、条件去取舍。不唯经验、教条，不是让我们否定经验、教条，因为经验也是从实践中得来的。我们的预期结果对条件有什么要求，我们就去准备这些条件、创造这些条件、积累这些条件，而不是在意这些条件的新旧之分，或者说在意这些条件一样还是不一样，这就是我们要实践的“见路不走”。

第 二 节
散户与市场大鳄的区别

“大鳄就是大鳄，散户就是散户。大鳄可以持有一年才回本，两三年赚个三五倍。散户持有一周就着急，持有三个月就是长持，一个月不赚钱就觉得亏大了。”

我和很多朋友在交流过程中都会反复提及一个词——“高抛低吸”，如果抛开持股周期而言，股市中大家的常用语“高抛低吸”对于操作没有任何意义。因为你不知道什么点位是高位，什么点位是低位。很多人喜欢拿事后的行情说话，却不知道这又是一种刻舟求剑的方式。

比如我和朋友聊天，朋友问：“最近怎么看市场？行情涨得这么高。”我回答：“短期内有回落空间，回落之后大概率还会进一步向上。”朋友又说：“既然知道要调整，那为什么不在高位卖出，到了低位再接回来，做个T，赚个差价？”我回答：“没那个能力，做不了差价，还是老老实实持股，不要在意中间的波动。”朋友就没法跟我愉快地聊下去了。

过段时间市场在经过震荡之后再次抬头向上，朋友又来问：“现在的市场怎么样，还能不能买？”我回答：“我手中的个股一直持有着，没有动。”朋友又说：“上次我将手中个股做了个高抛操作之后，我一直想找个最低的点接回来，结果跌下来觉得还有可能到达更低点，就一直下不了手，结果股价再次回到了原来高抛的价位。现在又感觉吃亏了，当初在低位没接回来，现在到高位要我接，又有点不情愿了。”我回答：“没有问题，走势没有问题，可以放心持有。”朋友回答：“哦。”

再过几天，这只个股走出了加速上冲阶段，朋友跑来问我：“现在还能追吗？”

我回答：“你不是持有这只个股吗？”朋友说：“当时没有接回来，感觉价格有点高，想等它跌下来点再买回去，结果非但没有跌下来，反而再次加速上涨。”我回答：“现在已经到了相对的高位，已经不适合去追了。”朋友不甘心地问：“上方还有多少空间？我追进去吃个鱼尾也行。”我已经不知道该如何回答了，就尴尬地结束了对话。

我们看看为什么散户成不了“大鳄”，这已经不是资金量的差别，而是境界、眼光与忍耐力的差别，我们先看一个“大鳄”。

我们先来看看罗明光对涪陵电力（600452）的持仓情况（见图3-1、图3-2）。

600452 涪陵电力 最新价：19.93 涨跌：0.42 涨跌幅：2.15 换手：0.93% 总手：29276 金额：5825.49万

操盘必读 | 股东研究 | 经营分析 | 核心题材 | 资讯公告 | 公司大事 | 公司概况 | 同行比较
盈利预测 | 研究报告 | 财务分析 | 分红融资 | 股本结构 | 公司高管 | 资本运作 | 关联个股

股东人数 | 十大流通股东 | 十大股东 | 机构持仓 | 十大股东持股变动 | 基金持股 | 限售解禁

名次	股东名称	股东性质	股份类型	持股数（股）	占总流通股本持股比例	增减（股）	变动比例
1	重庆川东电力集团有限责任公司	其它	A股	115,682,062	51.64%	33,052,018	40.00%
2	挪威中央银行—自有资金	QFII	A股	4,563,676	2.04%	1,772,951	63.53%
3	中国人民人寿保险股份有限公司—传统—普通保险产品	保险产品	A股	3,971,457	1.77%	1,134,702	40.00%
4	中华联合财产保险股份有限公司—传统保险产品	保险产品	A股	3,087,154	1.38%	1,622,044	110.71%
5	全国社保基金一零七组合	全国社保基金	A股	2,231,177	1.00%	637,479	40.00%
6	不列颠哥伦比亚省投资管理公司—自有资金	QFII	A股	2,227,570	0.99%	636,449	40.00%
7	陶勇	个人	A股	1,849,420	0.83%	435,520	30.80%
8	卢建华	个人	A股	1,793,840	0.80%	742,740	70.66%
9	罗明光	个人	A股	1,744,660	0.78%	新进	--
10	单连霞	个人	A股	1,430,000	0.64%	410,000	40.20%
	合计	--	--	138,581,016	61.87%	--	--

2018年9月30日

▸ 十大股东

实际控制人：国家电网有限公司 （持股比例：--）

2019-09-30 | 2019-06-30 | 2019-03-31 | 2018-12-31 | 2018-09-30

图3-1 第一次买入时间

600452 涪陵电力 最新价：19.93 涨跌：0.42 涨跌幅：2.15 换手：0.93% 总手：29276 金额：5825.49万

操盘必读 | 股东研究 | 经营分析 | 核心题材 | 资讯公告 | 公司大事 | 公司概况 | 同行比较
盈利预测 | 研究报告 | 财务分析 | 分红融资 | 股本结构 | 公司高管 | 资本运作 | 关联个股

股东人数 | 十大流通股东 | 十大股东 | 机构持仓 | 十大股东持股变动 | 基金持股 | 限售解禁

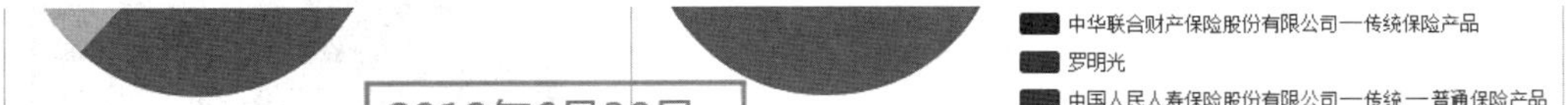

2019年6月30日

名次	股东名称	股东性质	股份类型	持股数（股）	占总流通股本持股比例	增减（股）	变动比例
1	重庆川东电力集团有限责任公司	其它	A股	161,954,887	51.64%	46,272,825	40.00%
2	挪威中央银行—自有资金	QFII	A股	6,389,146	2.04%	1,825,470	40.00%
3	国泰基金—陶宝—国泰基金—金滩科创1号单一资产管理计划	基金资产管理计划	A股	5,285,451	1.69%	新进	--
4	全国社保基金一零七组合	全国社保基金	A股	3,123,648	1.00%	892,471	40.00%
5	不列颠哥伦比亚省投资管理公司—自有资金	QFII	A股	3,118,598	0.99%	891,028	40.00%
6	香港中央结算有限公司	其它	A股	2,898,528	0.92%	849,552	41.46%
7	无锡汇鑫投资管理中心（有限合伙）—汇鑫水晶稳健私募证券投资基金	投资公司	A股	2,879,501	0.92%	新进	--
8	中华联合财产保险股份有限公司—传统保险产品	保险产品	A股	2,807,000	0.90%	1,102,000	64.63%
9	罗明光	个人	A股	2,636,424	0.84%	753,264	40.00%
10	中国人民人寿保险股份有限公司—传统—普通保险产品	保险产品	A股	2,542,092	0.81%	642,092	33.79%
	合计	--	--	193,635,275	61.75%	--	--

图3-2 第二次增加仓位

他第一次买入的时间是在2018年三季报出来之前，也就是在2018年6月30日至9

月30日。后面两个季度他都有加减仓行为，但体量都非常小，不足以对整体造成太大的影响。我们来看这段时间对应的股价走势（见图3–3）。

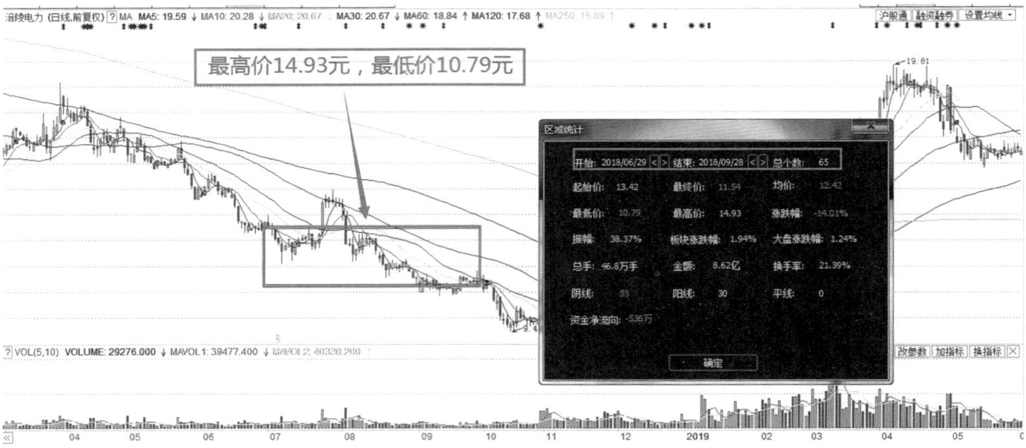

图 3–3　第一次买入的股价走势

我们看他第二次大手笔买入的相关情况：他的时间节点是在2019年中报发布之前，也就是在2019年3月31日至6月30日，同样，我们来分析当时股价对应的走势（见图3–4）。

图 3–4　第二次买入的股价走势

我们来计算他两次买入的持仓成本：

第一次他买入了1744000股，第二次他买入了753000股。其中2/3的持仓量集中在10.79～14.93元，我们取中位数12.86元，另外1/3的持仓量集中在15.76～17.83元，我们同样取中位数16.795元。

第一次他买入的成本在12元附近，这个价格不可能再低了，已经是极限了，因为没有谁能够在最低点买入。买入之后股价再次杀跌，最低股价到了9.44元，亏损幅度接近30%。股价到第二年的1月份才开始慢慢走出底部，股票开始出现盈利，我们推算一下时间，假如他是在2018年7月到8月买入的，那就是说在买入之后半年之内他的账户都处于亏损状态。

图 3-5　股价回落之后再次冲高

2019年1月份之后，股价开始走高，最高到了22元附近，这期间的时间跨度长达15个月，所以就投资而言，有足够的耐心和内心承受能力是成功的必备因素。

接下来问题来了：第一，有多少散户有这个眼光？第二，又有多少散户能够忍受这样的浮亏？第三，又有多少散户能够忍受这么长的时间？

答案很明显：

大鳄就是大鳄，散户就是散户。大鳄可以持有一年才回本，两三年赚个三五倍。散户持有一周就着急，持有三个月就是长持，一个月不赚钱就觉得亏大了。大鳄可以忍受大幅度波动，资金越大，忍受的波动幅度越大；散户则不然。

所以大部分散户在投资过程中被套是正常现象。何谓"被动带套"？就是投资者在介入时根本不知道为何介入，在一种盲目的状态下就被套了。还有一种理论，就是认为亏损达到一定程度就要止损，我认为，假如按这种方法来操作，最终都不可能太成功。几乎所有的投资者，都是这种"被动带套"的。

其实，从来不存在真正的止损问题，只存在股票能否继续被持有的问题，只有在这种意义下才存在止损：一只股票的走势从可持有变成不可持有。请注意，站在盈亏的角度来看，这时并不意味着操作失败了，或者已经大大盈利了，退出的唯一原因只是这只股票已经不能被持有了。投资者在投资市场中一个最坏的毛病就是根据盈亏进出，而盈亏不是先验的，是根据当下的走势在当下决定的，是被动的。根据盈亏进出就是根据被动的因素进出，这不就是“被动带套”吗？

何谓“主动带套”？这里有两层意思。其一，投资者不可能一下子完成介入，特别是对于大资金来说，投资者如果不采取主动带套的方法，怎么可能买到足够的货？那种号称从来不被套的投资者，肯定从来没操作过大资金。但更重要的是，任何的介入，都要加入主动的防护机制，这个防护机制就是一旦这只股票变为不能被持有，就立刻从买入程序中退出，这个防护机制的启动和任何盈亏无关，只和当下的走势有关。

投资是一个长期的事业，别抱着赌博的心态企图一次成功，只要有这种赌博心态，最终的结局就一定是悲惨的，这已经被无数事例验证过了。为什么要研究适合自己的交易系统？因为这是市场风浪中唯一安全的港湾，虽然港湾有时候也会抵挡不住台风，但不能因为这样就不要港湾了。还有，买入程序的成功率和市场的强弱有关，在强的市场里，买入程序的成功率基本都在90%以上，但在弱的市场里，成功率就要低多了。

任何根据均线等技术系统构成的买卖程序，都只是一个综合判断的子判断，并不是说只要有这一招就可以了。至少有一点是任何技术的买卖程序不能解决的，那就是为什么相同程序选出来的股票有些涨得多、有些涨得少，能不能就此选出涨得最多的股票？这在实际的操作中是很有意义的问题。用一个通俗的比喻来说，技术系统是“海选”，而其后需要的是“复赛”，这样才能选出真正可以介入的股票。关于这个问题，我会在后面章节逐步展开。

既然我们知道会震荡，为何不在下面接回来？理论是灰色的，实践之树常青。一旦涨上去就是盈利50%以上，甚至翻倍。一旦下跌就是亏损10%～20%，一般不到15%。你怎么选择？出掉？这就对了！

但大多数人会选择错误！在大趋势里，有时候10%～30%的波动根本不算什么！虽然亏损的是钱，投资者会心疼，但是盈亏同源。

我个人的理解就是，第一，你的每一次交易既可能赚钱，也可能亏损。第二，你的每一次交易，周期越长，对波动的容忍度越高，有时候是浮亏，有时候是利润的回撤。这是你交易系统的一部分，有时候是绝对成本、现实成本，“割肉”了，回撤出局了；有时候是心理成本、心理压力，比如浮亏。就好比图3-1至图3-5展现的这位大鳄买入之后亏损30%，他还能继续持有，坚持到后面才有了接近翻倍的收益。

当然，我不是教你不要“割肉”，放任亏损也是不对的。这种波动只针对特定的资金体量以及某些交易体系才有效。散户永远赚个乐呵，因为我们不具备这些大鳄的眼光、忍耐力。所以他们是大鳄，我们是散户。

好好思考自己的盈利模式，因为自己的盈利模式决定了自己能容忍的回撤、浮亏、止损等幅度。

一个人的性格就沉淀在这些操作当中，你的气度、格局、坚毅、勇敢、执着等都体现在这些阈值里。

按照我的交易模式操作，注定有两个问题无法规避：第一，时间长；第二，波动大。

同时，这种模式不为小利所动，一般而言，没有50%以上收益的股票我是不会考虑参与的。投资在很多时候赚的都是辛苦钱，在行情上下波动的时候，痛苦是必然的。所以我一直说，投资是什么？是熬。爽的时候很有限，大部分时间是熬。一旦行情启动了，只需几个月就会给你若干年的回报。

很多时候股价出现回撤，我也会心痛，但是我知道这是我必须承担的心理成本。所以我可以很坦然地面对，至于你是坚持回撤5%“割肉”，还是整天猜测后面的走势，就看你的个人爱好了。

我喜欢猜趋势，但很少猜测短期走势，正常情况下买入某只个股之后，对于20%以内的波动我很少去止损。虽然这种交易方式并不完美，但确确实实是我这种智商的人能够做得比较好的结果了，至于“高抛低吸”，抱歉，我做不来。

第 三 节

酣畅淋漓的成功

> “A股市场中4000多只股票，大部分都和你无缘，只有少数个股能够成就你。”

人一生中会遇到很多人，有的人只是与你擦肩而过，错过了也就错过了，而有些人却注定要与你产生各种各样的关系。投资同样如此，A股市场中4000多只股票，大部分都和你无缘，只有少数个股能够成就你。

我们回到2016年末这段时间，当时整体市场还处于大震荡阶段，那时候我也正好就职于一家投资公司。

在复盘时我发现了柘中股份（002346），当时它处在横盘突破之际，已经走出了第一次放天量的涨停板（图3–6）。

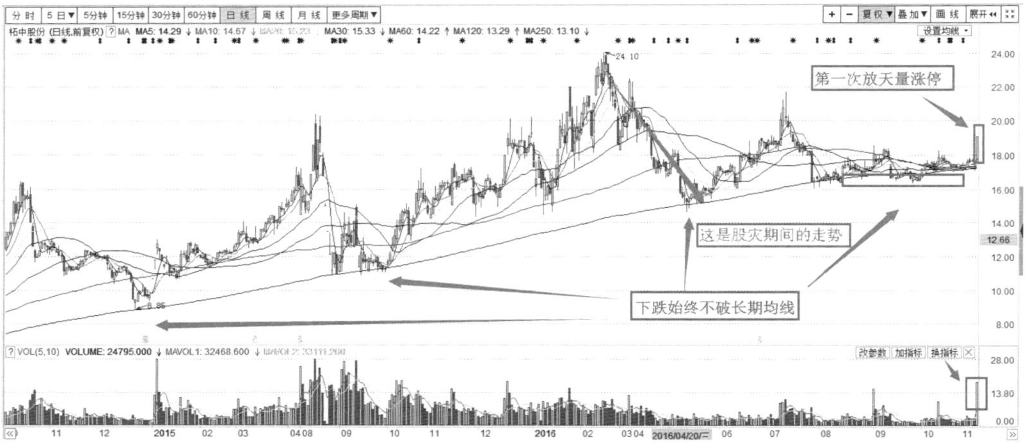

图 3–6　柘中股份（002346）出现第一次放量上涨

经过一个晚上的认真研究之后，我发现这只个股在股灾期间没有受到太大冲击，股价一直都是在大箱体中展开宽幅震荡，无论是从时间还是从空间来看都不像是已经处于一轮行情的尾声阶段。

我们用数字来具体分析：从2014年12月23日开始计算，当时柘中股份（002346）股价正好处于长期均线上方，也就是9元附近，这中间停牌了一段时间，在暴跌前股价最高为20.34元。

当市场结束大家所说的股灾1.0阶段之后，柘中股份（002346）从2015年8月10日开始复牌，那仅仅是一个低开之后的快速反弹，当时低开的最低价是14.45元，从那之后股价的调整就没有低过这个价格。

2015年8月21日，也就是所谓的股灾2.0阶段正式开始（见图3–7），这次股灾完全打乱股价应有的走势，主力资金运作，市场还没开始出现主升浪，就又被按下去了。图3–8是上证指数股灾3.0阶段走势图。

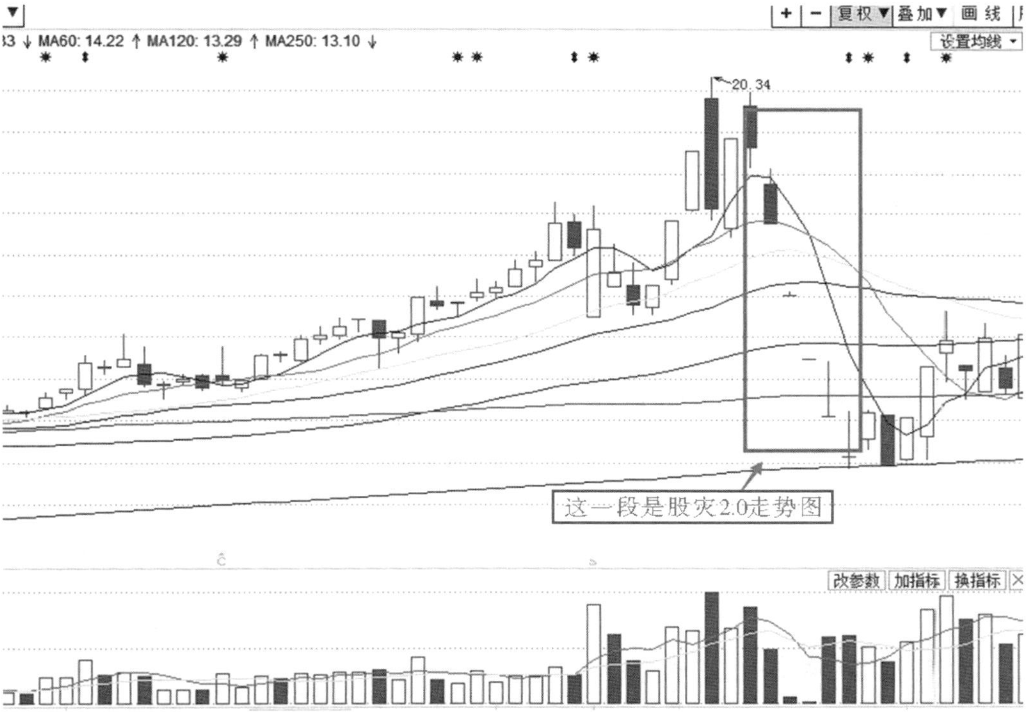

图3–7 柘中股份（002346）第二次股灾时的走势

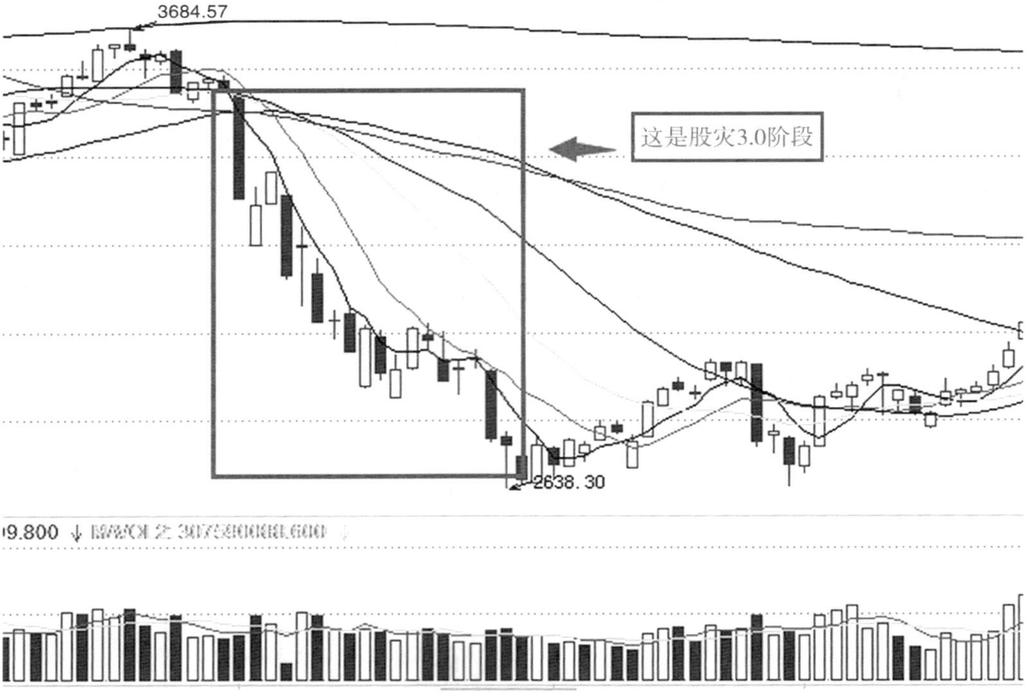

图 3-8　上证指数第三次股灾时的走势

图3-9是柘中股份（002346）当时的股价走势图。

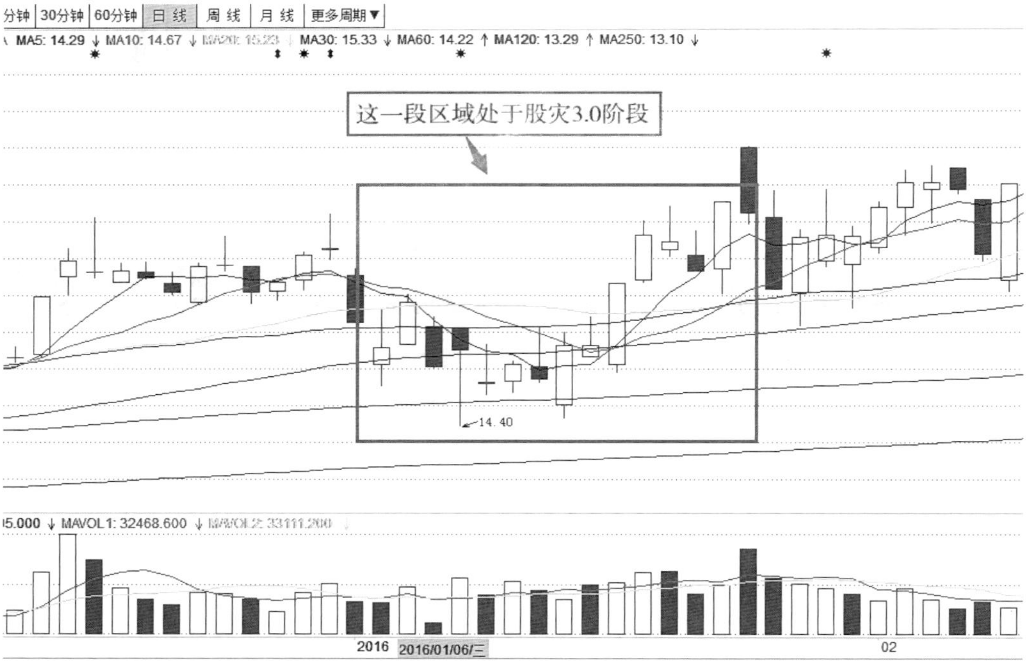

图 3-9　柘中股份（002346）第三次股灾时的走势

股价在经过三轮下跌后，整体走势大致是逆势而行，之后一直在250日均线附近徘徊。所以按照以上分析得出结论，在2015年牛市时柘中股份（002346）真正的主升浪还没有出现，就遇上3次股灾级别的下跌，所以后续它是存在补涨空间的。

所以我在当天晚上就做好了接下来的操作计划书：

操作个股：柘中股份（002346）。

买入理由：前期涨幅没有达到预期，后续有补涨空间。（此时基本面已经不是最重要的，当时市场很多个股后续的补涨，都是前期主力被套之后的自救行为，所以这个时候分析资金介入的成本以及获利的空间则显得更为重要）

预期投入资金体量：1200万元。

计划分两步买入：

第一步：

在价格回落至18.30元附近时买入6成仓。

第二步：

（1）当价格回落之后再次来到第一个涨停板价格上方时，将剩余的仓位全部买入，这就涉及另外一种操作，即盈利加仓法。

（2）如果价格再次回落至250日均线附近，也将剩余的仓位全部买入。

止损价格：跌破长期250日均线之后，三个交易日不回补则全部清仓止损。当时预计的亏损幅度在10%～15%，这已经是亏损极限了。

第二天在早上开盘之前我就得到了回复，开盘之后这只个股走势比我想象中的还要强，非但没有出现回落，反而是高开高走，如图3-10所示。这时候的走势和想象中的差距较大，是追高还是观望，我相信当时对于其他投资者而言同样是艰难的选择。在纠结了一会儿之后，我还是按照操作计划执行，选择了观望，结果当天又来了个涨停板，虽然我在上午就已经感觉到了这只个股的强势，但是没有想到会如此之强。

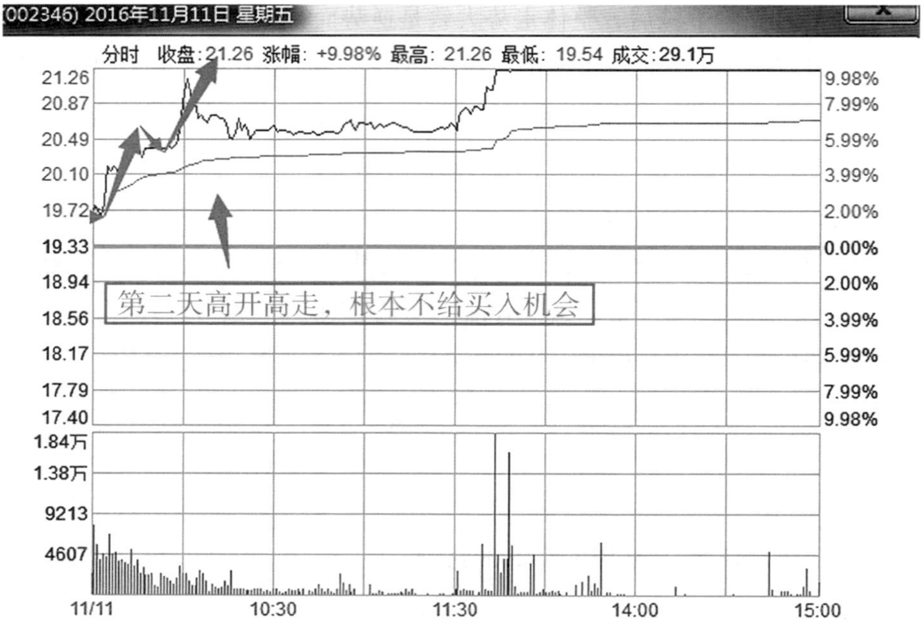

图 3-10 股价高开，快速上冲

这时候我有点后悔，不过后悔已经没有用了，我在心里默默地祈祷：跌下来，跌下来，明天别又出现涨停板。有时候股市真是一个神奇的地方，你怕什么它就来什么。第二天这只个股依然在高开回踩之后快速拉升，上午又涨停了。此时我已经知道这只个股和我不会再有任何关系，这一波上涨的最佳介入点已经被错过了。这项计划大概率实施不了，看我心情不是很好，晚上吃饭时师父过来和我聊天。他当时开导我，“买飞”一只股很正常，这种事情大家经常遇到，再找下一只就可以了。虽然我也知道这种事情很正常，但是当自己遇到这种处境的时候，还是有点看不太清。“当局者迷，旁观者清”，这是我后来给自己的总结 。

后来该个股的走势基本延续了强势，当股价到31.28元之后，股价连续走出了4根大阴线，价格又回到了21元附近，如图3-11所示。之后开始在30日均线附近震荡，这个时候我知道机会又来了。第一波“上车”机会没有抓住，现在股价快速回落给了我第二波“上车”机会。

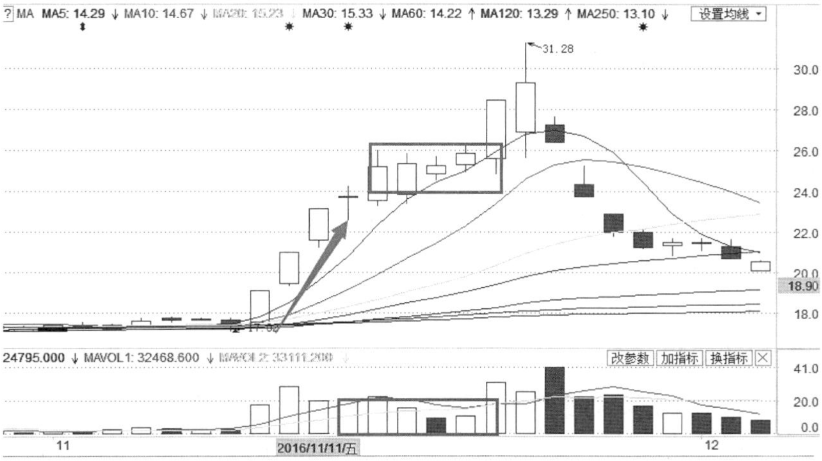

图 3-11　高位缩量严重

当时我选择二次介入的原因依然是对成交量以及资金成本的考量。如果出现极端的上攻情形，那么将存在明显的放量行为。但是当个股连续三天涨停之后，确实呈现出逐渐缩量状态。虽然在后来下跌过程中也出现了放量，但是量能远远不够。

当价格站上30日均线之后，我依然按照最开始的操作计划买入了当时资金6成仓位，如图3-12所示。买入之后的第二天这只个股竟来了一个跌停板，当时我就有点懵了。买进去720万元左右的资金，一天之内亏损达到了72万元。不过这种情况也在我意料之中，我在做计划的时候已经将这种情况考虑进去了。第二天个股走出了一根探底回升的十字星，如果这天股价不能上来，一旦股价跌破250日均线，那接下来可能就要考虑止损善后了。

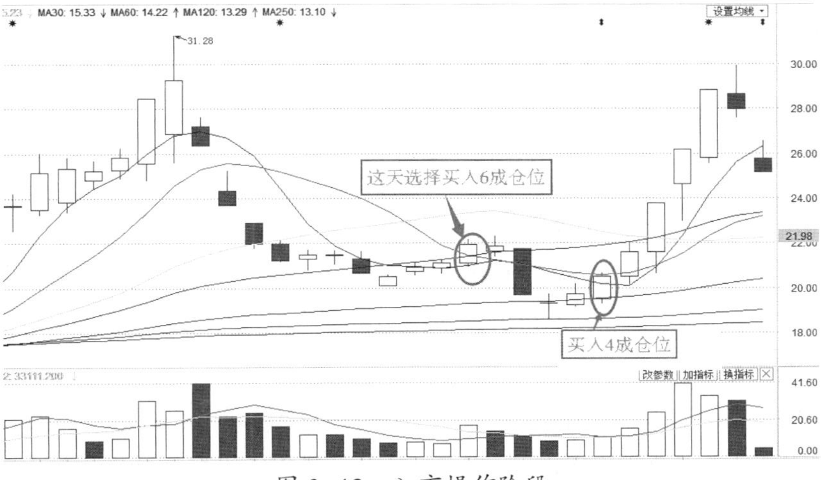

图 3-12　入市操作阶段

接下来两天，股价还是沿着250日均线上方运行，有再度启动的迹象。这个时候我把剩余4成仓位全部买入。此时仓位已经达到了满仓状态，如果股价再跌5%～8%我就要全部止损了。

还好走势如我原来预想的一样，价格开始稳步上扬，在我买入的第三天又开始拉涨停板，此时我才缓缓地松了一口气。当价格再次来到前期高点位置时，股价出现了滞涨，有冲高回落现象。当时我操作的仓位已经获利颇丰，总体获利已经达到了30%以上。

这个时候我卖出了6成仓位，如图3-13所示。当时我之所以没有全部卖出，是觉得上方应该还有空间，但是又怕到手的利润飞了，所以先卖出一部分仓位。第二天又出现一个跌停板，不过当时我已经将一部分利润落袋了，所以心里就没有那么紧张。第三天来了一个地天板，后来走势一直都是延续5日均线上行。到2017年1月10日那天，股价跌破了5日线，于是我将剩余的4成仓位全部卖出。

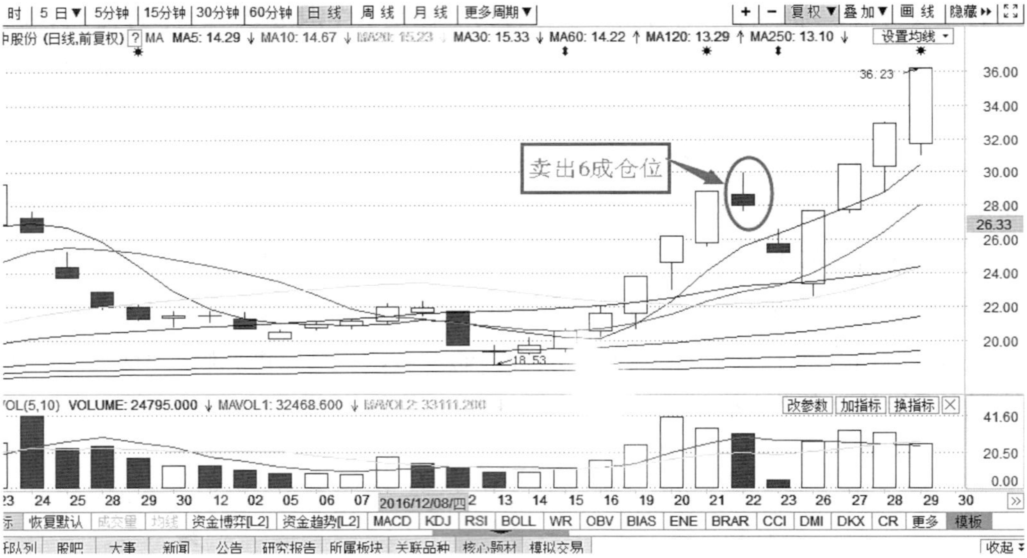

图 3-13　卖出一部分仓位

当最后一笔单子成交时，我整个人都轻松了很多，犹如一个人背负着50公斤的负重一直前行，到达终点之后，在负重卸下的那一刹那，整个人都变得轻松了。当然，这一次操作下来，除了公司的盈利，我也能够获得不少收入，具体是多少就不提了。

为什么我要把这次的操作分享出来？因为这次交易和以往有很大不同。

这次操作的个股短期波动非常大，如果没有提前做好交易计划，持有的股票就很容易被“洗”出来。

时间短，整个交易只持续了不到1个月的时间，这跟我以往的风格有很大的区别，所以我对这次交易的印象非常深刻。

这也是我心理变化最大、总结最多的一次经历。

市场中真正的成功者，都是在严格的操作程序下完成盈利的，操作失误没有什么大不了的，只要市场存在一天，交易机会就一直存在。一个严格的操作程序，足以保证你长期的成功，如同有了点金术一般，这样你还会在意一两次的机会吗？

很多时候个股走势会和我们的设想相差很大，此时我们就会面临“知行”能否“合一”的问题。在交易过程中我们每时每刻都面临着选择，犹如我们的工作、生活一般。是按照原有的计划行事，还是打破计划？每个人都有不同的选择，最终的结果也是由自己承担，所谓因果就在其中。

我的习惯是在交易之前做好计划，根据出现的情况来应对，这样就不至于后面出现失控的情况。要么不出手，一出手必定要有所收获，这是我的一贯原则。市场中永远存在着机会，只要你还在前行，就不要怕错过。

就像我们年轻的时候会遇到自己喜欢的人，也会遇到喜欢自己的人一样，有些人会与我们擦肩而过；有些人会与我们交往，但最终又分开；我相信最终我们还是会遇到一个与我们走到一起的那个人。所以无论是错过个股还是错过其他的事情，错过也就错过了，没有必要深深地自责，调整好姿态，准备迎接下一次的机会。

对于有着十年以上股龄的我来说，以前是“明白”，现在是“懂了”，未来要做到的是“行胜于言”。

第四节

如何构建交易体系

“如果一个投资人不能从自身交易体系上找短板，完善自身的交易体系，那么即使跟高手买的是同一只股票，最终的结果也是天壤之别。”

其实，我们在二级市场的交易都是沿着某些交易体系来进行的。只是在大多数时候很多人没有意识到，或者是对于自己的交易体系不满意，在某些关键环节出现了问题。

举个简单的例子，比如有的人听小道消息买卖股票或者听别人的推荐买卖股票，这也是交易体系的一种。因为其中包含了一个系统所具备的所有要素，比如买什么，何时买，何时卖，何时追加，何时止损，何时止盈，等等。

我们来谈谈什么是交易体系，一个完整的交易体系需要具备哪些要素。如果要正经地给交易体系下个定义，其实颇为费事。因为在投资上，有些事只可意会，不可言传。即使找个词汇来表述，也和作者所要表达的本意有很大的偏差，有时候甚至词不达意，因为表达能力和认知水平不同，加上文字本身的缺陷，文字真实、有效传达的意思占比不到70%，那么对于读者而言，因为文化背景、价值观、人生阅历等差异，从行文中解读出来的东西估计就是千差万别了，与作者的本意相契合的地方可能只剩下40%～50%。

就以之前遇到的一件事情为例：2019年6月的稀土行情，我认为其在弱势行情中会有非常好的表现机会，最起码稀土板块是当时市场少数的人气板块，其中的投资机会非常多，我还找到了支撑稀土板块上涨的内在逻辑。有些人只是习惯于找股票，不屑于学知识，这类人典型的“拿来主义者”。其他实体行业的从业者都知道，赚钱是很辛苦的，几乎没有任何走捷径的可能。我在最落魄的时候，为了还信用卡的债不得已去KTV做服务员，每天工作至凌晨1点，早上还要去公司上班，那段时间真的体验到了赚钱的艰辛。可唯独到了股市就有不少人总想走捷径，这是典型的浮躁心理；很多人总想找个靠谱的大师或者大神，让他们给自己推一只股票，最好是10倍牛股的那种，买入后一路赚钱。

很多现实中或者网络上的朋友，都会有这种想法，我已经无力“吐槽”了，其实我认为当我们买入个股之后一定会面临以下几个问题：

第一，买入之后，运气好，个股上涨那么上涨的空间有多大？

第二，走势如果没有符合预期，接下来下跌的空间有多大？

第三，买入之后，被套了，短期内要不要“割肉”？有没有盈利系统解决被套之后的“割肉”问题？是“割肉”还是将短线做成中线？

如果不能回答这些问题，那么这种股票即使短期出现盈利，最终的结果仍有可能比其他股票输得一塌糊涂，因为你在交易体系内根本没有考虑过风险与潜在的收益风险比，更不要谈资金管理、仓位控制、风险管理之类的东西了。

股市中真正的高手，或者说“常胜将军”，他们通常吃的是盈利系统的饭，而不是靠一两只大牛股。这是“授人以鱼，不如授人以渔”的关键所在，但市场中大多数人都在寻找牛股。其实如果你不通过寻找牛股也能获利，那么你还需要去寻找所谓的牛股吗？大家可以结合自己交易风格去看本书第二章的“画龙点睛之成交量”“百鸟朝凤系列”，如果你的账户现在还在亏损，多从自己身上找原因。我也大亏过，也痛苦、纠结过，甚至有过之而无不及，但只要闯过去，就是另一片天地。

我可以很负责任地说，如果一个投资人不能从自身交易体系上找短板，完善自身的交易体系，那么即使跟高手买的是同一只股票，其最终的结果也是天壤之别。表面上看股票账户里都是同一只股票，只显示冷冰冰的持股数额，但股票市场背后的那只手、背后的那个人的差异决定着持股的差异和背后的盈亏。

买卖股票本身说明不了什么问题，高低之别都是在K线之外。比如我在2019年上半年做的5G个股，当时市场已经很明显了，5G的困境反转股——*ST大唐（600198）必将摘帽，这时无论是从力度还是从空间来看都是非常好的阶段买点，当时我和师父探讨过，他也非常赞同。但是由于个人的交易体系，我本能地排斥买进ST股，所以买了另一只次新5G个股——共进股份（603118），当时行情都是从底部启动，到了下半年就已经可以看到两只个股走势的差异。明显*ST大唐更强一点，这是正宗的5G个股，当年的“巨大中华”之一，该公司属于明显的小企业大资产类的上市公司。虽然我没有买到最强的个股，但是买的是自己交易体系内的个股，所以持有起来非常安心，我也能够推演其后期的大概走势。

所以有时候买不到牛股，不是因为运气差，如果你的交易体系没有那么强大，即使下一只牛股就躺在你的账户上，同样会与你失之交臂。第一个原因就是你本身就没有料到它是一只大牛股，哪怕是料到了也没有持有的信心；第二个原因是涨上去之后，你后悔持股过少，觉得自己当初很看好，但持股数太少了，其实是否真的看好，你持有的仓位就已经告诉你了，是真看好，还是涨上去之后的后悔心理作祟，用仓位来说话。

我们来看看什么是交易体系，一个完整的交易体系应该包含哪些要素。真要下个定义，估计没有人能够给出太准确的答案，但是确实有公认的元素包含在其中。交易体系是指由交易的各个步骤或者环节按照某个逻辑链条整合而成的一个整体或者系统，每个环节的特性必须与整体契合而非互相排斥，并且系统是有效的（整体上保证盈利且能有效地控制风险）。交易系统多数情况下是一个完整的交易规则体系，它对投资的各个相关环境做出相应的规定，这些规定都是明确、客观、唯一的。

具体而言，一个相对完整的交易体系应该包含：

（1）标的的选择模块。

（2）资金管理的模块（与头寸管理模块既有交叉，也有区别）。

（3）入场时机选择模块。

（4）头寸管理模块。

（5）出场时机确定模块。

（6）风险管理模块。

所以这是一个庞大的系统工程，任何一个环节出了问题，都有可能带来致命打击。所以很多时候我们都会自我安慰一下，有时候做不好是正常的，如果觉得简单，那可能就是受过的伤还不够，还心存幻想。巴菲特曾经说过一句话：“投资很简单。”但我们最好去看看他的成长经历，他在说出这句话时，已经从事了很长时间的投资，并且取得了巨大的成功，所以他的经历不是每个人都能拥有的。就像拳王泰森告诉你拳击很简单，郭德纲告诉你说相声很简单，姚明告诉你打篮球很简单一样。

恐怕大多数人听了这句话之后，都会有自知之明。但为什么创造了投资界神话的老人说的时候，就会有很多人欣然接受呢？何况巴菲特的原话是：“投资很简单，但是并不容易。”很多人大大高估了前半句话对于自己的适用程度，而远远低估了后半句话所蕴含的极高壁垒。

我曾经想过，到底怎样才能让大众在市场中赚钱呢？是需要一个超级大牛市，还是一个开诚布公的股神、一个完美的制度？或者我们可以这样理解，如果大众都能轻易地从股市中赚钱，那么这个股市其本身就是“反科学”的，如果实现上述所说的，那么社会很有可能就从此倒退。那些因赚不到钱而痛心疾首的人，其实还没有走出认知的怪圈。在我看来，任何时候的股市都是少数人获胜的地方，只有充分理解投资“简单但是不容易”的内在意义，才算是开始正视投资，才有机会进入投资的大门。认识到这点的人，很自然地会思考下一个问题：我要如何才能在这样一个最终注定只有少数人获胜的游戏中胜出呢？

所以有时候一个团队分工协作会更好一点，因为这样可以弥补一个人因知识结构不完善或者性格的缺陷而产生的系统风险。即便是巴菲特到了后期也是有团队的，虽然这个团队的核心成员是“双寡头二人组”，但两个人也是团队。巴菲特曾经说过，没有查理·芒格的话，他可能要在从猿人到人进化的一跃上经历更长时间的摸索，付出更多的艰辛，甚至很难实现这艰难的一跃，所以他们是真正的好朋友，芒格是站在巴菲特背后作为坚强后盾的男人。

而这个系统最重要的是理念，所谓理念决定行为，行为最后决定结果，这是一个相辅相成的关系，犹如因果。

我们先来看第一部分，很多人会觉得理念性的东西非常虚，那我们先用战争进行类比吧，投资就是一场战争的开始，只是这场战争，不仅仅是跟市场中的参与者进行的战争，也是跟自己的人性进行“殊死搏杀”的战争，所以痛苦之处不仅在于要战胜对手，有时候也需要向自己开刀，战胜自己。战争确实需要在“真刀真枪”中拼杀，从而得到经验，但是别以为经验就靠得住，战争的规模越大，其所涉及的层面就越高，最后需要的战略规划也就越强，所以这时候战略思维能力的重要性就凸显出来了。

《孙子兵法》第十三篇，第一部分就是战略运筹的三大篇：始计篇、作战篇、谋攻篇。其中提出了庙算的战略：“不谋全局者，不足以谋一域；不谋万世者，不足以谋一时。”如果不能从全局想问题的话，就不足以考虑某一方面；不能做出长远规划的话，就不足以做出短期计划。也就是说在还没有开始真正的战争前，就要对全局有一个布局。资本市场的主力也是这么干的，在还没有真正开始操作之前，就已经做好了整个全局的计划。可想而知，很多投资者在还没有开始之前就已经输人一筹了。所以理念这一项是非常重要的，只是在大多数时候过于务虚，很多人不知道如何落实到投资世界里，到最后就成了“上士闻道，勤而行之；中士闻道，若存若亡；下士闻道，大笑之，不笑不足以为道”。

其实在投资路上掌握“硬知识”是相对容易的，只要你肯学就行了。但是掌握“软知识”就比较难，比如投资者们总感觉自己的观点与大众观点一致才比较安全。他们总是无法思考长远的问题，在股价走势与自己对于企业的认知上出现背离时就莫名地懊悔与彷徨。我相信在“硬知识”掌握方面比巴菲特出色的华尔街大佬肯定不少，但是“软能力”才是与别人拉开差距的关键。

其实到最后，我们交易的已经不再是股票了，而是我们的观念，所以不管是有意还是无意，我们都要梳理我们的投资理念，其重要性，并不是大家所认为的可有可无。

什么是投资理念？投资理念体现投资者的个性特征，促使投资者正常开展分析、判断、决策并指导投资者的行为，反映的是投资者的目的和意愿，由投资者心理、动机以及技术构成。它需要在实战中不断地被磨合，它不是思想过程和方法，而是全部思想的总纲，是思想的根本原则，也正是我们所信奉的根本。

通过对规律的了解，在概率的基础上得出风险与利润的对比，根据这个比例来判断是否值得你下注。成功的理念不可能是一次形成的，它靠的是积累，理念因人而异，每个人的理念也不是完全相同的。就如同不同层次的人对股市的认知和理解不同：管理层说股市是现代金融和市场经济不可缺少的重要组成部分；学院派说股市是市场已经发行股票转让、买卖和流通的场所；理财顾问说股市是理财的重要手段，是一种让资产随着时间流逝而增值的方法；大众传统上喜欢说股市就是一个“圈钱赌场”。

我们来讨论一些务实的、涉及理念的最为核心的内容：

第一，涉及你对市场的理解。市场是有效市场，还是半有效市场，还是压根就无效？在教科书上写的是市场分为强势市场、半强市场 、弱势市场。如果你认为市场是有效的，那么你采取的策略就是被动型的，或者保守型的，最好的方式就是买入指数基金。如果你认为市场不是那么的有效，不管是半有效还是完全无效，那么你采取的策略就是主动型的，或者是激进的。千人千面，千人千法，投资方法最后需要跟自己的性格相适应。

第二，涉及你对股票的认知。如果你认为股票是所有权的份额代表，你就可以通过良好的运营分享企业的财富创造，进而获得合理的回报。那么你可能会以价值投资人自居，采用的分析工具多数是基本面分析法，但有时候也有神化工具的倾向，混淆工具与投资本质的区别。

如果认为企业经营得再好也没有办法获得合理的收益，甚至会拿出市场上极端的例子来反驳价值派的观点，也就是说这里的股票只是合法投机或者赌博的工具，跟赌场里的筹码没啥区别，那么这类投资者很有可能是投机者。

分析工具五花八门，但是通用的工具是技术分析，技术分析的高手多数是实战出身，有时候会出现神化经验的倾向，也会看不起所谓的学院派出身的，或者整天把价值投资挂在嘴上的，左一个“巴菲特”，右一个“彼得·林奇”。

只能说理论有其适用的条件和背景，比如香港的状况跟美国相似，而内地的情况和香港又不同，所以生搬硬套肯定不行，会出现“水土不服”，也会行不通。但是这些理论也不是说一无是处，有些通用的原则和方法及其规则还是有效的，尤其是普适型的原则。

我所认识的在A股市场里的高手，多数是中间派，即采用价值加投机的方式，所以有时候我干脆将他们称为“价值投机派”，简而言之，就是用价值分析的方式去做投机的事情。毕竟中国只有少数股票能够产生持续的分红，所以在大部分情况下投资者还得通过股价的波动去获取收益，尤其是周期性越强的市场的崩溃与重建，更让参与者相信，投机是正途，死拿不放的长期投资没有出路。

注意这里有个潜台词，比如长期投资，多长时间算是长期投资。国外三至五年很正常，一年以内就叫短线，国内呢？几周算是很长时间了，所以国内的长期投资以一至三年为周期最佳，这也是价值投机适合的时间周期，多数人是可以获得超额收益的。你可以不信，认为我在胡说八道，但是鞋子穿在自己脚上，合不合脚只有自己知道。根据我自己的经验来看，保持耐心，最好持有六个月至三年。当然，这中间的时间又跟具体标的的类型有关，没有统一的标准。

第三，涉及你对自己的认知。自己适合不适合做投资？适合做什么样的投资？多数人在入场前没有仔细思索，包括我自己在内同样如此，在什么都没有想清楚的情况下，就急匆匆地跑进去，开始确实是吃了点行情饭，可是最后不但把那点饭吐出去，本金更是损失惨重。在没有搞清楚之前，配置的股市的资产不可超过20%，不然失败的风险会影响你的生活水平，同时得失之心也会让你进退失据，进而做出不理性的行为，比如不停地输，之后不停地往股市转钱，结果越亏越大，最后不堪忍受。

同时我们也要思考一个问题，自己属于哪一派投资者。

（1）价值派：

你需要慢慢研究公司的基本面，较为长期地持股（注意这里的长期是一个限定时间词），然后分享企业的成长收获，获取价值回归的乐趣。

（2）投机派：

你只能苦练杀敌本领，要么杀敌制胜，要么被杀，要么转型，没有其他结局。

（3）价值投机派：

这就需要你好好地摸索基本面与技术面，不是停留在浮光掠影的粗浅知识，而是真正地既要理解价值的精髓，又要照顾市场的反应，所以理论上A股市场里多数人走的是这条路。

如果价值投机派更偏向于投机方向的话，那么在决策过程中技术分析的手段更重要一点，高于基本面的分析手段，对标的的择机或者进出时机的把握更大一点。

当然，还有不同的分类方式：比如所谓的趋势与趋势交易策略，基本上可以归为投机派。

有些所谓的量化交易、模型交易、对冲交易及其应对策略，要看模型因子的权重归为哪一类，比如有些价值因子权重过高，那么这种交易更接近价值投资，只是把价值的投资数量化、模式化。有些交易更加注重趋势等技术分析因子，那么这种交易就更加接近投机投资。

比如A股特有的题材投机，本质上可以归类为投机派，因为其本质就是把股票看成投机筹码，玩的是击鼓传花的游戏。不过现实中很少有人是单纯的某一个类型，能够走出来的基本上都是过渡派，很难把资金归到某一类中。市场中交易策略多种多样，不管怎样最后都可以归到这几种分类中，然后相应地与投资人形成部分有效的交易策略。（阅读本书第三章的第一节“股市异志录：一招鲜，吃遍天”）

法无定法，万法归一，殊途同归！最终的结果就是找到适合自己的交易体系，不管怎样，这都需要在投资实践中不断地摸索与提高，没有人能够替代自己进行投资修行之旅，也没有谁能够替代自己寻找适合自己的投资圣杯，哪怕是上帝也不行，自助者天助之。

第四章

基本面看哪些

在分析企业的过程中，我们的看点应该集中在哪里？对于企业是否处在困境反转中的情况我们又该如何进行甄别，如何寻找投资机会呢？本章将针对这些问题做一个简明扼要的汇总。

第一节
如何快速掌握基本面

> “基本面是投资最底层的逻辑，虽然在很多时候股价的波动并不完全取决于基本面，但这确实是投资的基石所在。”

基本面是投资最底层的逻辑，虽然在很多时候股价的波动并不完全取决于基本面，但这确实是投资的基石所在。很多投资人一听到基本面就头大，因为当中有很多数据链条需要搞清楚，所以不知道从哪里着手，本节总结了一个清晰明了的思路，让大多数投资者能够在短时间内了解基本面的各项内容。

一、看主业

看主业最重要的两个观察点是主业是否突出，以及主业占比突出的上市公司利润值是多少。需要注意的是，主业收入和其他营业收入是否存在相关性，是否存在上下游的关系，或者是否共享市场、技术、服务等资源。观察利润除了看主业毛利润空间外，还要着重关注净利润的空间有多大，要特别关注公司的主营业务构成和主营业务实际利润率的纵向与横向的对比。

图4–1与图4–2展示的是同一行业中不同的两家上市公司，主营业务收入占比一个是60.64%，另一个是53.97%，这样上市公司主营业务突出就非常明显；毛利率分别是64.00%、59.13%，两者相差得不是太多。这说明同行业对比整体差异不大，比较符合市场平均水平。

2018-12-31	主营构成	主营收入(元)	收入比例	主营成本(元)	成本比例	主营利润(元)	利润比例	毛利率(%)
按行业分类	路桥	1.81亿	60.64%	6520.84万	53.74%	1.16亿	65.36%	64.00%
	酒店	5292.17万	17.72%	462.34万	3.81%	4829.83万	27.24%	91.26%
	物业及其他	4809.19万	16.10%	4279.10万	35.27%	530.08万	2.99%	11.02%
	房地产	1654.27万	5.54%	871.20万	7.18%	783.06万	4.42%	47.34%
按产品分类	路桥收费	1.81亿	60.56%	6520.84万	53.74%	1.16亿	65.33%	63.95%
	酒店服务	5292.17万	17.72%	459.06万	3.78%	4833.11万	27.30%	91.33%
	物业及其他	4809.19万	16.10%	4279.10万	35.27%	530.08万	2.99%	11.02%
	房地产	1654.27万	5.54%	871.20万	7.18%	783.06万	4.42%	47.34%
	其他(补充)	29.13万	0.10%	—	—	—	—	—
	分部间抵销	-4.89万	-0.02%	3.28万	0.03%	-8.17万	-0.05%	—

图 4–1　公司经营分类（1）

2018-12-31	主营构成	主营收入(元)	收入比例	主营成本(元)	成本比例	主营利润(元)	利润比例	毛利率(%)
按行业分类	高速收费行业	8.67亿	53.97%	3.54亿	32.38%	5.13亿	100.06%	59.13%
	化工行业	7.40亿	46.03%	7.40亿	67.62%	-31.86万	-0.06%	-0.04%
按产品分类	高速公路特许经营项目收入	8.46亿	52.65%	3.49亿	31.91%	4.97亿	96.94%	58.72%
	苯系列	3.96亿	24.65%	3.95亿	36.05%	154.94万	0.30%	0.39%
	化工贸易及其他	2.40亿	14.91%	2.53亿	23.16%	-1394.24万	-2.72%	-5.82%
	胶粘剂系列	8025.64万	4.99%	6829.51万	6.24%	1196.13万	2.33%	14.90%
	叔碳酸乙烯酯	2376.18万	1.48%	2364.87万	2.16%	11.31万	0.02%	0.48%
	高速公路其他收入	2113.94万	1.32%	514.91万	0.47%	1599.03万	3.12%	75.64%

图 4–2　公司经营分类（2）

按照目前上市公司的收入构成来看，很少有单一架构的主营业务（垄断行业除外），所以很多公司往往会出现除主营业务之外再次延伸出第二业务的情况（有的甚至有第三、第四业务，等等），这个时候我们重点关注的是相关业务是否具备上下游的产业关系。如果具备了产业链关系，那对于公司基本面而言会起到加分的效果。如图4–1所示，公司在主业之外发展的是酒店、房地产、物业等，总体来说有关联性，但是关联性又不太大。

由图4–2来看，这家公司主业和第二业务是两个不同行业、不同领域。所以我们看到在主业之外，第二业务基本上没有多少利润可言。这对于整体而言是减分项。

图4–3是一家科技类公司，其主营业务是电子元器件，从这家公司的营业收入来看，主营收入占55.76%，毛利率达到了42.36%。主业之外延伸的第二产业是整机及系统，虽然毛利率不高，但是非常明显两者构成了上下游的产业链关系，这从基本面来看对公司起到了加分的效果。通过主营和副营收入可以看出，这家公司专注于主业，并有打通上下游产业的计划。我们在看一家上市公司的主营业务的同时，也要透过公司主营业务来看公司大股东对于行业的判断，以及大股东的想法和意图。

2018-12-31	主营构成	主营收入(元)	收入比例	主营成本(元)	成本比例	主营利润(元)	利润比例	毛利率(%)
按行业分类	电子元器件制造业	53.38亿	100.00%	39.96亿	100.00%	13.42亿	100.00%	25.14%
按产品分类	新型电子元器件	29.76亿	55.76%	17.16亿	42.94%	12.61亿	93.95%	42.36%
	整机及系统	23.31亿	43.68%	22.53亿	56.38%	7863.90万	5.86%	3.37%
	现代服务业	2993.63万	0.56%	2734.70万	0.68%	258.92万	0.19%	8.65%
按地区分类	国内	46.65亿	87.39%	33.72亿	84.39%	12.93亿	96.34%	27.72%
	国外	6.73亿	12.61%	6.24亿	15.61%	4907.77万	3.66%	7.29%

图 4–3　公司经营分类（3）

这里还有一个额外的思考，即企业经营业务的“护城河”。

“护城河”是一家企业的关键要素，但不是充分条件。在一定情况下甚至不是必要条件。在中国过去二十年的时间里，房地产作为重要的经济支柱，催生了一大批大牛股，如万科A（000002）、保利地产（600048）等，如果我们进行深入了解就会发现，这些公司并不具备难以模仿和不可复制的竞争壁垒。当然，就公司内部管理、企业经营而言，它们无疑是翘楚，但是决定它们走强的重要原因却是中国过去二十年的高速发展，以及人民对于美好生活的向往（特别是亚洲人对于房子从古至今都情有独钟）。就早期而言，其实房地产是一个竞争较为充分的领域。

与之相比的是具有专营权的高速公路、水电站等关乎国计民生的公司，它们往往具备很强的“护城河”，比如一些特殊地理位置、旅游资源，等等，是不可复制的。但是这里存在一个相对的观点，由于对于价格的管制及所处业务领域的狭窄性，它们缺乏支撑业务持续增长必要因素，所以这一群体很少出现千亿市值以上的大牛股（有一些特例，不在此讨论范围中）。

所以在一定阶段内“护城河”也是存在两面性的，正面看“护城河”起到了保护作用，提高了竞争者的进入门槛，但反面看竞争者的减少，导致无法将整个市场做大。而强大的商业价值才是企业真正的城堡，有时候缺乏“护城河”的城堡很容易被其他竞争者介入，进而被快速蚕食，也有可能被后来者洗劫一空，但正是因为有了“鲶鱼”的进入才让整个市场迅速扩大。

如果企业有强大的“护城河”，却没有巨大的商业价值，可能最终的结果也只能是在其领域内偏安一隅，如果是这样，对于投资者而言它又有什么投资的价值呢？

提示：有的上市公司与同行相比，毛利率相差太多，那就需要我们去注意了。超出同行太多，或者太少，其中的原因是什么，是不是在财务上造假，等等。这些都是防止踩雷的重要排除法。

二、看盈利

对于投资者而言，不仅要对公司的盈利能力进行动态分析，还要把握公司盈利质量的高低，看看公司的盈利状况是不是出现了明升暗降的状况。

通常来讲，公司年度指标的下降，往往是公司中长期经营转向劣势的标志。当公司盈利能力出现下降时，投资者需要特别关注公司的规模是否出现了扩大，是否能够保持总利润或者净利润的不变。当公司盈利能力上升时，投资者一般要消除偶然因素及季节性因素的影响，来判断这种盈利能力的上升是否可以保持。

还要通过关注公司的利润构成、净利润率及现金流的情况来判断公司盈利质量的高低。

我们来看图4–4与图4–5的两张报表：

按报告期	按年度	按单季度						

每股指标	18-12-31	17-12-31	16-12-31	15-12-31	14-12-31	13-12-31	12-12-31	11-12-31	10-12-31
基本每股收益(元)	0.0100	0.0582	0.0449	0.1179	0.0967	0.1376	0.2721	0.3749	0.4681
扣非每股收益(元)	0.0132	0.0365	0.0361	0.1170	0.0911	0.1006	0.2762	0.3749	0.4711
稀释每股收益(元)	0.0100	0.0582	0.0449	0.1179	0.0967	0.1376	0.2721	0.3749	0.4681
每股净资产(元)	1.3580	1.3433	1.3091	2.5704	2.4958	2.4487	4.7289	4.7600	7.3200
每股公积金(元)	0.0105	0.0105	0.0105	0.9209	0.9209	0.9209	2.8418	2.8418	5.1469
每股未分配利润(元)	0.2767	0.2648	0.2305	0.5298	0.4737	0.4367	0.7257	0.7808	1.0094
每股经营现金流(元)	0.0222	-0.0751	0.0970	0.1113	0.1475	0.0867	0.0385	0.5670	-0.0898
成长能力指标	**18-12-31**	**17-12-31**	**16-12-31**	**15-12-31**	**14-12-31**	**13-12-31**	**12-12-31**	**11-12-31**	**10-12-31**
营业总收入(元)	8.30亿	6.61亿	4.04亿	4.14亿	4.17亿	4.25亿	3.92亿	3.52亿	3.33亿
毛利润(元)	2.26亿	1.87亿	1.12亿	1.21亿	1.18亿	1.16亿	1.14亿	1.11亿	--
归属净利润(元)	1128万	5509万	4255万	5586万	4580万	6516万	6443万	8878万	6780万
扣非净利润(元)	1250万	3460万	3422万	5541万	4315万	4762万	6540万	6334万	6824万

图 4-4　盈利质量对比（1）

基本每股收益(元)	0.3000	0.3300	0.2800	0.0500	0.0800	0.0700	0.1800	0.3500	0.2700
扣非每股收益(元)	0.2100	0.2900	0.2300	-0.0800	0.0700	0.0600	0.1700	0.2900	0.1700
稀释每股收益(元)	0.3000	0.3300	0.2800	0.0500	0.0800	0.0700	0.1800	0.3500	0.2700
每股净资产(元)	3.9158	5.6829	3.3024	3.0226	3.0036	2.9476	2.9171	5.5800	5.1600
每股公积金(元)	1.8273	3.2467	0.9962	0.9962	1.0103	1.0346	1.0516	3.1132	2.9957
每股未分配利润(元)	1.1495	1.3593	1.2047	0.9240	0.8836	0.8155	0.7754	1.3296	1.0438
每股经营现金流(元)	0.6208	-0.3838	0.9839	-0.1079	0.2041	-0.1387	0.1479	0.3640	0.4440
成长能力指标	**18-12-31**	**17-12-31**	**16-12-31**	**15-12-31**	**14-12-31**	**13-12-31**	**12-12-31**	**11-12-31**	**10-12-31**
营业总收入(元)	42.4亿	31.8亿	28.6亿	15.8亿	16.3亿	16.8亿	14.6亿	11.3亿	9.11亿
毛利润(元)	7.47亿	5.96亿	4.89亿	2.66亿	2.89亿	2.86亿	3.01亿	2.51亿	2.10亿
归属净利润(元)	1.92亿	1.40亿	1.05亿	1971万	2907万	2761万	7007万	6616万	5052万
扣非净利润(元)	1.34亿	1.20亿	8745万	-2951万	2542万	2418万	6660万	5432万	3255万

图 4-5　盈利质量对比（2）

图4–4的公司每年的营业总收入从2013年开始到2018年增加1倍左右，按照正常的公司利润增长来看，归属净利润应该也要增加1倍左右。我们从归属净利润报表来看，从最开始2013年的6000多万元到2017年的5000多万元，这在行业内被称为企业的营业收入增长，但是归属净利润没有增加，扣非净利润还呈现出每年都在下降的趋势。

所以总体来看，这家公司的财务报表呈现出增收不增利的情况，即“虚胖”。这是在看盈利时需要注意的地方。

图4–5的公司从2013年开始到2018年总营业收入从16.8亿元增加到了42.4亿元左右，增幅在1.5倍左右。归属净利润也从0.28亿元左右增加到了1.92亿元。扣非净利润也从0.24亿元增加到了1.34亿元。经过数字对比，就能发现这家公司无论是营业收入，还是归属净利润、扣非净利润都呈现出快速增长状态，这是一家基本面非常不错的上市公司。

说到利润，这里重点提醒下，很多投资者在看公司利润时，有时候不知道该看哪一个数据，因为在报表中会显示两个净利润：一个是归属净利润，另一个是扣非净利润，如图4–6、图4–7所示。

归属净利润主要包含以下几大块。

600581 八一钢铁 最新价：3.07 涨跌：-0.03 涨跌幅：-0.97 换手：0.93% 总手：142700 金额：4401.74万

操盘必读 | 股东研究 | 经营分析 | 核心题材 | 资讯公告 | 公司大事 | 公司概况 | 同行比较
盈利预测 | 研究报告 | 财务分析 | 分红融资 | 股本结构 | 公司高管 | 资本运作 | 关联个股

主要指标 | 杜邦分析 | 资产负债表 | 利润表 | 现金流量表 | 百分比报表

注：点击表格内的指标名称可切换图片查看该指标的历史趋势

按报告期 按年度 按单季度

每股指标	18-12-31	17-12-31	16-12-31	15-12-31	14-12-31	13-12-31	12-12-31	11-12-31	10-12-31
基本每股收益(元)	0.4570	1.5200	0.0500	-3.2700	-2.6500	0.0400	0.2000	0.6300	0.6900
扣非每股收益(元)	0.4540	1.5260	-0.4100	-3.3400	-2.6900	0.0400	0.1400	0.6300	0.7300
稀释每股收益(元)	0.4570	1.5200	0.0500	-3.2700	-2.6500	0.0400	0.2000	0.6300	0.6900
每股净资产(元)	2.6373	4.3587	2.8671	-1.1814	2.0880	4.7564	4.7868	4.7900	4.4100
每股公积金(元)	2.1660	5.3321	5.3606	1.3633	1.3633	1.3633	1.1150	1.1150	1.1150
每股未分配利润(元)	-1.0531	-3.0201	-4.5440	-4.5924	-1.3193	1.3503	1.7091	1.7480	1.4654
每股经营现金流(元)	0.6342	3.3708	0.7876	5.7810	-1.4459	3.3063	0.2975	1.2095	1.1491
成长能力指标	**18-12-31**	**17-12-31**	**16-12-31**	**15-12-31**	**14-12-31**	**13-12-31**	**12-12-31**	**11-12-31**	**10-12-31**
营业总收入(元)	201亿	168亿	98.9亿	106亿	206亿	232亿	266亿	280亿	237亿
毛利润(元)	24.6亿	22.8亿	9.35亿	-10.6亿	2.78亿	18.0亿	18.2亿	22.6亿	22.7亿
归属净利润(元)	7.01亿	11.7亿	3710万	-25.1亿	-20.3亿	3338万	-2589万	4.82亿	5.00亿
扣非净利润(元)	6.96亿	11.7亿	-3.16亿	-25.6亿	-20.6亿	3307万	1.09亿	4.80亿	5.62亿
营业总收入同比增长(%)	19.98	69.44	-6.31	-48.85	-11.03	-12.84	-4.88	18.11	43.84

▸ 杜邦分析

图 4-6 归属净利润（1）

000717 韶钢松山 最新价：3.94 涨跌：0.07 涨跌幅：1.81 换手：2.75% 总手：665027 金额：2.59亿

操盘必读 | 股东研究 | 经营分析 | 核心题材 | 资讯公告 | 公司大事 | 公司概况 | 同行比较
盈利预测 | 研究报告 | 财务分析 | 分红融资 | 股本结构 | 公司高管 | 资本运作 | 关联个股

主要指标 | 杜邦分析 | 资产负债表 | 利润表 | 现金流量表 | 百分比报表

-300,000
2010-12-31 2011-12-31 2012-12-31 2013-12-31 2014-12-31 2015-12-31 2016-12-31 2017-12-31 2018-12-31

注：点击表格内的指标名称可切换图片查看该指标的历史趋势

按报告期 按年度 按单季度

每股净资产(元)	[illegible]	[illegible]	[illegible]	[illegible]	[illegible]	[illegible]	[illegible]	[illegible]	[illegible]
每股公积金(元)	1.3263	1.3341	1.3345	1.3338	1.3338	1.3438	1.4874	1.4874	1.4874
每股未分配利润(元)	-0.0241	-1.3700	-2.4101	-2.4520	-1.3793	-0.8055	-1.2281	-0.0592	0.6226
每股经营现金流(元)	1.7196	1.4499	0.1785	0.2049	0.8461	0.6573	1.2526	2.3811	0.2369
成长能力指标	**18-12-31**	**17-12-31**	**16-12-31**	**15-12-31**	**14-12-31**	**13-12-31**	**12-12-31**	**11-12-31**	**10-12-31**
营业总收入(元)	271亿	251亿	140亿	111亿	195亿	192亿	193亿	229亿	188亿
毛利润(元)	46.3亿	35.7亿	5.94亿	-14.1亿	-2.89亿	5.98亿	-7.16亿	2.18亿	7.46亿
归属净利润(元)	33.1亿	25.8亿	1.01亿	-26.0亿	-13.9亿	1.01亿	-19.5亿	-11.4亿	2094万
扣非净利润(元)	33.7亿	28.3亿	-3.14亿	-26.6亿	-14.2亿	-5865万	-19.2亿	-11.1亿	2246万
营业总收入同比增长(%)	7.95	86.35	25.38	-42.84	1.70	-0.46	-15.80	21.44	41.10
归属净利润同比增长(%)	28.20	2381.13	--	--	-1468.16	--	--	-5534.32	-77.40
扣非净利润同比增长(%)	17.82	--	--	--	--	--	--	-5030.91	-69.33
营业总收入滚动环比增长(%)	1.91	11.98	15.87	-15.12	-2.64	0.59	-4.02	3.00	5.43
归属净利润滚动环比增长(%)	-6.88	28.11	--	--	--	--	--	-1283.59	--

图 4-7 归属净利润（2）

主营利润：公司通过主营业务和副营业务所赚的收益扣除各项成本，剩下的就是主营利润。

政府补贴：这点在上市公司中非常常见，它也算在归属净利润当中，但它不是公司主营业务所产生的利润。

股权投资：公司用自有资金投资入股某公司，最后用股权套现的收入，这也会被划分到归属净利润当中，这种收益往往是一次性收入，不具备可持续性。

其他的就不一一列举了。

扣非净利润：扣除非经常性损益后的净利润。

非经常性损益：公司发生的与经营业务没有直接关系的，以及有些虽然和经营业务有间接关系，但其性质、金额或者发生的频率影响了真实、公允地反映公司正常盈利能力的各项收入、支出。

扣除非经常性损益后的净利润，单纯地反映企业经营的现状，把资本溢价、政府补贴等各种因素所产生的收益剔除出来，只看主副业经营利润的高点，只有这样才能正确地认知经营业绩的好坏。

提示：我们通常讲的每股收益是层层包装后的产物，要想识别“庐山”真面目就必须分析每股收益里所包含的内容。市盈率具有比价效应，可以通过同行业不同的上市公司的横向以及纵向对比，判断出哪些公司具有相对的投资价值。注意，这里说的是相对而不是绝对。

整个行业内普遍盈利能力的上升，往往是一波大行情的预兆。如2016—2017年的钢铁行情，从大方向看，这是一波政策性供给侧改革走势，那一年的钢铁上市公司普遍从亏损边缘转为大幅度盈利，这也导致整个行业在短期内出现了盈利上升的状况，是一个群体板块效应。

图4-8和图4-9这两家公司就是非常明显的钢铁供给侧改革的受益者，这代表着整个行业的扭转，股价从底部开始呈现出巨大的投资机会。当个股还是ST个股的时候，应该说只有少数的投资者敢于去抄底，所以这就涉及投资者对宏观面的行业趋势预测以及对于投资信仰的坚持。

图 4-8 八一钢铁（600581）股价走势图

图 4-9　韶钢松山（000717）股价走势图

很多时候无论是在职场、在商场或者是做投资，在关键时间点有时候是需要有担当的。那种一点小亏都不吃，遇到困难就赶紧跑的“精明”，长期下来只会把人牢牢地压在没有什么成就的层次。当然，这里所说的困难和机会是有技术面评估的，人生难就难在开不了上帝视角，再怎么计算有时候在关键时间节点也得担着大量的风险，因为这个时候往往就是人生定乾坤的关键点。有时候投资就是一种信仰，当然也会错，但是拉长时间线来看，这种信仰往往是走向成功的必经之路。

三、看规模

看规模，首先要看公司所处行业的规模，其次就是公司的收入规模、利润规模。看公司在做大的同时是否有做强，看公司是否有足够的拓展空间。看规模的时候要关注公司的主营业务收入和净利润。

我们在看规模的同时需要注意公司市场的前景，也就是市场的整体容量。在一个万亿规模的市场里，孕育千亿市值的公司应该是较为容易的。反之，如果市场仅有千亿的规模，那么对应的公司市值就在百亿左右，所以在看规模的同时需要关注公司所处行业的市场容量，这是判断公司市值的大前提。在看规模中往往还能够发掘出行业的龙头。一些企业特别是中小型企业会存在共性的问题，上市以后的发展空间较难判断有多大，企业上市以后除了能够拥有融资渠道，其他的成本如管理成本、人力成本、财务成本等必然会增加，这些会反过来压缩企业的利润空间，从而降低企业的竞争力，以上的这些分析都是判断公司能否做强的衡量参考。

四、看效率

效率要从三个层面来看。

第一，看有没有增产，有没有增收。

增产，其实就是营业总收入是否出现增长。增收，就是公司的净利润有没有出现增长。正常情况下，随着营业收入的增长，净利润也呈现出正向分布。如果是营业总收入出现了增长，净利润却没有得到相应的增长，这就说明公司只是做大了，而没有做强。

比较典型的例子就是图4-4与图4-5两张财务报表。图4-4呈现出增产不增收的情况。图4-5呈现出既增收又增产的情况，所以报表背后显示的是企业既做大也做强了。

业绩的持续增长无疑是投资者持有信心的根本来源，我和很多朋友在谈及某个企业时，喜欢说的一句话就是“我非常看好这个企业，因为它有非常好的前景和成长性”，那么对于这种成长型个股我们怎样进行分析呢？

我们常说的成长性无非来源于两个方面：企业依靠自身的发展与外部企业的并购。企业依靠自身的发展是指企业通过自身的经营来发展推进，比较常见的就是在稳定老产品的同时，继续深挖市场，争取更大的份额。这种方式的增长对于企业而言有利有弊，在各种增长中，老产品利润的增长往往具有稳定性、可靠性，它的增长对于企业而言更具有确定性。从另一个角度来看，市场的潜力不是无限大的蛋糕，你的市场份额增加了，那么伴随而来的就是其他竞争者的市场份额减少，所以需要关注行业内竞争者的最新动向，以及竞争格局的微妙变化。如果一家企业已经占据了很大的市场份额，但是市场的增长依然处于高速期，并且市场存在着多股力量的竞争，那么这种格局的增长往往能够带来较好的稳定性。好比随着房地产的快速发展，家用电器领域的增长是一定的。

从格力电器现有的财务分析来看（见图4-10），空调业务是其当前最为主要的收入来源，占整个营业收入的78.58%，其他生活电器设备占比非常少。所以这是营业收入非常单一的模式，这种模式的好处就是，可以不断深挖市场，扩大市场的占有率，同时由于其占据市场头部区域，往往也具备规模效应，能够有效地减少生产成本，同时它的稳定性也是最强的。

000651 格力电器	最新价：52.60	涨跌：0.25	涨跌幅：0.48	换手：0.48%	总手：288393	金额：151649.50万	
操盘必读	股东研究	经营分析	核心题材	新闻公告	公司大事	公司概况	同行比较
盈利预测	研究报告	财务分析	分红融资	股本结构	公司高管	资本运作	关联个股

主营范围 Ⅰ 主营构成分析 Ⅰ 经营评述

风机、包装设备等通用设备;电机、输配电及控制设备;电线、电缆、光缆及电工器材;家用制冷电器具,家用空气调节器及相关零部件;中央空调、制冷、空调设备、洁净空调、采暖设备、通风设备;热泵热水机、空调热水一体产品、燃气采暖热水炉设备、燃气供暖热水设备、热能节能设备、机电设备产品及相关零部件;新风及新风除霾设备;通讯终端设备及相关零部件;气体,液体分离及纯净设备及相关零部件;家用清洁卫生电器具、家用厨房电器具、家用通风电器具、其他家用电力器具及相关零部件;建筑机电设备安装工程、泳池水处理、中央热水工程;销售、安装及维护:中央空调、制冷、空调设备、洁净空调、采暖设备、通风设备;热泵热水机、空调热水一体产品、燃气采暖热水炉设备、燃气供暖热水设备、热能节能设备、新风及新风除霾设备。批发:机械设备、五金交电及电子产品;零售:家用电器及电子产品。

▸ **主营构成分析**

2018-12-31	主营构成	主营收入(元)	收入比例	主营成本(元)	成本比例	主营利润(元)	利润比例	毛利率(%)
按行业分类	制造业	1705.92亿	86.10%	1124.04亿	81.31%	581.88亿	97.16%	34.11%
	其他(补充)	275.31亿	13.90%	258.30亿	18.69%	17.01亿	2.84%	6.18%
按产品分类	空调	1556.82亿	78.58%	988.90亿	71.54%	567.92亿	94.83%	36.48%
	其他(补充)	275.31亿	13.90%	258.30亿	18.69%	17.01亿	2.84%	6.18%
	其他主营	80.07亿	4.04%	75.05亿	5.43%	5.03亿	0.84%	6.28%
	生活电器	37.94亿	1.92%	31.02亿	2.24%	6.92亿	1.16%	18.23%
	智能装备	31.09亿	1.57%	29.07亿	2.10%	2.01亿	0.34%	6.48%
按地区分类	内销	1483.23亿	74.86%	931.04亿	67.35%	552.19亿	92.20%	37.23%
	其他(补充)	275.31亿	13.90%	258.30亿	18.69%	17.01亿	2.84%	6.18%
	外销	222.70亿	11.24%	193.00亿	13.96%	29.70亿	4.96%	13.34%

图 4-10 盈利效率

深化服务的细节，提高产品的质量，相对地也会提升产品的价格。这些情况一般适应于服务型产业，且具备了高附加值领域，比如软件服务等。企业在原有产业链当中，进行下游产业链的延伸，或者开拓新产品、新市场。这里重点提醒，开拓新的产品相比老市场的增长途径而言无疑增加了不确定性，风险明显较大，当然回报也更大。能否成功开拓新市场取决于对市场和产品的定位判断是否准确，如果错误地判断了市场的走向和客户的需求，那么前期的投入基本属于打水漂。所谓的成本，其实就是在战略上不能出现太大的偏差，以免导致无效的投入和机会成本上涨，所以能否深刻地认知市场和理解客户的需求，远比是否具有高精尖的技术设备和豪华团队重要。

有一个故事，某公司引进了一条香皂包装生产线，结果发现这条生产线有个缺陷，就是常常会出现空的香皂盒。可总不能把空盒子卖给顾客啊，他们只得请了专家设计一个方案来分拣空的香皂盒。专家组织起了一个十几人的科研攻关小组，综合采用机械、微电子、自动化、X射线探测等技术，花几十万元成功解决了问题。每当生产线上有空香皂盒通过，两旁的探测器就会检测到，并且驱动一只机械手把空皂盒推走。

中国南方有个乡镇企业也买了同样的生产线，老板发现这个问题后大为光火，找了个小工去解决问题。小工很快想出了办法，他在生产线旁边放了台风扇猛吹，空香皂盒自然会被吹走。

当然这仅仅是一个故事，却告诉我们很多时候并不一定要具备高精尖技术才能获胜，重要的是能够深刻地理解市场，适应市场的变化。

外部企业的并购是当前较为常见的策略，如果行业过了快速增长期，进入一个相对平稳的阶段，那么此时市场的增速已经不大，资本市场的运作收购、兼并其他企业，是较为常见的一种手段。企业通过收购行业内相关企业，扩大市场占有率，同时企业并购带来的规模效应将越发突出。所以这种同一领域内的并购其实有着非常大的协同性，这种并购往往有一加一大于二的效果，是最为稳妥也是最具有安全性的操作。

我们看美的集团的主营收入就相对均衡（见图4–11）：暖通空调业务占总体营业收入的42.13%，消费电器则占比接近40%，机器人及自动化系统则占比为10.53%。但根据公司近几年的资本运作情况看，美的无疑是通过资本运作在同领域内外部并购非常成功的企业。

000333 美的集团 最新价：49.12 涨跌：-0.39 涨跌幅：-0.79 换手：0.29% 总手：185739 金额：91800.12万

操盘必读	股东研究	经营分析	核心题材	新闻公告	公司大事	公司概况	同行比较
盈利预测	研究报告	财务分析	分红融资	股本结构	公司高管	资本运作	关联个股

主营范围 | 主营构成分析 | 经营评述

▸ 主营构成分析

2018-12-31	主营构成	主营收入(元)	收入比例	主营成本(元)	成本比例	主营利润(元)	利润比例	毛利率(%)
按行业分类	制造业	2380.65亿	91.68%	1686.56亿	89.63%	694.10亿	97.08%	29.16%
	平衡项目	215.99亿	8.32%	195.09亿	10.37%	20.91亿	2.92%	9.68%
按产品分类	暖通空调	1093.95亿	42.13%	758.86亿	40.33%	335.08亿	46.86%	30.63%
	消费电器	1029.93亿	39.66%	729.59亿	38.77%	300.33亿	42.00%	29.16%
	机器人及自动化系统	256.78亿	9.89%	198.10亿	10.53%	58.68亿	8.21%	22.85%
	其他(补充)	186.84亿	7.20%	166.71亿	8.86%	20.13亿	2.82%	10.78%
	其他	29.15亿	1.12%	28.38亿	1.51%	7738.20万	0.11%	2.65%
按地区分类	国内	1492.57亿	57.48%	1036.86亿	55.10%	455.71亿	63.74%	30.53%
	国外	1104.08亿	42.52%	844.78亿	44.90%	259.29亿	36.26%	23.48%

图 4–11 盈利效率

（1）2008年，广东美的电器股份有限公司与无锡市国联发展（集团）有限公司（以下简称国联集团）签署了《股份转让协议》，受让国联集团持有的无锡小天鹅股份有限公司（以下简称小天鹅）87673341股A股股票，占小天鹅总股本的24.01%，为小天鹅的第一大股东。

（2）2016年3月17日，美的公司发布公告，宣布已与东芝株式会社（以下简称东芝）就收购其白色家电业务事项达成谅解备忘录，美的将通过收购获得东芝白色家电业务控股权。美的将以约537亿日元（约4.73亿美元）获得东芝家电业务主体——东芝生活电器株式会社80.1%的股份，东芝将保留19.9%的股份。

（3）2017年1月6日，美的以292亿元、溢价36.2%成功收购德国库卡，持股比例超过94.5%。这场从发出收购要约、历时近8个月的中国民营企业跨国并购的活动，成为2017年中国跨境并购交易中交易规模第二大的案例。目前美的公司能否消化库卡，并实现业绩的快速发展，我们需要时间来界定。

以上案例说明，在同领域内通过资本运作，进行企业之间的兼并往往是打开突破口的最好方法，当然更重要的还是要看管理层的务实程度。

第二，看中间费用有没有吞噬利润。中间费用指的是销售费用、管理费用、财务费用。

图4-12、图4-13是两家公司的利润报表（财务报表分为：资产负债表、利润表、现金流量表），我们来分析一下两家公司的中间费用是否存在大幅度增加的状况。

按报告期 按年度 按单季度 报告期同比 年度同比 单季度环比

利润表	2018-12-31	2017-12-31	2016-12-31	2015-12-31	2014-12-31
营业总收入	8.302亿	6.612亿	4.035亿	4.144亿	4.170亿
营业收入	8.302亿	6.612亿	4.035亿	4.144亿	4.170亿
营业总成本	8.038亿	6.162亿	3.633亿	3.492亿	3.663亿
营业成本	5.952亿	4.647亿	2.879亿	2.898亿	2.971亿
研发费用	3003万	1161万	--	--	--
营业税金及附加	880.9万	922.6万	405.7万	312.0万	233.4万
销售费用	7755万	4730万	3341万	3178万	3180万
管理费用	7300万	6609万	5045万	4298万	4157万
财务费用	849.9万	1329万	-1417万	-2178万	-960.9万
资产减值损失	1072万	395.4万	166.8万	328.9万	309.7万
其他经营收益					
加:公允价值变动收益	--	--	--	--	-44.07万
投资收益	168.6万	--	--	71.61万	467.9万
营业利润	3822万	7213万	5035万	6594万	5501万
加:营业外收入	6511.25	13.86万	31.26万	23.67万	2.000万
其中:非流动资产处置利得	--	--	1011万	--	--

图 4-12 中间费用（1）

▸ 利润表

按报告期 按年度 按单季度 报告期同比 年度同比 单季度环比

利润表	2018-12-31	2017-12-31	2016-12-31	2015-12-31	2014-12-31
营业总收入	42.41亿	31.82亿	28.65亿	15.82亿	16.33亿
营业收入	42.41亿	31.82亿	28.65亿	15.82亿	16.33亿
营业总成本	40.97亿	30.48亿	27.66亿	16.46亿	16.06亿
营业成本	34.69亿	25.68亿	23.66亿	13.12亿	13.37亿
研发费用	5826万	5434万	--	--	--
营业税金及附加	2521万	1748万	1007万	402.7万	668.7万
销售费用	3.245亿	2.536亿	2.201亿	2.085亿	1.613亿
管理费用	1.549亿	1.152亿	1.337亿	1.060亿	8860万
财务费用	3206万	3236万	2937万	765.6万	934.8万
资产减值损失	3313万	710.8万	726.0万	720.0万	389.3万
其他经营收益					
加:公允价值变动收益	960.7万	228.3万	--	--	--
投资收益	1064万	598.9万	179.9万	5889万	91.35万
其中:对联营企业和合营企业的投资收益	-213.0万	-756.2万	--	--	-206.14
营业利润	1.819亿	1.594亿	1.011亿	-496.7万	2719万
加:营业外收入	3960万	361.3万	1750万	1010万	513.9万
其中:非流动资产处置利得	--	--	63.96万	21.85万	27.80万

图 4-13 中间费用（2）

从图4-12可以看出，这个公司的总营业收入从2014年的4.170亿元，到2018年增长到8.302亿元。增加了4.132亿元的营业总收入。

销售费用：从2014年的3180万元增加到2018年的7755万元。增加了接近1.5倍的销售费用。

管理费用：从2014年的4157万元到2018年的7300万元。增加了3143万元的管理费用。

财务费用：从2014年的-960.9万元增加到了2018年的849.9万元。增加了1810.8万元的财务费用。

图4-13的公司营业总收入从2014年的16.33亿元增加到了2018年的42.41亿元，营业收入增加了26.08亿元。

销售费用：从2014年的1.613亿元到2018年的3.245亿元。增加了1.632亿元的销售费用。

管理费用：从2014年的8860万元到2018年的1.549亿元。增加了6630万元的管理费用。

财务费用：从2014年的934.8万元到2018年的3206万元。增加了2271.2万元的销售费用。

从图4-12和图4-13两张报表我们可以看出，随着营业收入的增长，相关的中间费用都呈现了正向的增长，从增长比来看，并没有太大差异。在看报表时，需要注意在某一年突然增加的费用是否随着企业业绩的增长而增加，如果不是就需要查明原因，防止出现“黑天鹅”。

第三，看员工效率，员工效率体现的是企业的管理水平。看员工效率主要是看平均每一名员工所创造的价值是否随着公司营业收入的增加而增加。

五、看家底

买个股，除了是买公司的盈利能力之外，同样也是买公司的资产。我们作为投资人可以把上市公司分为三种类型的公司：①家底殷实型公司。②虚胖型公司。③落魄型公司。

第一种：家底殷实型公司。

看公司家底要关注公司的资产状况，特别是流动资产状况。流动资产是指企业在一年或者超过一年的营业周期内可以实现变现或者运用的资产，是企业资产中必不可少的组成部分，也是反映一家公司家底厚不厚的衡量指标。

流动资产在周转过渡中，从货币形态开始，依次改变其形态，最后又回到货币形态。比如：货币资金—储备资金、固定资金—生产资金—成品资金—货币资金。各种形态资金与生产流通的紧密结合，必然导致周转速度快，变现能力强。

第二种：虚胖型公司。

虚胖型公司表面看起来资产非常庞大，也曾经有过辉煌时期，有的牌子名气也大，但实质上大部分都是靠借银行、地方政府的钱撑起来的，只要银行资金渠道出现问题，也就是出现所谓的资金链断裂问题，这些公司的巨额不良资产就有可能被暴露出来。

图4–14展示的是一家专门生产汽车的上市公司。我们看它这几年的归属净利润以及扣非净利润状况，就能明显发现归属净利润与扣非净利润相差如此之大，其实无非两种原因：第一，该公司大部分利润都来源于变卖资产 。第二，该公司靠地方政府每年的“输血”来保证公司不被戴上ST帽子。看扣非净利润就能发现从2013年至2017年这公司几乎每一年的主营业务都是大幅度亏损的。我们看它的净利润，一定要注意它的扣非净利润也就是主营净利润的情况如何，这是一家公司真正的核心竞争力。

按报告期 | 按年度 | 按单季度

稀释每股收益(元)	0.0700	0.0900	-0.1900	0.0300	-0.1310	0.0160	0.0210	0.0280	0.2570
每股净资产(元)	0.3257	0.2510	0.0662	0.2406	0.2271	0.3666	0.3386	0.3180	0.2890
每股公积金(元)	1.0688	1.0688	1.0069	1.0069	1.0069	1.0227	1.0069	1.0069	1.0069
每股未分配利润(元)	-2.1536	-2.2275	-2.3196	-2.1289	-2.1616	-2.0307	-2.0469	-2.0679	-2.0963
每股经营现金流(元)	1.5788	0.4860	0.4395	-0.4507	0.4506	0.3241	0.2280	-0.0695	0.1290
成长能力指标	**18-12-31**	**17-12-31**	**16-12-31**	**15-12-31**	**14-12-31**	**13-12-31**	**12-12-31**	**11-12-31**	**10-12-31**
营业总收入(元)	61.5亿	57.7亿	48.0亿	46.4亿	51.5亿	56.9亿	50.5亿	46.8亿	46.7亿
毛利润(元)	6.92亿	7.82亿	6.56亿	7.51亿	7.98亿	7.06亿	6.15亿	5.15亿	5.84亿
归属净利润(元)	8076万	1.01亿	-2.08亿	3575万	-1.43亿	1767万	2293万	3105万	2.81亿
扣非净利润(元)	5766万	-5.77亿	-4.25亿	-6585万	-1.58亿	-1591万	535万	2231万	9265万
营业总收入同比增长(%)	6.50	20.18	3.52	-9.88	-9.55	12.70	7.79	0.19	13.87
归属净利润同比增长(%)	-19.81	—	-683.03	—	-909.20	-22.94	-26.14	-88.96	—
扣非净利润同比增长(%)	—	—	—	—	—	-397.65	-76.04	-75.92	—
营业总收入滚动环比增长(%)	2.04	6.45	-1.67	-0.09	-8.59	2.49	5.50	1.12	13.23

图 4–14 虚胖型公司

第三种：落魄型公司。

这类公司每年都得靠变卖公司资产（比如固定资产房子、产房、股权投资等）来扭转公司的业绩亏损。

对于落魄型公司（图4–15），我们重点看其资产负债表中流动资产的数额，流动资产越多，说明公司在一年之内可以筹集的资金越多，也说明公司抵御风险的能力越强。流动资产越少，则说明公司抗风险能力越弱，图4–15显示该公司近4年来流动资产每年都在减少，说明公司近几年有变卖资产的行为，这将直接导致公司抵御风险的能力下降。

▶ 资产负债表

按报告期　按年度　报告期同比　年度同比

资产负债表	2018-12-31	2017-12-31	2016-12-31	2015-12-31	2014-12-31
流动资产					
货币资金	1.257亿	1.003亿	2.436亿	9.379亿	1.668亿
应收票据	2011万	2090万	2038万	1115万	1496万
应收账款	3.634亿	6.350亿	6.826亿	5.979亿	5.461亿
预付款项	4425万	1.021亿	8018万	1.956亿	1.391亿
应收利息	--	--	--	26.19万	--
其他应收款	3.349亿	1.551亿	5122万	7379万	4731万
存货	6.658亿	9.006亿	8.552亿	4.961亿	4.390亿
其他流动资产	790.6万	2275万	2448万	1904万	1890万
流动资产合计	15.62亿	19.37亿	19.58亿	23.32亿	13.72亿
非流动资产					
可供出售金融资产	2032万	2309万	504.0万	504.0万	504.0万
投资性房地产	552.8万	567.7万	622.6万	646.7万	666.4万
固定资产	6.197亿	7.297亿	7.419亿	6.537亿	3.301亿

图 4-15　落魄型公司

六、看业务特征

投资者如果不了解企业的业务特征，很容易在分析过程中出现偏差，更重要的是会忽视业务变化所带来的风险。我们知道每一个行业都有自己的特色，说到底就是搞清楚公司在经营过程中有哪些变量，以及这些变量对于企业会产生何种影响。

1. 单一业务结构模式

这种模式的公司的收入往往来源于少数客户群体，单个客户的变化对于公司的业绩波动非常大，现实生活中销量大往往说明了公司在市场有更大的话语权，可以在销售的产品上具有更大的压价权利，甚至拖欠账款等。客户数量少且如果没有足够大的黏性，则很容易被更低成本或者更高技术的竞争对手踢出市场。

对于大客户订单可以通以下过几点来判断是不是少数大客户类别。我们首先看销售费用率，一般情况下，销售费用非常低的往往就是走大客户销售，或者大经销商类的销售通道，要么就是下游客户高度集中。其次，我们可以分析企业的年报，它会披露公司前五大客户所占的消费比例，这个数据很能说明问题，正常情况下，有大客户的特征是企业销售额上升得很迅速，一旦某个客户推出大的采购计划，企业的销售额就会突飞猛进，这是客户集中的优势。

这类公司的劣势也很明显：大客户采购呈现出周期性、阶段性，企业在一段时间内可能会订单不断。但由于某些不可控的因素，如宏观的变化、自身企业内部的变化等，采购计划短时间内出现大幅度的萎缩，甚至消失，那么对于企业而言影响将非常巨大，这种变量是不得不考虑的。

2. 地理优势

这类公司往往依靠当地的特殊优势，或者地理环境，在某个地区拥有竞争优势。由此造成的负面影响则是这类企业很难走出去，市场很难做大。这类公司通常会出现在分割性的细小市场而无法形成统一。

这类企业往往在拉关系上非常具有手段，却忽视产品质量、竞争优势等。一旦其关系被削弱，失去市场竞争力，那么企业很快就会被打回原形。

3. 产品高度标准化，周期波动非常强

如果企业的上游或者下游客户本身具有强周期波动特点，那么这类企业往往波动性也非常强，比如汽车、造船业、工程机械、钢铁、煤炭等。这类企业往往意味着高标准化，其竞争优势就体现在规模、价格上。一旦遭遇下游消费的削减，那么价格战就在所难免了，这类企业最后拼的就是惨烈的杀价。

如在2018年，汽车销售数据出现了明显的下滑，其根源就在于消费端的需求减弱。此时各大厂商为了争夺存量市场，纷纷开始了降价模式，企图通过降价来占有更大的市场份额，这种降价往往是非常惨的。

4. 靠大量复杂的对外投资驱动发展

这类公司经常因为各种原因而四处投资，无论是投资土地还是房产，或者是其他与公司主业没有多大关联性的收购，这也使得其财务状况更加复杂，导致很多投资者一头雾水而难以发现其造假或者利益性输送的证据。这类公司往往会设立很多子公司，其业务与这些子公司关联度非常高，最终拧成一股麻绳而让外人难以窥探全貌。

七、看外财

市场中的不少上市公司，要靠经营性业绩以外的利润来补贴其他亏损如投资收益等。一些经营质量差的公司为了不被戴上ST帽子，临近年关时会想方设法利用外财做文章，有的甚至钻财务政策的漏洞，如在上一年将不良资产做大量计提减值准备，一次性亏透。第二年再把上一年的减值冲回来，这样就能扭亏为盈。这类公司就是一个“黑色陷阱”。

通过这家公司最近几年的业绩报表（图4–16）来看，扣非净利润从2013年以来一直徘徊在3000万元左右，且每年呈现出下降趋势。我们看到2016年它来了个“财务大洗澡”，亏损幅度接近3亿元。这就是计提了相关的资产减值所导致的大亏损现象，从2010年开始，扣非净利润加起来都没有超过3亿元。一次“财务大洗澡”，就为接下来几年的业绩储备“粮草”。碰到此类公司尽量多规避，因为遇上“黑天鹅”的概率非常大。

每股指标	18-12-31	17-12-31	16-12-31	15-12-31	14-12-31	13-12-31	12-12-31	11-12-31	10-12-31
基本每股收益(元)	0.0400	0.0300	-0.5400	0.0400	0.0600	0.1800	0.3000	0.6300	0.5600
扣非每股收益(元)	-0.0200	0.0200	-0.5100	0.0200	0.0500	0.1400	0.2600	0.6300	0.4500
稀释每股收益(元)	0.0400	0.0300	-0.5400	0.0400	0.0600	0.1800	0.3000	0.6300	0.5600
每股净资产(元)	1.5805	1.5350	1.5575	2.1004	2.0760	4.0794	3.0387	6.2500	5.8200
每股公积金(元)	0.5964	0.5964	0.5964	0.5962	0.5962	2.1924	1.0258	3.6186	3.6186
每股未分配利润(元)	-0.0768	-0.1196	-0.0943	0.4563	0.4320	0.7921	0.9178	1.4613	1.0941
每股经营现金流(元)	0.3753	0.3269	-0.2161	0.2034	0.0367	0.1185	0.1610	-0.1889	-0.1374
成长能力指标	**18-12-31**	**17-12-31**	**16-12-31**	**15-12-31**	**14-12-31**	**13-12-31**	**12-12-31**	**11-12-31**	**10-12-31**
营业总收入(元)	20.6亿	14.7亿	11.9亿	10.6亿	10.4亿	11.2亿	10.4亿	8.74亿	6.78亿
毛利润(元)	3.03亿	2.72亿	2.04亿	2.02亿	1.82亿	1.77亿	2.16亿	1.67亿	1.26亿
归属净利润(元)	2447万	1567万	-3.07亿	2529万	3623万	4703万	7287万	7578万	5738万
扣非净利润(元)	-859万	910万	-2.89亿	1324万	2740万	3696万	6145万	7403万	4646万
营业总收入同比增长(%)	39.93	23.32	12.38	2.16	-7.27	7.44	19.47	28.82	57.21

图 4-16 财务“洗澡”

八、看负债

负债实际上是指公司对外的欠款，欠款对象包括银行、供应商等。分析企业的负债重点应关注两个方面：

第一，企业的负债程度，一般而言，30%～60%是较为合理的负债程度。

第二，企业预收账款变化的情况，预收账款是一种企业负债，将来要用产品或者服务归还的。但如果预收账款大幅度上升，则说明企业产品销路转好，客户需提前预付款项方能提货，从另一个角度说明公司经营状况得到了改善。包括像2003年初与2016年的钢铁行情出现行业预收款大幅度提升，演绎了一次次波澜壮阔的钢铁股行情。

图4-17中的预收款项，是指企业向购货方预收的购货订金或部分货款。企业预收的货款待实际出售商品、产品或者提供劳务时再行冲减。预收账款是以买卖双方协议或合同为依据，由购货方预先支付一部分（或全部）货款给供应方而发生的一项负债，这项负债要用以后的商品或劳务来偿付，一般包括预收的货款、预收购货订金等。企业在收到这笔钱时，商品或劳务的销售合同尚未履行，因而不能作为收入入账，只能确认为一项负债，即贷记“预收款项”账户。

2018年　2017年

固定资产	103.4亿	107.5亿	109.4亿	114.2亿	119.0亿
在建工程	8.853亿	2.926亿	2.259亿	3.550亿	2.609亿
工程物资	—	—	—	—	80.16万
无形资产	8.221亿	8.451亿	8.696亿	8.629亿	11.66亿
商誉	962.5万	962.5万	919.6万	825.1万	825.1万
长期待摊费用	47.38万	55.45万	—	—	—
递延所得税资产	7995万	1.148亿	3.413亿	4.325亿	3.964亿
其他非流动资产	1.480亿	131.3万	712.9万	30.61万	1461万
非流动资产合计	126.6亿	122.3亿	125.9亿	133.1亿	140.1亿
资产总计	416.4亿	332.3亿	291.9亿	282.3亿	305.0亿
流动负债					
短期借款	33.40亿	47.43亿	58.67亿	63.86亿	68.40亿
以公允价值计量且其变动计入当期损益的金融负债	4.025万	—	—	—	—
应付票据	47.58亿	15.08亿	28.65亿	18.41亿	6.086亿
应付账款	54.08亿	55.85亿	44.31亿	36.06亿	43.54亿
预收款项	27.89亿	25.96亿	13.41亿	8.390亿	10.95亿
应付职工薪酬	8.051亿	6.984亿	6.474亿	5.477亿	7.449亿
应交税费	22.75亿	15.72亿	3.835亿	1.079亿	2.225亿
应付利息	—	5620万	6596万	1.140亿	6730万
应付股利	—	83.92万	438.8万	—	—

图 4-17　预收款项

图4-17是一家钢铁板块个股的财务报表，大家可以多去翻翻2016年、2017年这类板块的个股，几乎在同一时期，它的企业预收款项都大幅度提高，当整体行业呈现出这种现象时，说明供给端发生了很大的变化。

企业的负债投资在其发展过程中是一把双刃剑，“借鸡生蛋”运作得好就事半功倍，反之则可能风险加倍。

九、看控盘

控盘可以从两个角度来分析。

第一，高度控盘。高度控盘应该是投资人非常熟悉的概念，被高度控盘的个股按照传统理解就是庄股。这些年随着市场的不断变化，监管层不断加强监管，庄股也在不断进化，现实生活中投资人往往谈庄色变，其实对于被高度控盘的公司也要区别对待，有基本面支撑并且持有阳光资金的都可以长期关注，进行大波段操作。

图4-18至图4-21都是非常典型的具有基本面支撑的被高度控盘的个股，无论是走势，还是股东人数的减少都非常符合，这类品种往往都有一个特点，那就是走长牛。对于前者而言，由于经济出现暂时的萎靡，大众对于自身刚性需求品的需求将会得到大大增强。

图 4-18 海天味业（603288）长期上涨走势

股东人数与股价比(注:股票价格通常与股东人数成反比，股东人数越少代表筹码越集中，股价越有可能上涨)

	2019-03-31	2019-02-28	2018-12-31	2018-09-30	2018-06-30	2018-03-31	2018-02-28	2017-12-31	2017-09-30	2017-06-30
股东人数(户)	1.92万	1.98万	2.11万	2.23万	2.62万	1.97万	2.00万	1.93万	1.71万	2.29万
较上期变化(%)	-2.70	-6.33	-5.14	-15.12	33.25	-1.42	3.19	12.96	-25.27	11.80
人均流通股(股)	14.0万	13.7万	12.8万	12.1万	10.3万	13.7万	13.5万	13.9万	15.7万	11.8万
较上期变化(%)	2.77	6.76	5.56	17.82	-24.96	1.44	-3.09	-11.47	33.81	-10.56
筹码集中度	非常集中	非常集中	非常集中	非常集中	非常集中	非常集中	非常集中	非常集中	非常集中	非常集中
股价(元)	86.70	76.68	68.80	79.20	73.64	56.76	55.30	53.80	47.39	40.78
人均持股金额(元)	1217万	1047万	880万	960万	757万	778万	747万	750万	746万	480万
前十大股东持股合计(%)	83.23	--	82.72	82.82	82.68	83.18	--	82.88	82.41	82.29
前十大流通股东持股合计(%)	83.23	--	82.72	82.82	82.68	83.18	--	82.88	82.41	82.29

图 4-19 海天味业（603288）筹码越来越集中，股东人数越来越少

图 4-20 通策医疗（600763）长期上涨走势

股东人数与股价比(注:股票价格通常与股东人数成反比，股东人数越少代表筹码越集中，股价越有可能上涨)

	2019-03-31	2019-02-28	2018-12-31	2018-09-30	2018-06-30	2018-03-31	2017-12-31	2017-09-30	2017-06-30	2017-03-31
股东人数(户)	1.79万	1.77万	1.96万	2.18万	2.18万	2.53万	2.37万	3.02万	2.80万	2.57万
较上期变化(%)	1.13	-9.40	-10.22	-0.08	-13.98	6.99	-21.69	8.02	9.00	33.61
人均流通股(股)	1.8万	1.8万	1.6万	1.5万	1.5万	1.3万	1.4万	1.1万	1.1万	1.2万
较上期变化(%)	-1.12	10.37	11.38	0.08	16.25	-6.53	27.70	-7.43	-8.26	-25.15
筹码集中度	非常集中	非常集中	非常集中	非常集中	非常集中	非常集中	非常集中	非常集中	非常集中	非常集中
股价(元)	70.50	58.89	47.47	53.71	48.67	41.30	32.32	23.61	25.09	27.55
人均持股金额(元)	126万	107万	78万	79万	72万	52万	44万	25万	29万	34万
前十大股东持股合计(%)	50.94	--	51.12	51.28	52.93	52.86	53.83	52.53	54.94	53.62
前十大流通股东持股合计(%)	50.94	--	51.12	51.28	52.93	52.86	53.83	52.53	54.94	53.62

图 4-21 通策医疗（600763）股东人数越来越少

我们翻看A股历史上的长牛个股如云南白药、茅台、安琪酵母等，基本上都与消费息息相关，主要是因为这类品种的抗周期性非常强，不容易受到周期的冲击。

如何通过盘面快速看个股是否出现以上情况，我们要重点关注两个方向：

①股东人数变化。股东人数的变化与股价呈现出明显的反比关系，即随着股东人数的减少股价开始出现拉升；股东人数从减少到开始增加，说明股价要面临回落了。②人均持股金额的变化。正常情况下筹码集中在大多数人手中，那么这只个股哪怕短期有涨幅，涨幅也有限。当筹码开始逐渐集中时，也就是说当大多数人手中的筹码逐渐转移到少数人手中时，它对于股价走势会起到非常关键的作用，这也就意味着后期股价上涨概率越来越大。

第二，中度控盘。当控盘程度处于中度控盘状态时，前期随着筹码的集中，价格有了第一波拉升。虽然从目前情况看筹码有些松动，但是这种筹码的松动往往是第二波冲击的必要条件。

看控盘程度要关注股东的人数、人均持股的数量以及基金持股和十大股东的情况（见图4–22、图4–23）。在观察的同时，要注意看多个不同时间周期的人数变化对于股价的影响程度。

图 4-22　共进股份（603118）中期上涨态势

603118　共进股份　最新价：8.67　涨跌：-0.19　涨跌幅：-2.14　换手：1.56%　总手：121035　金额：10584.81万

操盘必读	股东研究	经营分析	核心题材	新闻公告	公司大事	公司概况	同行比较
盈利预测	研究报告	财务分析	分红融资	股本结构	公司高管	资本运作	关联个股

股东人数 | 十大流通股东 | 十大股东 | 机构持仓 | 十大股东持股变动 | 基金持股 | 限售解禁

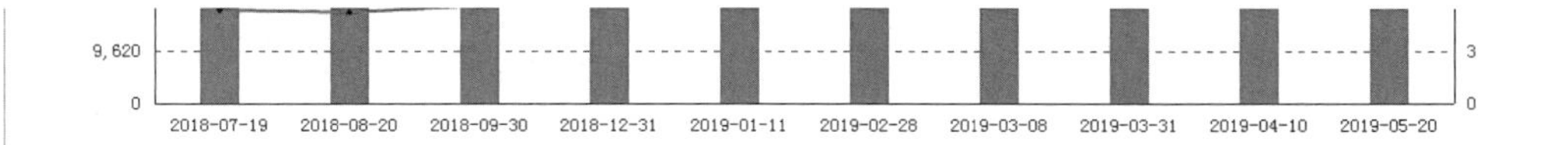

股东人数与股价比(注:股票价格通常与股东人数成反比，股东人数越少代表筹码越集中，股价越有可能上涨)

	2019-05-20	2019-04-10	2019-03-31	2019-03-08	2019-02-28	2019-01-11	2018-12-31	2018-09-30	2018-08-20	2018-07-19
股东人数(户)	4.81万	4.24万	4.25万	4.17万	4.30万	4.57万	4.46万	4.24万	4.10万	4.09万
较上期变化(%)	13.54	-0.40	2.10	-3.19	-5.89	2.49	5.11	3.60	0.21	0.55
人均流通股(股)	1.6万	1.8万	1.8万	1.9万	1.8万	1.7万	1.7万	1.8万	1.9万	1.9万
较上期变化(%)	-11.92	0.40	-2.06	3.30	6.26	-2.43	-4.86	-3.48	-0.21	-0.55
筹码集中度	非常集中	非常集中	非常集中	非常集中	非常集中	非常集中	非常集中	非常集中	非常集中	非常集中
股价(元)	9.92	11.13	9.69	8.03	7.83	7.31	6.30	5.60	5.23	5.37
人均持股金额(元)	16万	20万	18万	15万	14万	12万	11万	10万	10万	10万
前十大股东持股合计(%)	24.19	--	56.83	--	--	--	55.57	55.57	--	--
前十大流通股东持股合计(%)	--	--	56.83	--	--	--	55.57	55.57	--	--

图 4-23　共进股份（603118）股东人数的变化

第二节
如何看待企业竞争中的“护城河”

“我们在谈及‘护城河’时并没有提到优质产品、高市场份额、有效执行和卓越管理。事实上，巴菲特认为这是最常见的虚假‘护城河’，是四个陷阱。”

1993年，巴菲特在致股东信中首次提出了“护城河”的概念，之后这个概念才慢慢地被引进中国。他当时提出，最近几年可乐和吉列剃须刀在全球市场的份额实际上还在增加，它们的品牌威力和产品特性，赋予了它们一种巨大的竞争优势，在它们的经济堡垒周围形成了一条“护城河”，相比之下其他一般企业则在没有这样的“护城河”保护的环境之下奋战。

而在1995年伯克希尔的年度会议上，巴菲特对于“护城河”概念再次做出了细致的描述：“它是一座奇妙的、由浅入深的‘护城河’环绕的城堡，住在里面的主人是一个诚实及高雅者。城堡最主要的力量源泉则是主人的大脑；而‘护城河’是永久地充当着那些试图袭击城堡敌人的障碍物，城堡的主人制造出的黄金，并不都据为己有。我们直接一点说就是，我们喜欢的是那些具有行业控制地位的大公司，这些公司的特许权很难被复制，或者说它们是具有极大的持续运作能力的企业。”

在2000年的股东大会上，巴菲特进一步解释说，可以根据企业的“护城河”的宽与窄以及是否遭到攻击来判断一家企业是否伟大。显然，在竞争中“护城河”的强弱程度不同，我们可以以难以被模仿、更难被剥夺、更容易持久这几个因素来衡量“护城河”的强弱。企业每年都在不断加宽“护城河”，这并不是说企业的利润一年比一年好，而是说“护城河”的加宽对于企业经营会起到越发重要的作用。

总体来看，我们可以针对不同类别“护城河”的强弱程度，对它们自上而下进行排列：①领先一步；②客户黏性；③政府准入壁垒；④非市场化竞争；⑤多种条件下的复合型壁垒。

其中“领先一步”严格意义上来讲并不算是真正的竞争优势，更谈不上有多高的壁垒。因为先进的经营模式是可以被模仿的，比如一些特殊的工艺或者制造技术（这里主要是指经验与诀窍），企业也是可以通过学习来进行赶超的。但是如果领先一步恰好满足两个条件：其一，行业已经开始爆发性增长；其二，领先的这一步恰好可以极好地捕捉到这种快速增长的契机。那这一步往往就是“致命一击”，比如当年的戴尔和丰田模式，它们也是可以被模仿的，可以在现代商业中被广泛运用。但是，当年他们却凭借着新颖的商业模式或管理优势快速做大、做强。想要捕捉这种领先的机会，需要对行业景气度有非常敏感的洞察力，这个往往比较难。毕竟企业要处于爆发性行业，从当下市场的充分竞争格局来看，属于小概率事件。

客户黏性是一种极其重要的竞争优势，能够获得这种优势的行业往往具有显著的差异性，如软件、医药、化妆品等。一些企业通过建立鲜明而强大的品牌和感官度来获得客户的认可，比如可口可乐、贵州茅台及高端化妆品行业。还有一些企业因为学习成本高，或者转换过于麻烦而建立起客户黏性，如转换成本过高的复杂办公软件和操作系统，重新更换手机号码或者电子邮箱，等等。

如果产品或者服务随着流量的增加最终造成“虹吸效应”，那么企业就可以受益于网络效应，如典型的微信、美团等。网络的天性就是，人一旦进入这个网络就会成为其中的一员，接着网络成员吸引更多人进入，从而形成以网络为核心的快速扩张。这是一个不断自我强化的过程。这就意味着建立在互联网基础上的企业，到竞争的后半段更容易形成垄断和寡头垄断，这被称为“马太效应”。这就是在当今社会中网络效应所赋予的竞争优势的根本原因，当然，这个竞争的结果无论是在国内还是国外，最后都是一样的。在以信息共享或者用户为基础的业务中，更容易找到这种“护城河”，如安卓系统、微信、淘宝等。

非市场化竞争基本不是竞争对手愿意或者有决心就可以模仿的，它们需要考虑能否有获得这种非市场化竞争的可能性，其中还不能以失去重要的经营自主权（比如企业自身对于产品的定价能力，或者自主经营能力）为代价。

显然，最强的竞争优势在于多种条件下的复合型壁垒，比如我们常说的某些行业具备了牌照壁垒，“一站式”的服务平台特性又具有很好的客户黏性，而该行业所处的市场是属于独立的第三方独特市场，这使其在竞争中具有更高的信任度。

需要注意的是，上述竞争的优势高低之分并没有一个具体的好与坏的衡量标准，主要是根据竞争对手的主观意愿来复制难度。但是具体到商业价值则复杂得多。通过市场自由竞争增强客户黏性的公司，往往比一个背靠行政垄断或者资源垄断的公司有价值得多。

在2007年致股东的信中，巴菲特提出："一家真正伟大的公司必须具有坚固的'护城河'来保护它的高投资回报。因此，坚固的防御，例如降低制造商的成本，或者持有一个强大的世界性品牌，是持久的关键所在，那些自我保护措施不足的公司很快就会在竞争中败下阵来。"

从巴菲特的论述来看，品牌的威力、产品的特性、销售的实力、特许经营权、低成本都是"护城河"的体现。另外，再强调一点，由于中美两国投资环境不同，以及人文环境的差异，必然会导致舶来品的"水土不服"，所以如果我们一味遵守"拿来主义"，则很可能陷入误区。但若将其作为一种投资的参考来思考，则是很有必要的。

"护城河"的几大来源如下：

第一，无形资产，包括商标权、专利权、法定许可权。市场称之为"三权鼎立"。

商标权就是指商标所有人对其商标所享有的独占的、排他的权利，很多投资者最常犯的错误是认为知名品牌一定会带来竞争优势，其实最为关键的不是品牌受欢迎的程度，而是它能否进一步影响消费者的行为。只有提高消费者的购买意愿，或者巩固消费者对于品牌的依赖性，它才能形成竞争中的"护城河"。如果消费者因为品牌就愿意购买或者支付更高的价钱，那么这就是企业"护城河"存在的有力证明。巴菲特曾经用"消费者品牌地位"一词简明地表达了相似的意思。比如在空调领域，格力与奥克斯之间相互打压，无论是出于何种目的，有一个不争的事实就是格力给外界的印象是国产品牌中的高端产品，相对于其他国产品牌空调而言，它的溢价能力也是最强的；而奥克斯由于走长期折扣低端路线，给外界造成的印象就是国产品牌中的低端产品，但是也不妨碍企业的快速增长。两家企业生产的产品在市场充分竞争中不存在太大的差距，企业定位的不同导致其最终价格相差巨大，但最终都树立了"消费者品牌地位"。

专利权就是公司拥有某一领域的专利，从而申请专利保护，不允许他人复制的特权，禁止竞争对手销售其产品，这样就可以成为经济"护城河"最有价值的源泉，但是这样的竞争优势往往没有想象的那么持久，因为专利是有时间期限的，一旦到期，竞争对手就会连绵不断地涌现。另外，专利的价值越大，就会有越多的人想要攻破它，在一些知识产权意识比较薄弱的国家，专利权很容易被侵犯，所以在了解"护城河"时要当心那些利润是建立在少数专利产品基础上的企业。

法定许可权，可让竞争对手很难甚至不可能进入你所在的市场。一般情况下，在企业需要审批后才能经营的背景下，这种优势才能发挥到极致，但是企业无法借助经济监管来左右价格。例如公用事业和制药公司销售的产品都需要审批，但是管制机构可以决定公用事业的收费标准，比如水、电等等，却不能对药品价格过度地监管，因此制药公司的利润要远高于公用事业的利润。如果能找到一家企业，它可以像垄断者那样进行定价却不受任何监管，那么你很有可能找到一座拥有宽广“护城河”的城堡。

尽管无形资产看不见摸不着，但它是最有价值的竞争因素，我们在评价无形资产时最为关键的因素，还是要看无形资产到底能不能给企业创造价值，以及它们能持续多久。

第二，转换的成本。假如客户从一家产品转向另一家产品省下来的钱低于转换发生的费用，它们的差额就是转换成本。转换成本可以成为企业竞争之间非常具有价值的竞争优势。因为企业有办法让客户不跑到竞争对手那里去，也就是建立较高的转换成本，这样就可以从客户身上榨取更多的油水，收取更高的费用，维持较高的资本收益。转换成本的形式可以是多样的，如和客户之间业务的结合成本、财务的成本以及重新培训所需要花费的成本等。

第三，成本优势。在价格决定客户决策的行业里，成本优势至关重要。它主要来自以下几个方面。

1. 低成本的竞争优势

低成本的竞争优势主要以有形资产的方式获得。比如一些制造业有高额的历史投入、极大的产量及市场占有率，使得产品的单价成本较低而获得竞争优势，典型的企业如格力电器和海天味业，只有在极大的规模优势下，它们才能支撑每天在中央电视台的黄金时间投放广告的费用。海天味业2018年的销售额为170亿元，而销售费用为22亿元左右，这些费用也不过占总体销售额的12%。如果换成其他规模小很多的企业，这种营销方式是想也不敢想的。规模优势的关键不是企业的规模有多大，而是相对的竞争对手的多寡，以及在这种领先下能够造成多大的成本优势。

商业模式创新往往将带来一些崭新的成本优势，历史经验表明，在那些传统行业里，能够通过商业模式的创新而成为成本杀手的企业，往往更为可怕。相对以往的百货商店，超市和大型的家电连锁店的出现，使得百货领域不再具有上述业务领域的优势。而以一些传统制造业为中心的企业，则通过外包将更多的注意力聚焦在产品的研发和品牌营销这两方面，这使企业的成本结构发生了巨大的变化，如戴尔和优衣库都是这种创新模式下的成功案例。

2. 地理环境

地理位置的先天优势和建立在流程优势基础上的成本优势相比更持久，因为地理位置更加不容易被复制。这类优势在大批量的商品行业更为常见——这些产品通常具有较低的价值重量比，且消费市场接近生产地。如垃圾搬运企业、石料加工企业和水泥厂在一定距离内可以形成垄断并获得定价权。难以复制的地理位置还可以让某些企业拥有成本优势。

若没有足够的经济价值，无法建立集中的超大规模的生产中心，那么企业只能在各地区建立单独的生产基地。单个市场的经济规模只能有少数几个规模较大的产能企业，这些企业在每一个地区建立自己的成本优势。例如西藏地区由于海拔较高，运输半径较大，建立生产基地的成本颇高，所以本地的水泥企业就占有较大地理优势，如西藏天路。

3. 与众不同的资源

如果企业拥有矿藏类资源且其成本低于其他资源生产商的采掘成本，那么这个幸运儿就会拥有成本优势。这种竞争优势并不局限于地下资源的采掘业，如目前在新能源汽车领域中占据上游地位的往往是拥有锂矿的生产企业，2016年至2017年市场表现较好的拥有此类资源的企业如天齐锂业、赣锋锂业。这是企业在市场的爆发期拿钱也买不来的非市场化资源。这类企业在前期属于躺着赚钱，类似“印钞机”的效应。

4. 相对较大的市场规模

我们在谈及市场规模也就是供需格局时，一定要站在一个较大的时间周期来评判，至少是5年以上的时间周期，而不应该以一两年甚至更短的时间周期内的行业景气度来判断。企业在面临供需格局时经常碰到两种截然不同的格局，一种是存在巨大的现实需求，但是就市场情况来看又过于分散，比如中国的猪肉行业，上市公司所占行业的分量相对较少，行业非常分散；另一种则是看似在行业中占据明显竞争优势，具有压倒性的市场份额，但是行业的具体需求似乎不太清晰。

这种情况前期往往出现在传统行业中，如猪肉、装修、百货零售等，后期则多是一些细分领域的科技型企业。这两种企业想要做大就需要对商业模式进行创新，特别是在传统领域里，经营模式的创新往往具有非常大的杀伤力，而这些模式又可以克服“做不大”的行业问题。比如温氏食品集团，它之所以能够占较大的市场份额，且当市场上其他企业都在亏损时还能保持盈利状态，是因为，其一，规模所带来的优势；其二，企业由最开始的单一养殖方式，转变为自营养殖和培养农户养殖并行的方式，而且做到了标准化。它通过集体采购、模块化养殖等来控制养殖成本，还通过农户养殖加大市场占有率和精细化管理，从而正向反馈到农户，这是一个双赢的结局，还正好解决了这个行业一直以来无法做大的弊端。当然，温氏食品集团目前所占行业比重也不是非常高，但是它对于经营模式的创新的确打破了企业自身对于扩大养殖生产的瓶颈。

与之相对的是市场占有率大，需求潜力却较为模糊的企业。这种情况更需要关注市场需求，以及通过不断创新研发新的产品和挖掘市场痛点来扩大市场需求。典型的企业如安琪酵母，占整个市场的份额非常高，同类型的竞争对手很少，但是一直面临产品线较窄的局面，这就需要深挖市场痛点了。

成本优势最大的法宝就是整体市场具有非常大的规模效应，只有在市场具有非常大的需求时，创造的“护城河”才是最为长久的。规模带来的成本优势，可以分为三个层次：运输、生产基地、利基市场。其中不仅有生产规模，大型的运输网络所带来的对利基市场的统治，也可以为企业创造同样具有强大竞争力的优势。大规模的配送网络较难复制，它往往是宽与窄经济“护城河”的重要区分因素之一。

我们在谈及“护城河”时并没有提到优质产品、高市场份额、有效执行和卓越管理。事实上，巴菲特认为这是最常见的虚假“护城河”，是四个陷阱。他还提醒我们必须注意投资企业的竞争态势，紧盯“护城河”遭到侵蚀的种种迹象，如技术变革对技术创造型企业“护城河”的破坏，行业结构的变迁对企业竞争优势带来的永久性破坏，一个企业在没有“护城河”的领域寻求增长带来的破坏等。

第三节
如何在困境反转中寻找金子

“实际过程中价格便宜仅仅是投资的一个要素，保持‘向前看’的习惯，那些公司本身的内在竞争力才是最为本质的特征。”

前些日子我在和朋友交流时，谈到关于几类买点的议题，前前后后聊了很多，不过都是一些碎片化的东西，正好近段时间有空，就静下心来，重点梳理一下关于买点的判断。

第一类买点很明确，它是在下跌过程中形成的，一般是在5日均线、10日均线下跌过程中反复进行金叉与死叉之后的背离性买点，才有可能形成我们传统意义上的第一类买点，也正是因为如此，第一类买点被称为转折性买点，一般而言属于左侧交易，真正的趋势型交易者对此不是很感兴趣。毕竟第一类买点之后的波段即使上涨，空间也极其有限。在经历第一类买点之后，股价就有可能进入漫长的盘底期，所以这一类买点，在日线级别上看不是很理想。

但是第一类买点（图4–24）往往确定性很高，那么常见的第一类买点可分为分为两种类型（个人总结）。

第一种类型是个股在被戴ST帽子前，经过漫长下跌之后戴帽形成连续下挫，这时候一般而言是确定性强的第一类买点，最起码很短时期能够恢复到戴帽前的平台。在经过震荡整理之后，基本上就是第二类买点（图4–25）出现的时机。这两波行情往往非常客观，幅度都是翻倍行情，这类买点是以时间换取空间，需要极高的耐心，但是这类买点往往确定性非常高。

第二种类型是个股在进入漫长的下跌之后再次突发利空，此时的走势往往就会形成多杀多走势，股价被压低到极致。

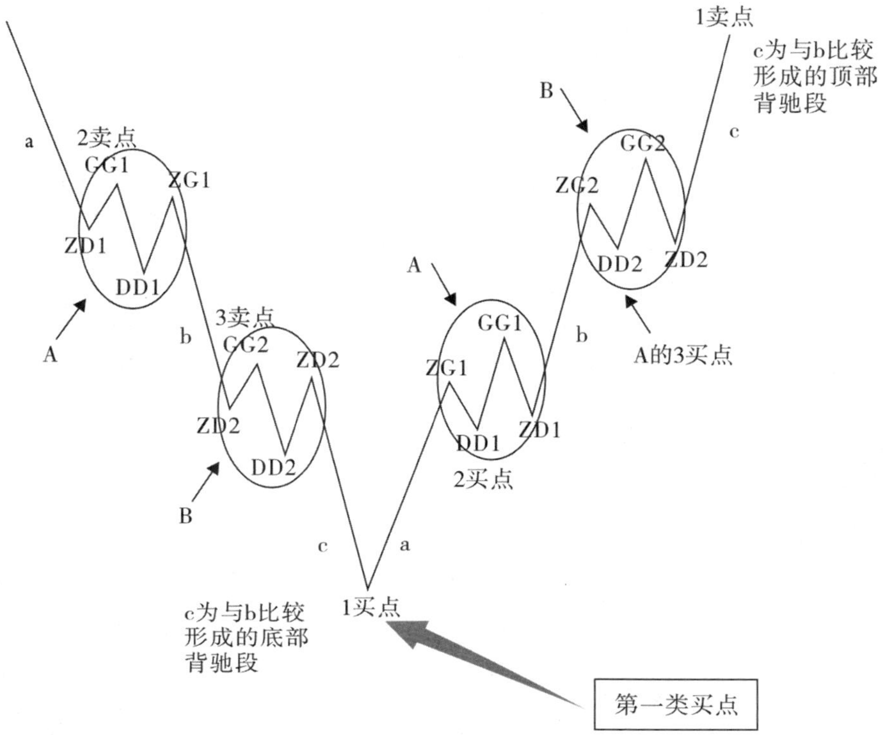

图 4-24 第一类买点

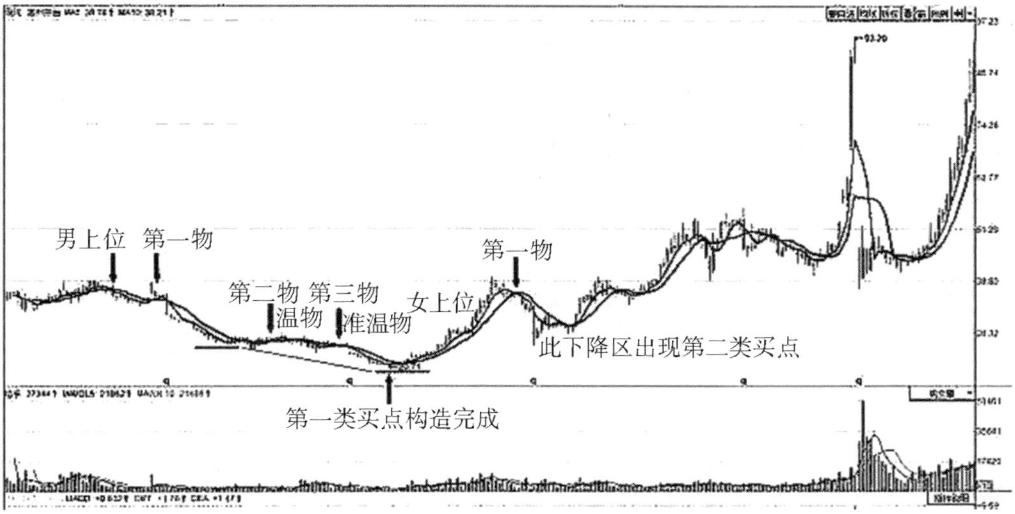

图 4-25 第二类买点

如图4-26所示，第一类卖点非常明显就是股价在经过一轮下跌之后，当再次出现突发利空或者被戴上“ST”帽子时，股价在短期内形成了再次重挫的走势。当然，这种类型的个股从基本面的情况看也出现明显利空，也就是说出现技术面与基

图 4-26　八一钢铁（600581）第一买点

本面共振的情况。

图4–27的大唐电信（600198）这只个股是2019年上半年我错过的个股，虽然有些可惜，但它不在我的交易系统之内，不过作为参考进行研究还是非常有必要的。当股价经过漫长下跌之后，它有一个加速阶段，之后站上120日均线从而形成第一类买点。这类买点的确定性非常强，但是投资者很难抓住，或者说反应不及时。这里就要谈到第二类买点，这类买点对于趋势投资者而言，或者对于大多数散户而言都是非常值得参与的一段，同时也是趋势交易者最喜欢的一类买点。当第一类买点走出之后，股价大概率将进行一段周期的震荡整理（时间不确定，短则半个月，长则一个月，具体自己去体会），这段时间的震荡整理周期都不会少。一是为了清洗浮筹，二是为了后期上涨再次蓄势。成交量将逐步放大，因为此时无论是技术面还是基本面，个股的情况都已经出现了好转，所以市场情绪会提前发酵。还有一点就是由于A股市场向来都是强势有效市场，所以很多股价的上涨都是提前启动。等情况明朗之后，市场的炒作空间反倒很少，这时是强势有效市场。所以在关注第二类买点的同时，对基本面的深入挖掘也是必不可少的一项工作。

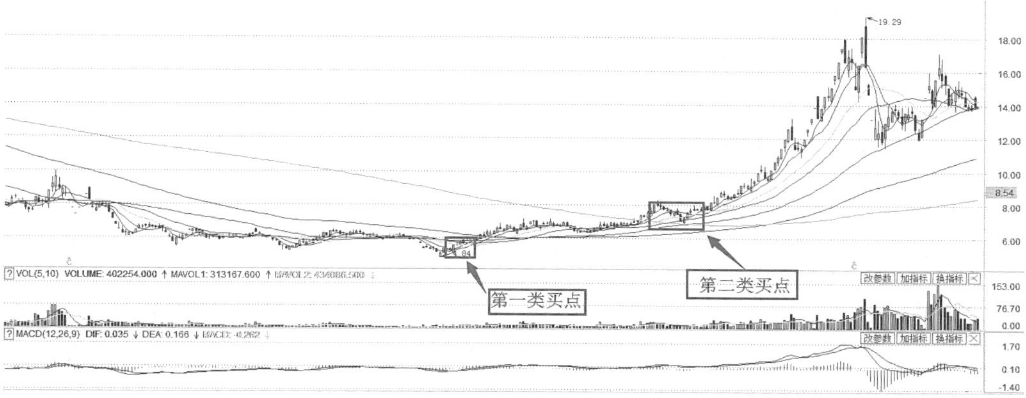

图 4-27　大唐电信（600198）第一类买点与第二类买点（1）

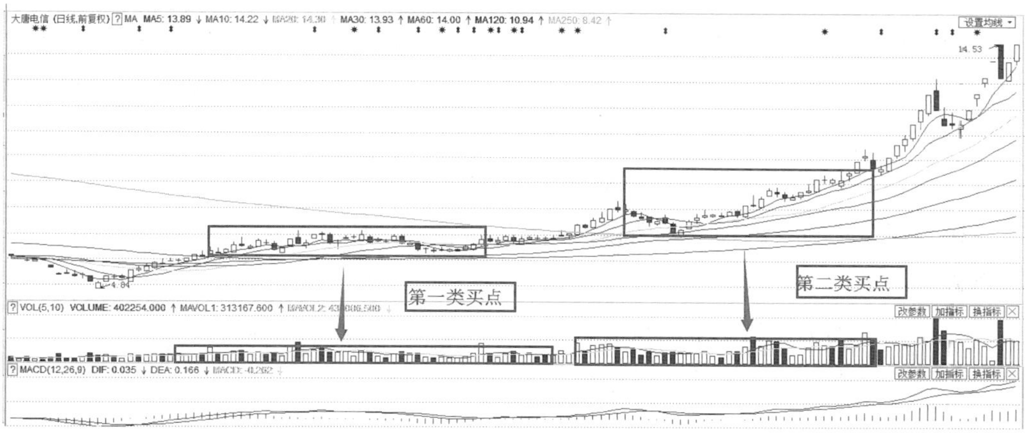

图 4-28　大唐电信（600198）第一类买点与第二类买点（2）

如何判断第二类买点？这里我有一个多年形成的经验之谈，当行情从第一类买点走出来之后，走势往往会将长期均线年线（250日均线）踩在脚下，我们可以观察图4-26和图4-27中的走势，当股价从下向上穿过年线，出现回踩站稳在年线上方之后，第二类买点基本就已经确定。此时行情的企稳会吸引各路人马的到来。一旦确立回踩，行情站稳年线，资金开始出现逐步增加的状态，在盘面上反映的将是第二阶段的成交量明显比第一阶段的成交量要大，这说明资金的参与程度已经开始有了明显的提高。

在有第一类买点的情况下，第一类买点是最佳的，第二类买点只是一个补充。但在小级别转大级别的情况下，第二类买点就是最佳的。站在中枢形成的角度，第二类买点的意义就是提醒我后期会形成更大级别的中枢，因为后面至少还有一段次级别且必然与前两段有重叠的买点。

需要注意的是，第一，一旦提到买点与卖点，就要分清楚自己在操作过程中处于什么级别，是短线操作、中线操作还是长线操作；第二，在操作过程中不提级别而单纯谈买卖点，则根本不在同一个范畴内，买入之前一定要确定这次操作的级别是什么，不打无准备之仗。

别总是问买卖点，坦白说，如果操作周期不一样，玩法不一样，说不定你想出的时候别人在进。这几年我常说，必须根据自己的实际情况，例如资金、操作水平等，确定自己的操作级别。级别不确定，说买卖，就是不负责任，不管是对自己还是对别人。除了看均线系统之外，图4–26至图4–28呈现出三个明确的交易系统，大家多去琢磨琢磨。

此类形态大概具备以下几种情况：价格在底部大平台进行区间震荡，也就是我们常说的盘底过程；股价在经过下跌之后，再次突出利空，或者由于业绩不达标被戴帽，或者重组失败等；在跌停板打开之后，经历一个时间较长的震荡区，此类型个股在震荡之后，往往会再经历一波杀跌，这次下跌往往是没有理由的下跌，同时也是行情底部的黄金坑。一般而言，很少有人能够对于底部把握得非常准确，所以对于确定性要求较高的投资人而言，那就等价格回到最后杀跌前的整理平台再来选择介入。

这是第一类买点最确定的机会，目标空间如下：第一，一般会有2～3次波段买入机会，幅度在2～3倍。第二，整个走势呈现出一波三折的状态，第一波一般而言是一个恢复波，恢复到暴跌前的走势（一字板跌停之前的平台处，或者重要均线压力处）。第二波恢复到1～2倍区域，具体情况要看左侧大平台在哪个空间。第二波之后有个震荡区，时间和空间要看市场环境、板块或个股的情况。如果强势，比如图4–28所示的大唐电信（600198）赶上了小牛市，直接一步到位。如果市场环境、板块或个股的情况不好，第二波的震荡空间会加大，时间会加长。

上面讲的内容主要是从技术面分析第一类买点、第二类买点的分类和级别。在看技术面的同时，也要关注个股基本面的变化，以上案例都是困境反转的典型。只是这类个股有些已经反转，有些还在挣扎，有些已经看到了曙光，有些还在黑暗中踽踽独行。不管怎么样，这些都不是问题。当然，不是所有的困境都值得投资或坚守。能从困境中反转的毕竟是少数人，多数人都失败了，就像从亿万富豪到亿万“负”豪，再到亿万富豪的蜕变，也只有史玉柱是个传奇，其他的都随着岁月的云烟消失在了历史的滚滚红尘中。我坚信优质创富，而不是运气致富，这是困境反转型企业投资应该注意的。巴菲特善于在优秀企业“短暂”陷于困境时，在市场非理性中杀跌，如从《华盛顿邮报》到可口可乐等投资操作。林奇也善于困境致富，所以这一类从困境股蜕变为“十倍牛股”的个股是林奇的挚爱，困境反转型，从克莱斯勒到德州仪器等。坦普顿也是善于从垃圾的海洋里寻找黄金的淘金者，他独创的“垃圾投资法”也挺独到的。接下来我们重点分析大唐电信（600198）（见图4-29）。

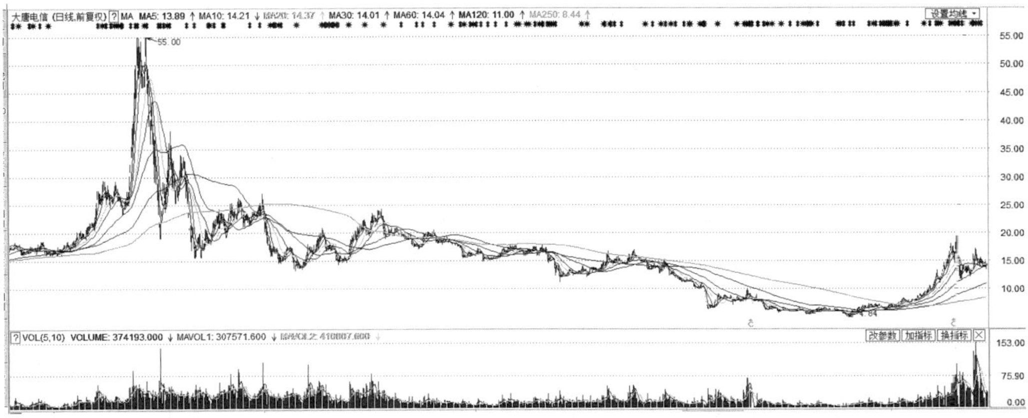

图 4-29　大唐电信（600198）投资买入的逻辑

以下是2018年底我对当时的ST大唐的预判以及逻辑的思考，有很多内容不一定正确，但都是在独立思考之后得出的结果。我们在分析大趋势的同时，一定要把宏观经济考虑进去，比如当下市场环境面临内部压力还是外部压力；主要矛盾在哪里，次要矛盾在哪里；大时代赋予下是正向还是负向。这是通过着眼于当下而展望未来的一个格局。因为A股市场从来都是一个强有效的市场，很多事情一旦落地基本上投资机会也就过去了。同样由于市场的强有效性，很多个股往往都会因为各类情况而出现过度的踩踏，进而为后期的恢复走势提供非常大的空间。我们来正式复盘当时外围情况以及国内市场情况，这些都要结合在一起来看。

当时的大致情况是，华为出现了“孟晚舟事件”，所以整个板块集体出现异动。当时的龙头股东方通信（600776）首先被市场引爆，这明显是市场游资合力的结果。但它不是纯正的5G公司，相关业务和5G关联度不高，纯粹是市场炒作的结果。

但是在分析大唐电信（600198）的时候要注意，当时市场较为纯正的5G个股有两只：一是中兴通讯（000063）；二是ST大唐。这是当时“巨大中华”中的两只个股。“巨大中华”是指：

巨——巨龙集团（已经成为历史）；

大——大唐电信（已经成为最为弱势的一家）；

中——中兴通讯；

华——华为。

中兴通讯（000063）已经从底部涨了1倍左右，且价格已经偏高，当时价格已经来到了20元上方。我对于价格偏高的个股一般都有点“恐高”，因为“恐高”错过了很多牛股，同样也因为“恐高”而躲避了很多陷阱，任何事情都是一体两面的。

当时大唐电信已经发布公告变卖旗下的部分股权而得到大笔现金，从而扭亏为盈。大唐电信作为中央企业，旗下可变卖的资产非常多，属于小市值大资产类型的企业。所以当时的判断是摘帽的概率达到了90%，退市的概率只有10%。这是A股市场少数较为纯正的5G个股，市值明显出现偏低的状态。所以这类个股往往具备较大的可操作性。

看到这里大家不要陷入一个误区，一份资产仅仅是因为大家都在抛售，我们就去买入吗？不能，投资者必须清楚地认识到，这种抛售已经超越了其价值，光这样还不行，还必须确定这种价值未来能够大概率回归。所以在很多时候所谓逆势而动其实是在大众的恐慌、迷乱中提前认识到其价值未来的运动轨迹。如果仅仅强调逆向，则很容易掉入“为了逆向而逆向”的极端操作。香港股市有大量无人问津的低价股，如果我们抱着“没人要所以我要”的心态去投资，就很有可能踩上一堆“老千股”。所以要具有宏观分析能力，这也称为前瞻性，正是因为具有前瞻性而认识到了当前极度低迷的情况已经不可再持续，认识到市场的极度恐慌已经掩盖了其未来可能的改善前景或者低于其安全资产的现值，所以才具备投资价值。我认为逆势的本质实际上还是提前认识到了事物的某种恢复性规律或者某种未被当前市场察觉到的必然的发展方向。这种方向不以人的意志为转移，而是事物发展的必然结果，也可称之为因果。

当然，我也无意夸大“前瞻性”这个词汇的意义，有时候投资世界里的规则就是这么有趣，很多东西都有道理，但如果你将这个道理推导到一个极致，或者以一个道理来排斥其他的道理，你就会发现这个原本有道理的东西正在将你慢慢推入绝境。实际过程中价格便宜仅仅是投资的一个要素，要保持“向前看”的习惯，那些公司本身的内在竞争力才是最为本质的特征。特别是对于长期持有型投资者而言，我认为前瞻性和对于事物的洞察力是投资过程中最重要的安全边界。因为随着时间的流逝，长时间跨度下的错误足以让人遭受灭顶之灾。当然，不具备这种前瞻性，也可以做投资，但不要去“长期持有”，任何原则都是有边界条件的，不在一个边界条件里谈原则无异于白费口舌。

我们在分析个股的同时一定要结合当下的国家政策进行判断，这是宏观面。细心的股友可以回顾下，供给侧改革时什么板块涨得最好？互联网创新、大众创业、万众创新时代下又是哪些板块涨幅最好？这些内容都是我们常说的宏观面，每一个时期下板块不同，但内在的逻辑是相似的。

我个人偏爱成长股，个性使然，“恐高”。我既不是所谓的价值派，又不是纯粹的投机派。价值派对于某些已经涨幅巨大的个股偏执地看好或者看空，这个我是做不来的。尤其是当价格已经到了一定高度之后，我是不会去碰的，再好的股票也不会买。我存在心理障碍，如果是从低位持有超出这个价位的高度，那没有问题。假如让我偏执地建仓，请打住，我是“恐高症”患者，所以很多情况下我都会错过一些牛股。但是这种错过，同样也规避了很多下跌个股。在投资市场我从来都是以最坏的打算来看待问题的，同时我也不是纯粹的投机派，我有自己坚守的原则和基本分析。

对于困境反转型的股票，在这里我想强调一下PS，即市销率。市销率也称价格营收比，是股票市值与销售收入（营业收入）的比率：

$$市销率=\frac{总市值}{销售收入}$$

市销率估值法的优点是，销售收入最稳定，波动性小，并且营业收入不受公司折旧、存货、非经常性收支的影响，不像利润那样易操控；收入不会出现负值，不会出现没有意义的情况，即使净利润为负也可用。所以，市销率估值法可以和市盈率估值法形成良好的补充。市销率估值法的缺点是，它无法反映公司的成本控制能力，即使成本上升、利润下降，只要不影响销售收入，市销率依然不变。另外，市销率（PS）会随着公司销售收入规模扩大而下降，营业收入规模较大的公司PS较低。所以我们要求公司的市销率要低，尽可能的低。当然这也有个限度，有时候需根据行业作出调整，没有一定的规则，尤其是在A股市场，有时候市销售率在10倍以上很正常，所以市销率在5倍到10倍之间都可以接受。当然越低越好，尽可能规避高的PS，尤其是高到40以上，后面即使上到100倍，也跟我已经无缘了。这个指标为什么比较重要？很好理解，巧妇难为无米之炊，销售收入再高，成长再好，但是没有利润一切都完；所以，本杰明·格雷厄姆的《证券分析》专门用几章写利润与收益，林奇一直强调收益，菲利普·费雪也不例外。而利润的源泉在哪儿，从本质上看是产品或服务满足社会需求之后支付的对价；从财务上看就是销售，没有销售其他的都不算数。换个角度想，如果PS高达40倍，即使按照销售额全部转化为利润，今天买入也需要40年才能回本，所以已经严重脱离了真实价值。至于PS涨到100倍，就已经不是我所追求的了，看技术吧，这时候已经不具备基础分析的必要了。所以，困境反转型企业，第一要看销售额有没有持续增加或者开始回暖。第二看营销，最简单的就是看广告的曝光率或到达率，换句话说就是你能否看到广告，是否有人气明星代言或者在热门节目中冠名，比如之前的贝因美（002570）。这一点必不可少，很简单，没有强大的营销或终端渠道，怎么能够创造出客观的销售额呢？这不现实，除非它具备特有垄断权，否则谁也没办法。所以广告是一个侧面的反应指标，如明星或节目的知名度、广告的曝光率与到达率都是一个侧面的反应指标。第三看毛利高低，这一点也不可或缺，毛利是净利率的上一环节，离开毛利，根本不会有净利率，所以毛利越高越好，净利率可以适当放松，因为没有困境，净利率肯定不会有问题。所以净利率可能会较低，很好理解，毛利高，会增加缓冲垫厚度。净利率低，会为获得便宜筹码提供必要条件。净利率较低无论是扩张带来的固定资产增加，折旧大幅提高，还是长期待摊费用的增加；无论是人员管理费用的增加，还是建立强大的渠道而带来的销售费用的增加，不管哪一种，毛利率较高都会为后面净利率的提高增加缓冲空间和提升空间。

第五章
投资随想

本章是我对于投资、指数、国运的一些思考。同时也清晰地阐述了市场运行背后的逻辑是什么，如何判断大题材的延续性，以及如何在投资过程中做到知行合一。

第一节

股市与天道

“股市也是如此，一部分经验性的法则是共通的，但是自己的系统，是需要个人一点点积累搭建的。就像没有谁能代替你去求证何为大道，也没有谁能代替你去经历该经历的东西一样。”

这个话题我可能会谈得比较笼统，曾几何时我也问过师父，在股市中是否存在天道，市场背后运行的逻辑又是什么？这些逻辑的有效性是否可以量化？这应该是很多人都在思考的一些问题。对于投资，我一向认为它是“科学+哲学”的结合体，但投资的过程中是否有值得借鉴的一些东西呢？

在现实生活中很多人认为未来是不可预测的，别说隔了很长一段时间的以后，就是明天甚至下一秒会怎么样我们都很难预测，其实这种想法是不正确的。很多事情是可以预测的，比如春夏秋冬的交替、白天与黑夜的交替、花开花落的循环，等等，这些都是可以预测且固定不变的。中国传统文化认为阴阳平衡、阴阳共生，这些都是不可更改的真理，它不以人的意志为转移，可以说这就是天道或者因果，因为它背后肯定有某种规律存在。这不是迷信，不是背后有神鬼，而是背后有规律。

在投资过程中我们只要找到一个极点，就能抓住转折点，未来发展的很多事情就确定了，所以很多事情我认为是可以预测的，因为预测是按照事物规律演变而得出的，准确性极大。

由于股市中大部分都是散户投资者（当然我也是属于散户投资者），对于某些机构或者主力而言，我们和他们在一起交易肯定是没有优势的，所以在做交易的过程中我们只能顺应大势，或者是说按照事物的发展规律来进行投资。因为大势或者事物的发展规律都是任何人左右不了的，哪怕你的实力再大、再强，如果逆大势而行，那么最终的结果也注定是失败。

看到这里很多投资者可能就会有疑问：那么，投资过程中什么是大势？如何顺应大势呢？

在信息资讯特别繁杂的今天，我们每天都会接受大量的信息，这些信息是否有效，以及持续性如何，这些都是需要我们进行梳理之后再判断的。

我经常和朋友聊到做投资时一定要有三观：①价值观。走正路、行大道方能致远，方向不对努力白费，一定要有正确的价值观。②大局观。不要每天为了蝇头小利而来回奔波，要做就做大趋势，如果每天投资就是为了仨瓜俩枣那就不值当了。③历史观。这个是最重要的。了解当前社会的主要矛盾与次要矛盾，大时代定向是正向还是负向，顶级趋势判断不能有太大的偏差。

我们当前所处的时代，全球化程度已经很高了。什么事情会对社会造成很大的影响，且影响是持续性的？国家的宏观政策发生了哪些变化，对投资市场又会产生哪些连锁反应？再比如突发事件影响的持续性对于社会各种生产要素成本是否会增加等。我认为这就是投资过程中需要我们去挖掘的大势，进而寻找与之匹配度非常高的品种，这个投资方向一旦确定，它的持续时间不会是一天、两天、一个月、两个月，最少都是以年来作为单位划分的，这就是投资过程中所说的“天道”。

从投资的角度来看，我认为投资应该是自上而下进行的。每一个阶段的主题都不一样，有的是宏观面引发的，有的是社会面引发的，也有的是外部环境引发的。这些都需要我们区别对待。这些看起来似乎很难，或者需要我们有高深的理解能力。其实不然，我认为更多的是需要我们用常识去判断，去思考这些对于投资会造成哪些影响，这其实就是一个人核心竞争力的体现。

以上部分我认为更多的是投资在哲学层面上的体现。

师父曾经讲过，在股市投资中要看重两点：其一，每一个阶段的主题不一样，要紧抓每个阶段的主题，因为这个主题一旦被市场认可，那么必然形成一种趋势，趋势的形成往往代表着一致性，这就是溢价的根本原因。因为当市场非常看好时，它所承载的必然超过它本身的价值。这就是为什么很多个股往往在经历了高潮之后，要么经历漫长的阴跌，要么快速垂直下降。在实际操作过程中，我们不需要追高、追涨，因为每一个阶段的主题投资的时间都非常久，我们有足够的时间去完成布局。其二，确定主题之后，接下来就是确定投资品种。当一个主题投资出来之后，市场往往会先打造一只人气个股，并称之为风向标。当人气个股走完自己的行情之后，整个板块才能“落地开花”，这时才是真正投资的开始。此时我们再来结合基本面与技术面的共振进行时机的选择。当然，这里面既涉及了对于个股的认识程度，也包含了对挖掘市场潜力的认知。

我们回过头看看最近几年市场的主题投资有哪些。比如从2016年开始的供给侧改革，到华为的“孟晚舟事件”引发的5G市场暴动，再到贸易战摩擦利好个股。这些发生在我们身边的事情应该是市场中绝大多数投资者都清楚的，因为这些都是某一个时段市场的主流题材。

经过这么多年的投资，你会发现一件非常有意思的事情，绝大多数的主流板块一定是市场上绝大多数投资者认可的，而且都是各大媒体都争相报道的板块，也一定是符合国家宏观政策的板块，且持续的时间往往都是以年为单位。所以我和朋友聊天时经常会开玩笑说，在中国炒股一定要看《新闻联播》，很多时候《新闻联播》的内容都是具有政策导向作用的。

投资过程中的大势俗称天道，这意味着很多投资者都已经知晓，那为什么还会发生持续亏损的状况呢？

我一直觉得，股市中亏损的那7成人其实都是聪明人，正是因为聪明，所以总在想怎么样才能在市场中以最短的时间赚更多的钱，总在猜哪里是顶，总是希望能够在最高点跑掉，在最靠近底部的地方买进，总是希望“不用下功夫就能轻松地赚大钱”。盈利的少数分子一般都更相信朴素的道理，很有自知之明。他们觉得“赚大钱，赚快钱”不在自己的能力范围内。他们往往在别人的嘲笑中买进，然后坚守，最后又在别人的嘲笑中卖出。

所以真正有智慧的人会做一些短期看来很傻，但是长期必然成为赢家的事。小聪明的人会做一些短期看来有利可图，但长期必定成为输家的事。

相声界大佬于谦曾经说过这么一段话：“川剧中的变脸作为国家二级机密，看起来非常的厉害，其中变脸中又以‘扯脸’较为复杂，所以很多人一看基本上就被吓住了。而相声看起来就简单多了，说话谁不会，所以凭什么你混得好，我混不好？可问题在这里，川剧变脸就像一座大山般高耸入云，你基本上只能仰望，而不敢往上爬。而相声就像一个小山坡一样，当你爬上之后会发现后面又有一个高坡，再爬上之后后面还有更高的，再爬后面还有……”投资和相声的情况类似，就是门槛低，但是要学精、学透就比较难了。

我们来看看现实生活中很多投资者在交易过程中会面临哪些痛点。

第一，很多时候当我们买入一只个股之后，我们会发现并没有出现我们想象中的上涨，而原来看好的另一只却开始上涨了，此时投资者的内心是非常纠结的——要不要把手里这只亏钱的卖出，买入那只已经上涨的个股。当你下定决心卖出手中的个股，买入上涨的个股之后，你又发现上涨的个股已经开始在调整了，而原先卖出的个股的行情已经开始慢慢启动了，这个时候怎么办呢？所以有时候很多投资者认为总是有主力盯着自己那几万、十几万的资金，总是有“被害妄想症”。殊不知这种情况也是大多数投资者所面临的情况，这就是市场的共性。

第二，买入之后，每天都盯着，结果是关心则乱。市场一有风吹草动，就感觉受不了，要卖股票了，这也是很多时候我们在面对市场波动时的心理变化，如果不能克服这种心态，那你很难静下心来做投资。

第三，当手中买入的个股短期内跑输市场时，你是否会将手中的个股换掉，去追入一些目前看起来比较强势的个股？我们回过头看2019年上半年的一波行情，这一波走势绝大多数个股都走出了翻倍行情，一些个股甚至翻三四倍。但是我们会发现实际操作中，在这一轮行情能够有一倍的收益，其实就已经跑赢了市场90%的投资者。所以很多时候，当趋势性行情出现的时候，某些品种无非是早一点启动，或者晚一点启动而已。因为市场80%的时间要么在下跌，要么在底部震荡，只有20%的时间个股是处于主升浪阶段的，这个阶段不来则已，启动之后往往就是疾风骤雨般的迅速波动。所以很多时候动不如静，因为趋势行情一旦来临，会消灭所有的低价股，市场中90%的个股都会轮番地表现，这个时候更多的就要持股待涨。

很多投资人都会说一句话：“别人贪婪时我恐惧，别人恐惧时我贪婪。”确实如此，在投资的世界里“乘人之危”和“趁火打劫”都是“美德”，很多投资大师在回忆录中都会津津乐道，某个公司碰到“黑天鹅”，其在股价大跌的时候出手买入。当然，在很多时候逆向思考不仅仅是只盯着公司的危机，而是一种深入骨髓的行为习惯。

查理·芒格曾经说过：“把事情反过来想，总是反过来想。”有时我们面对一个问题苦苦思索而无法得出答案，逆向思考就很有可能让你豁然开朗。比如某电视台经常问别人“你幸福吗”“你觉得怎样才能获得幸福”，有时候感觉挺难回答的，但是如果我们可以列举出现一些生活中不幸福的例子，是否就可以倒推出幸福的含义呢？就像在投资中遇到一些我们无法充分证实的问题时，我们试着从相反的方向看看能否证伪，也是一种解决方案。在股市中大众的心理和情绪经常受到股市“噪声”的操纵，主要原因也是投资者普遍缺乏逆向思维，而优秀的投资者总是表现出逆向思考的特征。

逆向思维看起来并没有什么难度，但在实际操作中是非常困难的。逆向思维的前提是独立思考和理性，仅这一条就足够把一半的人淘汰掉。股市是典型的群体性活动场所，虽然这些人并没有实质性地聚在一起，但股市的价格波动将所有的投资者牢牢吸引在交易软件中，相关的财经网站和论坛更是交织着各种欲望和观点，它们就是市场情绪的放大器。当习惯了这种氛围，并快乐地参与其中时，你已经很难成为具有逆向思维习惯的投资者了，所以很多时候你不得不让那颗浮躁的心安静下来，更加专注，从而更容易地发现市场的错误。

然而逆向思维并不总是带来正确的结果，特别是某种趋势还没有达到转折点时，“为了逆向而逆向”就很容易犯错误。但从更长的时间周期来看，逆向思维确实能够帮助投资者更好地规避风险和发现机会！

以下是个人对于投资的几点感悟：

（1）真正适合自己的理论都是经过修正的，不可能是普适的，有些在别人看来是无稽之谈或者不可思议的，可能对你而言就是投资秘籍。

（2）投资需要通过实践并不断地总结，这个过程其实就是在创造一个世界。这个世界是小众的，它需要你用理论、思想、思维、模型等来构造，通过这个构造出来的世界，来建立你自己的“城堡”与“护城河”，这些其实就是我们常说的能力圈。

（3）无论是怎样的“投资秘籍”“绝学”等，其实都是相对小众的、小概率的东西。但是这些特殊，甚至毫无意义的东西，如果你能够解读、能够理解，它便能帮助你做出决策操作，这些“小概率事件”对你来说有可能就是确定性。

（4）一个人的投资系统，终究是个人思考的产物，除了一些原则性的东西相似之外（这些我称为硬知识），具体到实战操作，则完全打上了个人标签。因为它还包含了价值观、文化背景、教育水平、眼光，等等，这些都是综合因素决定的成果，而不是孤零零的秘法、绝招、大道……

（5）其实投资是没有秘法的，所谓的秘法或者适合某人的秘法，其实就是人为地给自己构造一道“护城河”和防火墙。而内部则属于你看得懂的、属于你的机会，也因为此类机会你做起来比较轻松，所以大概率能够成功。防火墙外部可能处处有地雷，这道防火墙其实就只是一个虚构的秩序，表面看仍是杂乱无章，只不过在你的世界里，它的杂乱是有意义的，它只对你有利，对于别人而言就只是“凑热闹”。投资既是技术也是艺术，因为很多东西都是可以通过学习而提升的，就跟拿手术刀的医生一样，针对心脏做手术，你就只能针对心脏，而不是脾胃，这些都可以有针对性地训练。但是如果想成为这个领域的专家，对不起，只有一个办法——多拿刀，多思考。应该说除此之外，别无他法。

对自己有效的经验，大部分都是血泪堆出来的，里面充满了“血腥”与辛酸。就好比佛家追求的涅槃，释迦牟尼创立佛教，留下来一些书文典章，刚开始你可以据此求佛问道，但是真想立地成佛，则需要长期积累之后的顿悟。问题是，真正悟出来的东西是书籍记载不了的，所以禅宗一直讲究以心传心，不立文字。股市也是如此，一部分经验性的法则是共通的，但是自己的系统，是需要个人一点点积累搭建的。就像没有谁能代替你去求证究竟何为大道，也没有谁能代替你去经历该经历的东西一样。无他，这就是修行，这就是股市修行。红红绿绿的世界，就是贪嗔痴慢疑，有一天你能看透了，也算是得证因果了。

第 二 节

人为市场立法
——论股市统计的意义

“你的交易系统就是你为市场立的法，你的经验与规律只在你系统内是规律、是真理，换了系统就需要和别人的系统进行磨合与修正。”

曾经有位名人说过“人为自然界立法”。自然界为什么是我们看到的这个样子，它是先天就已经形成的，还是后天经过人类改造而来的？换句话说，只有在人类的眼里是这样它才是这样的。然而我们为什么会用这样的眼光看世界，而不是以其他方式呢？这就是“先验哲学”观念。

在中国这块土地上，道教与佛教都有哲学化的倾向，我们的文化本质是“思辨”，思辨哲学本身就是现实的，如果经常看影视剧就会发现东方与西方在这方面的文化差异。比如某个给我留下深刻印象的桥段：有一个地方一直没有下雨，当地农民就会去龙王庙祭祀，希望龙王能够下雨，因为民间一直认为龙王是掌管天地雨水的神。结果求了几次之后，一直没有下雨。此时的村民就不高兴了，说收了祭品又不干活，于是大家把龙王庙拆了，将龙王塑像抬出来放在太阳底下曝晒，结果没几天就真下雨了。当然这纯粹是影视的需要，但是透过这个故事我们可以看到什么？我们可以看到在这片土地上一直奉行的是现实性、实用性的哲学。

“人为自然界立法”，这句话貌似不对，但是对于个体经验而言又是对的。从古代庄子与惠子的“鱼乐之辩”中可以看到，站在庄子的立场来看，此刻的庄子个人体验是快乐的，那么自然而然就会产生感情投射，认为鱼也是快乐的。因此，当他梦见蝴蝶的时候，主体与客体之间的界限就完全模糊了，所以才会出现“庄生晓梦”的哲学论道。

我们在前文中聊了如此多的题外话，这些和股市以及我们的操作又有什么关系呢？其中的关系非常大，包括我们的交易系统，它所包含的交易理念、假设、模型，决定了你对于市场的观察与界定。这种思维我在本书中已多次提到，我们可以用更加通俗的语言解释其中的缘由。

第一，这个世界没有绝对的真理，真理都是具体的、相对的。同理，这世上也不存在完美无缺的绝对正确的投资理念，所以大家也不用去找什么秘籍或者秘诀，所谓放之四海皆准的理论在投资市场是不存在的。

第二，市场中的绝大多数人，他们的交易系统都是个性化的（这里指的是具备了真正的交易体系的投资者），某些原则可以一致，但是操作方案终归是天差地别。所以，很多时候别人对我们的理念或者操作不认同也很正常。这个方案对于你而言有效，对于他人而言则是无效的；对你而言是良药，对于他人而言却可能是毒药。

第三，在本书中我多次提到“见路不走”这个概念，它的中心思想就是“别怕与别人一样，也别怕和别人不一样”，你就是你。市场中有很多具备可操作性的实战理论，能在茫茫人海中找出几个认同你观念的人就算不错了，应该不会有跟你持有一模一样的理论的人。即使你和别人买入同一只个股，其背后的选择逻辑也不尽相同，这就是我们所处的世界。最后落实到操作上，更是天壤之别，大家可以想想，世界上有两片相同的树叶吗？同理，会有两个相同的人吗？所以大多数时候，不一样不一定是你的错。我们在评判对与错的时候，就是在评判你的交易系统，你错了那就是真错了。即使别人说你对，你也是错了，反之亦然。所以你的交易系统，对于你而言就是真理，对于别人而言却可能是毒药，即使哪里出了纰漏，也别怕，可以在实践中进行修正，但是你要相信自己，你的系统只适合你，所以跟大多数人不一样很正常！

第四，你个人的交易体系只对你而言是真理，如果把它放到市场中，那么它很有可能就是市场中的“噪音”。对于整体市场而言，最好每个参与者都能找到符合自己的交易模型，然后列入观察期，条件成熟即买入，并最终形成一个较为充分的竞争市场。所以个人的交易体系对于你是规律，但是对市场则属于噪声，是无序的。乔治·索罗斯在《金融炼金术》里提到，在投资市场中请先尝试给出一个自己精心构造的假设，这样你就能不断地取得超出市场平均水平的成就，当然，前提是你的独到见解没有过分地偏离市场。反之，如果你没有给自己设定一个精心构造的假设，那么你只能漫无目的地投资！

所以在操作体系当中有三个很重要的步骤，我们可以根据具体情况做出假定，再根据假定做出行动。步骤一：试错。步骤二：自己对了，果断加码。步骤三：自己错了，果断离场，总结经验教训，然后进入下一轮循环。

你的交易系统就是你为市场立的法，你的经验与规律只在你的系统内是规律、是真理，换了系统就需要和别人的系统进行磨合与修正。

按照自己对形态的推演，指导自己的投资。比如当年我对天津港（600717）进行了操作（图5-1）。

图 5-1　天津港（600717）走完一轮上升形态

然后我就很容易对珠海港（000507）做出合理的推演与决策（图5-2）。

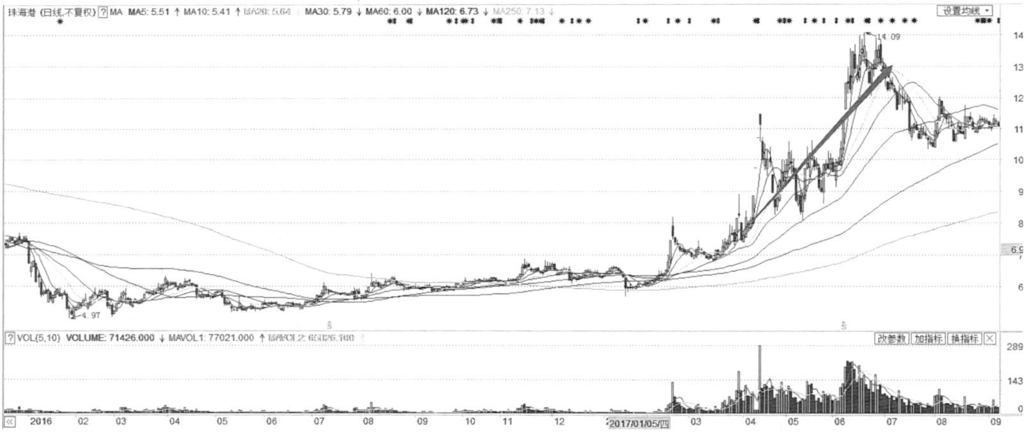

图 5-2　珠海港（0000507）的形态类似

在当时，我能提前3个月预估到这样的走势，就是按图索骥，其中包含了比如政策导向、市场风口等，但最终都要落实到走势当中。虽然我也不知道当时珠海港（000507）能够“牛”到什么程度，但最起码它的走势是我能够看得懂的，具体支不支持这样的判断，就需要基本面和政策上场了。不要觉得它们很矛盾、不可调和，其实它们完全是可以共荣共生的，如果基本面判断也支持这样的看法，那么它就是你要找的那只个股。

当时我还通过分析判断大唐电信（600198）行情会走强（图5–3）。

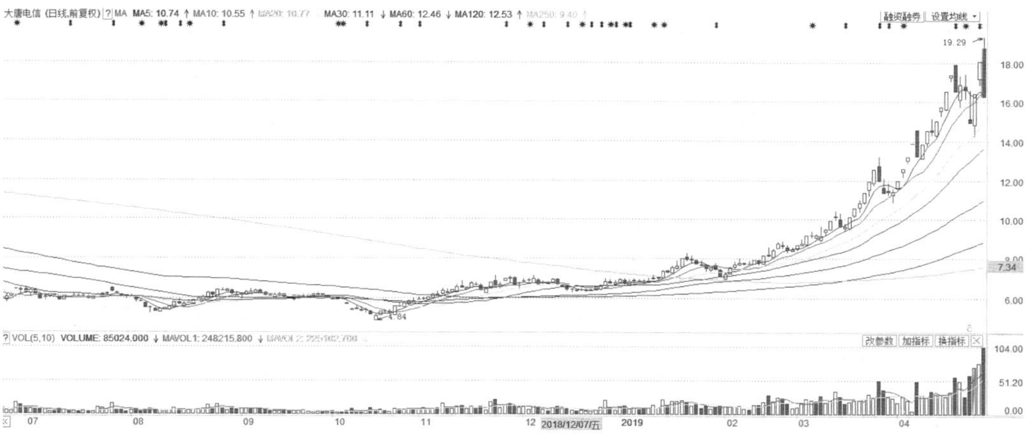

图 5–3　股价走强

于是之后我选择了共进股份（603118）（图5–4）。

图 5–4　共进股份（603118）的形态类似

图5–3和图5–4的个股满足我的选股条件，仅此而已，这没有什么秘密可言，给你来3000只个股，你能选出并读出那些通关密码的个股不足10只，甚至只有3～5只，你想想，你的交易系统怎么可能是大众化的，怎么可能被大部分人认可。这不可能，原因很简单，因为3000只股票里的这3~5只股，对市场而言只是“噪音”罢了。再说好听点就是整个无序市场里，暂时的有序被你感知到了。

不要总觉得经验没有用，或者说很有用。经验的有效度也改变不了博弈的本质，也就是说未来是不确定的，你的经验并不能改变投资概率游戏的本质。那是在极其少数的情况下，经验变得非常有效。但是概率游戏要求你，只有对仓位的把控、风险的评估等做出严格的控制，才能在失误的时候不至于万劫不复。这是我用血淋淋的代价换回来的，以前太自以为是，忘记了敬畏市场，虽然有时候市场也很令人心烦，但它确实是你业绩的唯一评判标准。虽然标准不是它设的，是你的系统自动设置的，但是符不符合标准，符合到什么程度，最终都是它说了算。

功夫在诗外，不要总抱怨没有满意的收益。那是因为你的功夫下得还不够，这是一个门槛最低、竞争最惨烈的市场。不付出汗水，就可能付出鲜血，很公平，你我概莫能外。

我喜欢举实例进行分析，从图5-5、图5-6两只个股的形态来看，很明显，两只个股前期呈现出大致相当的走势，虽然后期不一定能成，但是也比乱做波段强很多，最起码有个参考标准摆在那里，进出都有点底。这种类型也有很多变体形态，需要总结这种类型的特点，如第一波行情启动的特点，第二波行情启动的特点，在什么情况下入场点是较为明确的信号。

图 5-5　易联众（300096）底部反弹

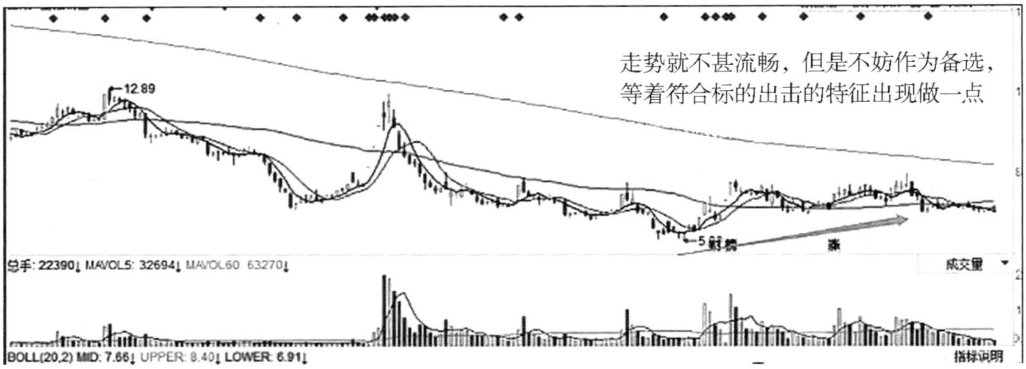

图 5-6　脱离底部区域

很多人学起东西来，喜欢全盘接收但似是而非，比如一说到易联众（300096），很多人就马上想到景峰医药（000908）。

对比图5-5与图5-7，我们会发现两者下跌幅度不同，景峰医药（000908）跌了90%以上，下跌曲线很平滑。

图 5-7　景峰医药（000908）底部区域

景峰医药（000908）出现第一波与易联众（300096）底部反弹类似量能区域时，还只能观察，类似的量能区域第二次出现在250日均线附近是因为成交量放大得较为明显，250日均线的斜率明显陡峭。易联众（300096）那一波还有出货，以出货为主。只不过出货的持续放量的时间不够长和换手不够，所以才会有第二波行情。而景峰医药（000908）在长周期分析中就会判定以吸货为主，而不是出货，所以定性差别很大，结论差别也很大。综合考虑，易联众（300096）这类个股的股价第一次突破250日均线之后，就出现快速冲高出货现象，这种类型只支持中周期的趋势，最长也就是3～6个月的趋势，再长就不能合理地从目前的技术上得出结论了。而景峰医药（000908）则不然，以现在的技术可以合理评估未来两年以上的趋势。

齐白石说："学我者生，似我者死。"岳飞说："运用之妙，存乎一心。"技术面基本的东西，跟基本面分析其实是相通的。基本面分析无外乎是对会计语言的解读、业务能力的评估等。技术面分析无外乎对量价时空及各种变体的解读，基本上都是通用的语言。

市场在进化，你学到的技术形态、技术趋势，或是各种K线组合，都需要随着市场的进化而不停地总结。因为你不可能永远找得到W底、头肩底、圆弧底等标准化的东西。如果非要这么机械地去理解技术，那么技术确实大多数时候没什么用处。

你需要找到你最能感受到其鲜活生命力的一只个股，在那个世界里，即使你不是王者，起码也是“你的地盘你做主”。你的胜率有绝对优势，然后你就能获得自己满意的回报。所以在电影《功夫熊猫》中，熊猫阿宝的父亲告诉阿宝，他们家祖传的秘诀就是没有秘诀。

市场在进化，我们也要随之而变。

再举个例子，广电电气（601616）这只股（图5-8）。

图 5-8　广电电气（601616）第一轮走势

之间有朋友问到广电电气（601616）的事情，我认为，遇到图5-8这种形态能入场操作捕捉到行情最好，做不到也不遗憾，当时我的回答是我更喜欢东方电气（600875）的形态。因为我说了，这种短期走势已经打乱了节奏，广电电气（601616）这样一折腾，在我的技术世界里，立即出现了相应的大概率的长期走势方案。

遇到这种走势，应立即对其后期走势重新修正，于是我马上进入了B方案：图5-9至图5-11就是对于广电电气（601616）未来走势形成的推演。

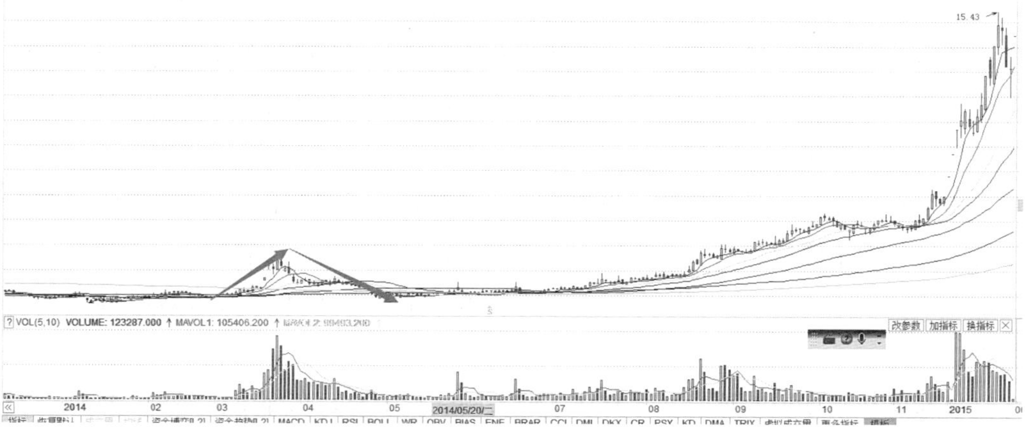

图 5-9　长期整理之后，再次走出上升形态（1）

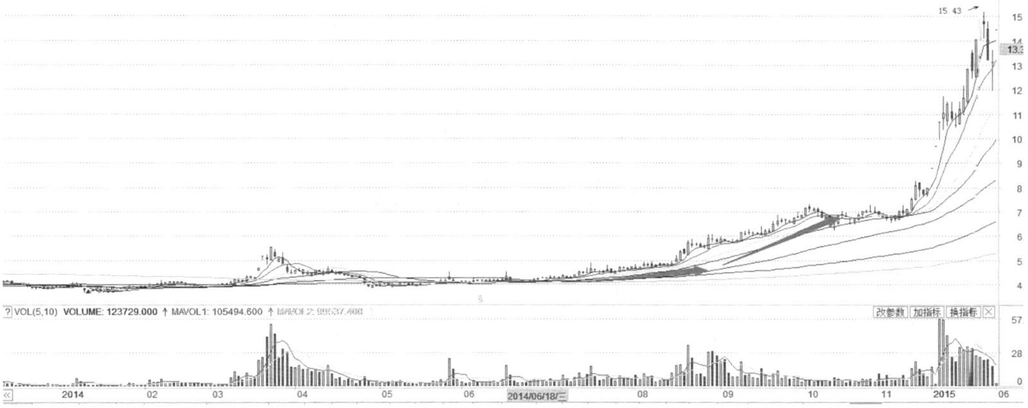

图 5-10　长期整理之后，再次走出上升形态（2）

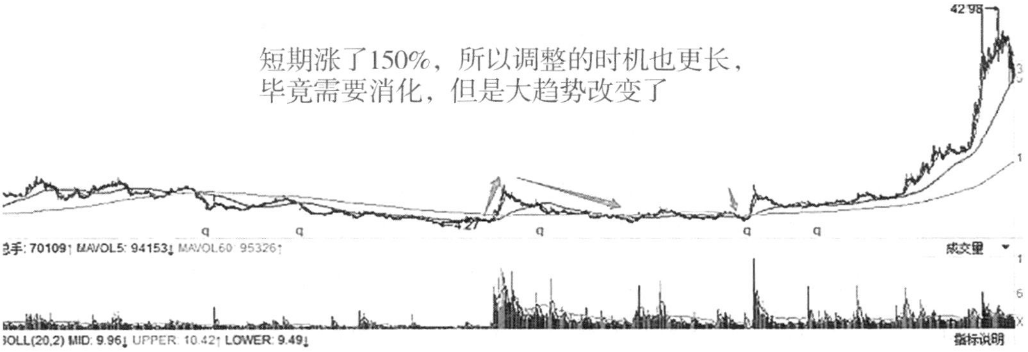

图 5-11　长期整理之后，再次走出上升形态（3）

你会发现，在熊牛转换点之后来的一波，大小虽然有区别，调整的幅度也有区别。但是经验型统计概率表明，这类个股之后会进入长牛区间，只不过中间有一段很长的沉寂期使你烦心。

所以这时候的广电电气（601616）一旦出现这种走势，你就要有把你的交易计划立即切换到B方案的技术储备。如果没有，不是技术分析不行，是你自己还没有摸索到技术的内涵与本质。你的技术储备不够多，距离登堂入室还远着呢。技术分析本来就是运用统计学的经验，因为你的经验储备不够多，套用现在时髦的一句话说，你的数据库不够强大，所以你的大数据分析跟不上。这不是技术的问题，而是你本人的问题。

第三节
展望国运，赢得未来

> “行情总是在绝望中诞生，在犹豫中前行，而这个时候最缺的不只是相信未来，还有对于自己信念的执着。”

开始写本节的时候我不知道该从哪里下笔，思考很久之后做了一个总结性的思考，一家之言，姑且听之。

投资的数据化＝投资的货币化＝投资的资本化

其传导路径就是：国运的预期—预期的资本化—国运资本化。它们就是共同的落脚点与目标，所以无论事实如何，逻辑事实与预期是否对应，预期与资本化是否对应，事后的结果都是对资本化的修正。本节给出了一些大概率，最起码逻辑上是自洽的，能够自圆其说，或者能够从逻辑或数据上解释股市为什么会炒作这些，以及其源头本质在哪里。

其实国运离我们并不遥远，“寒冬腊月”里我们不只要有信心，还要有信念。“信心比黄金更重要”，这句话其实只说对了一半。其实信念的资本回报率是这个世界上最高的，因为行情总是在绝望中诞生，在犹豫中前行，而这个时候最缺的不只是对未来的信心，还有对于自己信念的执着。很多时候这些东西很难用理性解释清楚，有时候看它其实很讨人厌，甚至是错误的，但有的时候正是这些“错误的信念”在周期拉长的时间里引导你走向了成功。

“寒冬腊月”里的坚持、黑夜里的信念，最终都会资本化，同时你的希望也会资本化，这些都会以资本的形式回报给你，简而言之，就是未来的资本化、国运的资本化，对于我们这样的小人物产生的影响也是未来资本化的表现，其结果只能靠时间来验证。

我们心平气和地来聊聊什么是国运，以及这些东西跟你我有什么关系。作为个人而言，最没有办法选择的东西有两个。

第一个是出生的国家，这个用巴菲特的话来讲就是“卵巢彩票”，中奖了就是中了，没中奖也没有办法，这个属于不可选择的部分。人一出生就注定了国籍，没得选，算是既定事实或条件。

第二个是出生的时代，这个也没有办法选择，大多数人都不想经历1915年、1929年至1945年，但是这些都不能你我能够左右的，有时候时代的一小步、一个阶段，对于个体而言，就是一辈子。这个也没得选，可以说是既定的事实或者条件。

这两个大前提在经济学领域被称为“生产函数”，也算是资源禀赋。接下来我们能做的是什么呢？就是在既定的禀赋内，将生产函数发挥到最优，至于其他的就不用想太多了。

对于我们而言，在既定框架和规则内，如何来选择或者有什么东西与我们相关呢？以前大家都不怎么关心这些，现在随着现代化传播手段的出现以及思想的启蒙，互联网开始逐渐改变生态，大家都开始关心自己的切身利益，这就是进步的开始。很多东西都是渐进的，过犹不及。

资本市场的走势与现实中的国运走势有联系，但没有必然联系，注意这里是逻辑联系。资本市场产生预期，最终把预期兑现成资本，至于最后的结果是否一致，资本市场最后会对事实进行修正与折价。所以我们在谈这个的时候也是如此：国运预期＝国运资本化＝事实检验＝估值修正。在现实中你们可以不相信它的存在，但是在资本市场它是时时刻刻存在的既定事实。

这就跟别人谈5G时的逻辑是一样的。首先是对5G的预期（这个时期也就是题材时期），接下来是漫长沉寂期或时不时弄出个波段龙头，之后就是真正的5G业绩体现的驱动时期。

上一轮大行情的大数据、云计算等题材都是按照这种途径来走的，整体的资本市场也是这样。预期资本化之后，就是“洪水滔天”，不过此时就是另一个游戏了。那么我们先看看2018年贸易战的惨烈程度。

图5-12展现的可谓是“血流成河”“尸骨累累”的场面，其中又埋进了多少人一辈子的心血？当然里面也有我的几滴“血”，虽然微不足道，但也是我切身经历的。行情总是在绝望中诞生，在人性中一轮又一轮地演绎。每次都能找到不同的逻辑，也都有不同的下跌理由。

图 5-12　指数 2018 年贸易战走势

再来看看我们的GDP的传统统计标准，也就是所谓的“三驾马车”——投资+出口+消费 。

改革开放初期的出口，原则上也属于消费，只不过不是国内消费，是给国外消费，也就是国内生产的产品国内消化不了。大家不要乱骂一通，比如说国内产的东西，国人自己消费不好吗？这事还真不好说，不同阶段这个答案是不同的。比如在早期刚打开国门时，全国人民还在温饱线上徘徊，企业生产的产品卖不出去，怎么办？最终只能用出口换取外汇来购买本国最迫切需要的东西，如技术、资源，等等，所有国家早期都会有这个阶段。

我向来认为学习历史对做好投资有莫大的帮助，这说的不仅仅是证券的历史，还包括人类社会兴衰轮回的大历史。历史视角的缺点往往是过于宏观，而且在具体的问题上由于时代环境的极大不同而难以直接被借鉴。但历史视角的优点在于，它能屏蔽很多噪声和过于关注眼前现象的浮躁，从而让人更加善于从长期的视角来根据规律思考问题。

既然是要研究中国的股市，自然要了解中国的历史。

GDP持续增长，增速慢了就开快点，快了就踩踩刹车。M2也会持续地增长，但增速与早期就没办法比了，在盘活增量与存量的同时，稳步增加也是客观事实。在出口出现明显下滑之后，相关的投资就要开始增加。比如最近一段时间的新基建，这和老基建相比又有完全不同的意义，中国的基建在全世界基建领域里是最为完善同时也是最为强大的，这点连美国也比不了。在新一轮经济增长中，比如5G新基建、新能源基建、城际高速铁路和城市轨道交通等，这些相关配套设施都是必不可少的。

在这样的逻辑下，结论呼之欲出，这一次的上升期远远没有到尽头，甚至还没有达到高潮阶段，经济肯定会继续发展。一个国家和民族的兴衰轮回往往由复杂的因素共同构成，但是在我看来有三个非常重要的条件。

1. 拥抱世界的程度

明清时期实行“闭关锁国”是故步自封，始终在自己小圈子里徘徊不前，国家只有开放以及在与国际交流中学习才能快速成长。1840年之后，中国在这一点上得到的教训可谓非常惨痛，痛入骨髓。就好比一只超级白马股，到后面连续亏损被ST（特别处理）。实际上在第一次鸦片战争时期，中国与日本的文明程度大致相当，那时候日本处于幕府时期。然而当时日本开始觉醒，开始了日本明治维新，这才导致了后面两者的巨大差距。

到后来中国改革开放，中国的发展速度越来越快。因为自鸦片战争以来，国人已经吃够了“闭关锁国”的亏，中国拥抱世界的力度也越来越大。

反倒是一些老牌的发达国家在经济上越来越表现出贸易保护的倾向，而当初被老牌发达国家强迫开放自由贸易权利的东方古国，在世界范围内要求更大的贸易自由。

2. 社会的稳定

从历史角度来看，中国遇到过的国家发展机遇不止一次，但要么被外来者打断，要么被折腾得不轻。第一次鸦片战争之后，当时的清朝统治者并没有及时吸取教训，反而继续采取故步自封的态度，拒绝打开国门，不吸取国外的先进经验。后来在曾国藩、李鸿章、张之洞等多位重臣努力下才开始缓缓地打开口子，此时又发生了中日甲午战争……

可以说保持内部的稳定，是社会发展得以持续的必要条件，也关乎全体国民的切身利益。

虽然从细节上看似乎每个社会都有许多问题，都迫切需要解决这些问题，但我们站在历史的角度来看，没有哪一个国家能一步到位解决所有问题，从而直接进入成熟阶段。

深受儒家思想影响的中国只要在社会稳定的前提下，凭借着农耕文明遗留下来的文化，随着“开放”程度的持续扩大，中国的活力将被一步步激发出来。

这就和一家公司的发展类似，初创期往往是公司问题最多的时候，这里不规范、那里有问题，这个时候你就不能用大公司的标准去要求它。问题都是在发展过程中被逐步解决的，或者说公司的收益会带来解决问题的本钱，还没有哪一家公司在创立之初就按照“世界500强”的标准进行规章制度建设，因为活下去才是最为关键的因素，这个才是前期的重要课题。

在逐步的发展中，一些东西会潜移默化地发生改变，我们也会重新塑造自己的生存环境。在改革开放初期，我们的父辈为温饱而发愁，我们却越来越为城市的汽车太多而造成的拥堵发愁。我们需要思考的是，这种潜移默化的改变也在影响着国家局面的演变。随着网络的普及，很多以前不能解决的，或者造成重大影响的事件，正在得到解决。

3. 历史的机遇：5G、芯片科技的赶超

无论是网络带来的前所未有的知识传播，还是半导体技术、生物技术、新能源技术带来的社会发展驱动力，又或者是人类历史上最大规模的贸易和产业链结构，其实都给中国带来了前所未有的机遇与挑战。这正如农业文明孕育了四大文明古国，工业革命开启了欧洲的百年辉煌，金融与信息技术驱动美国变得强大。每一个大国崛起的背后都离不开科技生产力的跨越式发展所蕴含的驱动力。

而5G的战略重要性已经没有怀疑的必要了。

中国基于5G的各种场景应用和配套商业模式未来也将继续发展。说不定，这个口子会成为未来十年经济竞争中的那只胜负手，而这个领域也是未来几年投资市场的风口。

对于国家而言，几十年的时间非常短暂，然而对于个人而言可能就是一辈子，正所谓历史的一小步，人生的一大步。想想看，中国5000多年的历史，如果我们身处战争年代，我们终将被战争的洪流席卷；但我们有幸处在这个拥有物质条件和主观意识的时代，所以目前是投资的最好时机。

可我们要如何摒弃社会上的杂音呢？历史曾经给过我们很多用于参考的数据以及案例，但是在现实生活中又有多少可供参考呢？未来对于大多数人来说总是充满着不确定性，这是投资过程中所面临的问题，或者说投资的不确定性，增加了其魅力，投资需要正确的科学认识，但如果仅仅是这样，还难以走向成功。真正来讲，投资是一门艺术，一门哲学。宏观经济界学者甚少用自己界定的理念在资本市场实践从而获得巨大的财富，即使是名噪一时的长期资本管理公司，拥有诺贝尔经济学奖的获得者、美国联邦储备系统原副主席和一大堆哈佛大学教授，在历经短暂辉煌之后同样遭受了“灭顶之灾”。

对于经济学家，我们可以听听他们的思想，启发思维，如果全盘依据他们的思想去做投资，那就需要小心了。不过在学术领域有争论是好事，至少能够让问题公开化，从而展开更加广泛的讨论。

下一个池子在哪里？今天我寻找的池子是“国资改革”，也就是所谓的国企改革，虽然政府在号召要“勒紧裤腰带过日子”，但是“巧妇难为无米之炊”，什么都要钱，没钱怎么干活，所以“国企改革”呼之欲出。

《国务院有关2017年度国有资产管理情况的综合报告》和《国务院关于2017年度金融企业国有资产的专项报告》数据显示：

2017年，全国国有企业资产总额183.5万亿元，负债总额118.5万亿元，国有资本及权益总额50.3万亿元。全国国有企业境外总资产16.7万亿元。

2017年，国有金融企业资产总额241万亿元，负债总额217.3万亿元，形成国有资产16.2万亿元。全国金融企业所投境外机构资产规模18.1万亿元。

2017年，全国行政事业单位资产总额30万亿元，负债总额9.5万亿元，净资产20.5万亿元。

2017年，全国国有土地面积5.05万平方千米，内水和领海面积38万平方千米，天然气剩余技术可采储量5.5万亿立方米。

数据还显示，2013年至2017年，中央国有金融企业营业收入由4.3万亿元增至5.8万亿元，归属母公司净利润从1.2万亿元增至1.4万亿元。

这就涉及：其一，地方国资改革；其二，大型央企的改革，尤其是资产证券化率极低划入改革试点的央企。比如我跟踪了3年，最近略有表现的航天科工系。这些企业里面肯定会出现像中航沈飞（600760）一样的大牛股，这就是新周期的起点。

这就是国运。

综上所述：第一，国运数据化=国运货币化=国运资本化。第二，国运应从GDP细分去看。如果非要细分，那么我们可以从全球产业链竞争的视角去看待我们的优势产业与渴望成为优势产业的弱势产业，这些都是价值洼地和牛股集中营。第三，中国模式确实存在，我们的工业化进程，是中国人发愤图强、牺牲几代人的利益换来的。这涉及到几代人的积累，与文化相匹配的经济治理模式，等等。我们还牺牲了几代人颐养天年的机会，牺牲了环境、牺牲了资源等，才造就了中国的崛起。我们确实可以合理地说，未来牛市在路上，牛市的基石就是国运！无论是投资，还是实业，抑或是生活，有时候赌国运是避免不了的，你说我不赌，其实你早已经被时代的洪流卷进去了，巴菲特曾经说过，没有哪一个人可以通过做空国家来赚钱，就算有，也轮不到你我。所以国运不是虚幻的，而是关乎你我的身家性命。

其实我们从历史角度来看，过去几十年中经济发展最为成功的地区就是东亚地区。这些地区都属于儒家文化圈，这是不是一个巧合呢？这个文化圈里的人勤奋、有责任感、有上进心，加上觉醒之后渴望对外学习，所以才共同造就了亚洲奇迹，沿着这个思路，中国并非在走一条无人走过的路，有些东西是可以借鉴的，只是不能全盘借鉴，需要符合国情。

第四节

从股改到科创
——指数向死而生

“有市场就有分歧，有分歧才有交易，市场就是这个样子，每个人都有自己的预估，有自己的观点，而后随着市场的走势逐渐进行修正。”

前些年无意之中看过李开复写的《向死而生——我修的死亡学分》，第一次听到“向死而生”这个词，后来了解了一下，这个词源于海德格尔，20世纪伟大的哲学家。他对“向死而生”的解释是：死和亡是两种不同的概念。死是一个过程，就好比人一出生就在走向死亡，在这个意义上，人的存在就是向死而生的过程；而亡指的是亡故，是一个人生理意义的真正消亡，是一个人走向死亡的结束。换句通俗的话，就是把每天都当成生命的最后一天去生活，把自己的每一天过得更加有意义。

人生如此，股市也是如此，股市如人生就是这个意思。佛家讲世界的周期是“成、住、坏、空”，经济学家说周期有“小周期、中周期、大周期”等。如今的市场又到了一个“向左还是向右”的节点，底在哪里？是不是底？底重不重要？

这些问题困扰着每一个市场参与者，每个人都会对此进行思考，同时也都有自己对这些问题的解读，千人千面。市场是多姿多彩的，没有必要整齐划一，当然它也不会整齐划一。这就是为什么大盘指数在998点时有人卖，因为有人预期会到512点；为什么大盘指数在5178点时有人会买，因为有人预期可能突破6124点、7777点，或者上10000点，这就是市场的分歧所在，谁也没有上帝视角。

有市场就有分歧，有分歧才有交易，市场就是这个样子，每个人都有自己的预估，有自己的观点，而后随着市场的走势逐渐进行修正。我们翻开历史，从历史的长河中寻找未来的蛛丝马迹。

让我们来回顾历史，图5-13中的箭头分别是2005年2月、4月、9月的大盘走势。

图 5-13　指数底部区域

2005年4月29日，经国务院批准，中国证监会发布《关于上市公司股权分置改革试点有关问题的通知》，启动了关于股权分置改革的试点工作。在经过市场两批个股的试点之后，从无到有，取得了一定的经验，具备了转入积极稳妥推进的基础和条件。

2005年8月23日，经国务院批准，中国证监会、国资委、财政部、中国人民银行、商务部联合发布了《关于上市公司股权分置改革的指导意见》。2005年9月4日，中国证监会发布《上市公司股权分置改革管理办法》，自此我国的股权分置改革进入了全面的铺开阶段。

我们来看图5-14，2005年至2007年的大牛市被定义为股权分置改革等各种因素共振叠加促成的大牛市。股权分置改革之处，市场并不买账，甚至一度认为是利空，导致市场出现“大量廉价筹码”供应的相关问题，从而给予外界较为悲观的预期。

图 5-14　资金有明显的进入痕迹

我们再看图5-15，在这段时间内真正了解政策的各路资金先知先觉地大举买入，不计成本地买入。如果考虑之前1200点附近处的放量，整体上应该有1万亿元的资金，再退一步说，最少也有5000亿元～7000亿元的资金流入。筹码都是带血的，是血淋淋的教训。这是先知先觉的资金，也是998.23点那轮牛市最赚钱的资金。

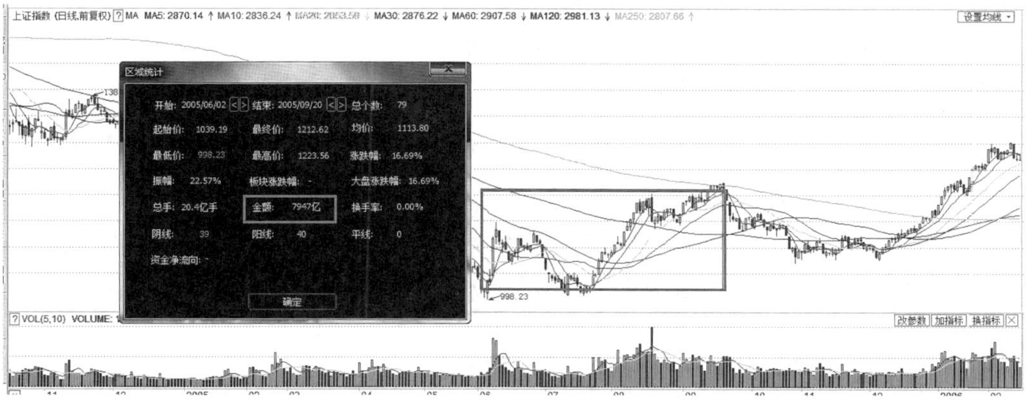

图 5-15　资金大举买入

我们再看看图5-16中三个方框内的资金是如何分布的：

图 5-16　不同时间点买入的资金

第一个框内和第二个框内是市场最为先知先觉的资金，这批资金在谷底进入市场；第三个是各类型基金开始纷纷加仓买入，从而带动市场的氛围。这三类资金基本上是市场获利最为丰厚的一类群体，同时也是带起998.23点这一轮牛市的原始动力。

我们再看看2018年市场的各种政策。2018年10月19日，中共中央政治局委员、国务院副总理刘鹤就当前经济金融热点问题接受采访，“一行两会”就股市集体发声；11月1日，习近平总书记主持民企座谈会，之后各项政策对于民营经济密集表态；11月1号，证券交易印花税方面的政策进入公示期（这也是最近券商活跃的驱动因素之一）；11月5号，中国国际进口博览会开幕式上宣告科创板的创新举措……

目前对于科创板，大众说法不一、观点不一。行情会随着科创板的推进而逐渐展开，这是可以观察的。从我的角度来看，科创板的设立，类似于当年的股改。2005年股改等各种因素的叠加，带动了一轮波澜壮阔的大牛市行情。从科创板的设立到退市制度的逐渐完善，再叠加多种因素的共振，也会刮起一阵“狂风暴雨”。很多人怀疑会不会出现牛市，但好像又看不到希望。

牛市的基础是什么？在我看来，牛市的基础分为两种情况：一种是中国经济改革的转型成功，这是高质量的牛市——转型牛。另外一种就是人民币贬值带来的货币贬值性牛市。

指数当前在图5-17这个位置，即使下跌，其空间也比较有限，指数跟个股分化也较为严重。我们看科创板的指标股东方财富（300059），如图5-18所示。

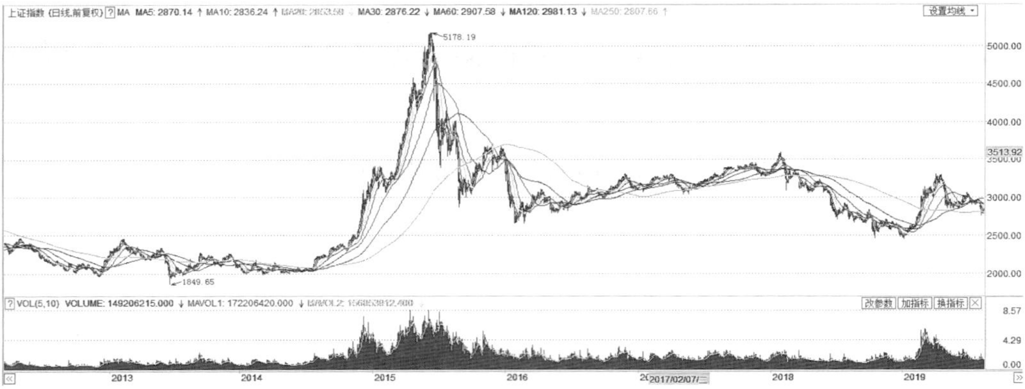

图 5-17　指数下跌空间有限

图 5-18　东方财富（300059）提前筑底成功

再来看看中信证券（600030），如图5-19所示。

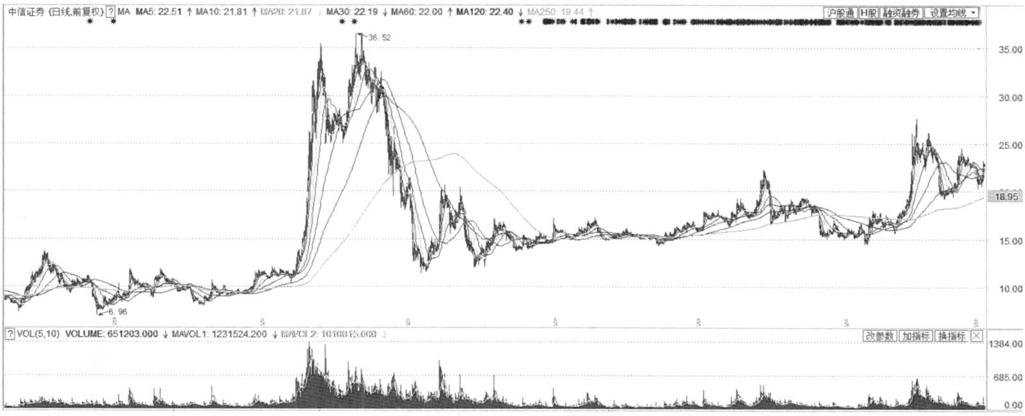

图 5-19　中信证券（600030）提前筑底

图5-18和图5-19这两只个股都是先于指数1.5年左右开始筑底的，A股市场不乏这种个股走势，也注定了未来的严重分歧。

从大金融的板块来看，非常明显是有先知先觉资金提前介入的。早期介入者在悲观者的眼里成了笑谈，其实这波资金就是先知先觉的，肯定会被埋上一段时间。其实不是他们太傻，而是我们太自以为是（具体请查看本书第三章“散户与市场大鳄的区别”）。我们可以明显发现，2019年上半年的春季攻势就是由大金融板块发动的，所以我们可以得出结论，2019年就是市场底部确认的一年。

先看几幅图，来推演一下市场是如何“向死而生”的。

市场总是重复往日的悲剧，图5-20是2013年6月份的钱荒大震荡，是不是很眼熟？市场在经历一波底部反抽之后，由于钱荒影响再度进行了二次调整，之后进入了一个较为平稳的震荡期。

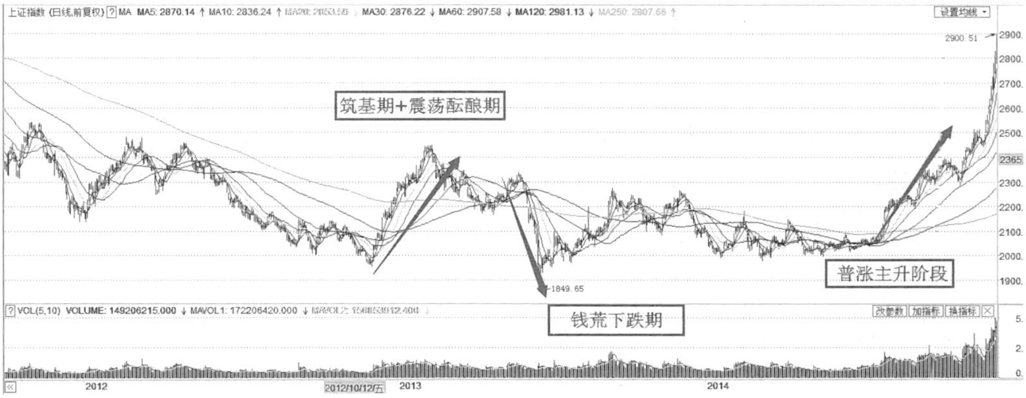

图 5-20　钱荒引发的下跌

2018年底至2019年指数走势如图5-21所示。

图 5-21　指数外围影响

我们现在没有出现钱荒，但是有外围不稳定因素，然而整体上影响不会有钱荒那么严重。所以经历过钱荒的投资者，对现在这种震荡估计没太大感觉。

通过上文的推演，我们能发现，趋势已经一目了然。当前指数类似于2012年至2013年市场钱荒的那波走势，从市场人气来看，修复也需要一年半载。但是很多个股在钱荒时，基本上都是提前半年以上筑底成功，并没有随着钱荒的出现而创出新低。

从当前市场来看，很多个股走势也是如此，至于普涨性的机会，还需要随着市场慢慢修复。无论是政策的积累、人气的聚集，还是技术酝酿的缓解，都是需要时间的。至于指数普涨性的机会，我们可以看到2013年下半年到2014年8月份，市场进入了一个快速通道主升浪格局。从目前的情况看，至少时间还没有到，但是当下的个股会有结构性的变化，有些个股走势将比较精彩。

大体上就是这样。其实当下真的没有必要悲观，按照自己的交易系统进行操作就行了。如果你的交易系统看重指数，那么设置好工作线就可以了，指数在线上就进行操作；反之，当指数在线下时，休息就可以了。

当然，关键点还是要看个人的交易系统，这点很重要，比如我比较注重个股，那么对于我而言，自从上一波春季攻势之后，市场摆脱单边下跌行情，进入了大箱体震荡阶段。这个时候可以忽视短期指数的波段，全力做好个股。此时就是精选个股的时刻，可以一波一波慢慢做。

能捂，能熬，耐得住寂寞，方能守得住繁华。

设置多少仓位，看个人风格，风格是由自己的系统决定的，而不是心血来潮的产物。所以空有空的道理，捂有捂的逻辑。无所谓对错，只要在自己的系统内做出符合系统信号的决策就行了。

其实从长远看，目前在这种指数的背景下赚钱是大概率事件。我认为，股市的回报率远超其他，包括房市。就拿市净率来看，现在有的个股已经处于净值的0.5倍左右了，市净率低于1倍的也不少。牛市来了，首先消灭的就是这些个股。以前有钱荒，与这种余波的影响相比，钱荒大震荡更严重。但是都过去了，而牛市照样来过。

所以，每次我们都会受到看空的逻辑和相应的消息刺激。当我们身在其中的时候，感觉天塌了一样，仿佛世界末日。其实若干年后我们回头再看看，估计会极度不屑，觉得那时候自己肯定是被驴踢了，不然怎么会惶惶不可终日呢。有时候，道理很简单，只是我们身在其中，很容易被洪流裹挟，身不由己。

留一半清醒，留一半醉吧。或许这是最差的时代，也是最好的时代！或许已经在转变之中了，而我们还在迷茫或沉睡。

第五节
投资中如何做到“如实观照”

“投资没有绝对的对与错，只有性格圈、能力圈、某种程度的原则与灵活的平衡感造成的差异。”

股市中有很多耳熟能详的行话，比如“量比价先行”等。但这些东西很多都是需要验证的，在特定环境、特定的时间节点可能适用，也就是我们说的要有一个大的前提。

在我的认知里，这个世界没有绝对的真理。比如对于我们常说的“高抛低吸”，如果你抛开持股的时间以及空间来看，这句话就跟空中楼阁一样。因为你不知道它高会走向哪里，它的低点又会是多少，所以抛开时间与空间来谈“高抛低吸”就是谬论。有一句话是对的，“真理与谬论往往就是在一念之间”，抛开环境与条件的前提来谈论这些，有时候真理也会成谬论。

很多时候绝对真理只是人们心中的一种理想状态，真理都是相对的，在承认相对属性的范围内，才能存在相对的真理。国际上的一些投资大师很早就有这种结论，比如亚洲金融风暴的男主角乔治·索罗斯，他在《金融炼金术》中就谈到了这点。

回到量比价先行的讨论中来，量是什么？

如图5–22、图5–23所示，低位的成交量就是资金进出的痕迹，就是金灿灿的金子，低位放量就是非常明显的现金变成筹码的过程。这个时候先知先觉的资金早已经在底部吸纳筹码了。而这个时候，也是遍地黄金的季节。

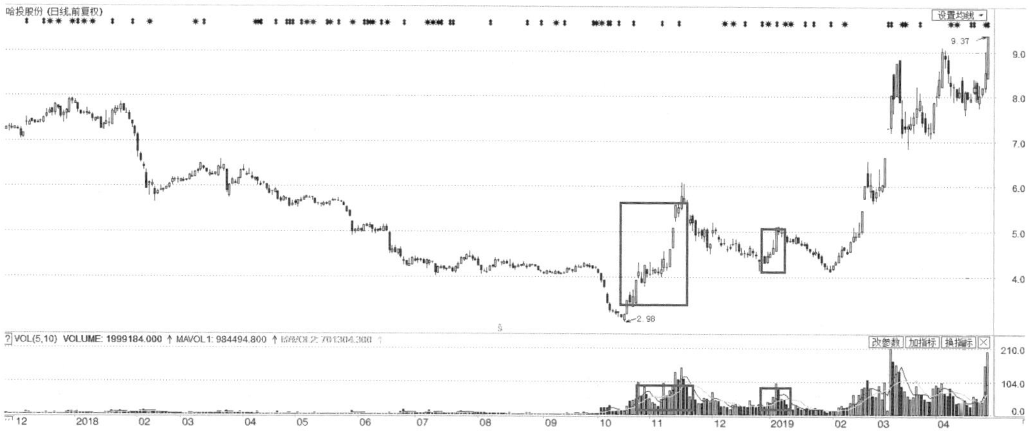

图 5-22　成交量放大

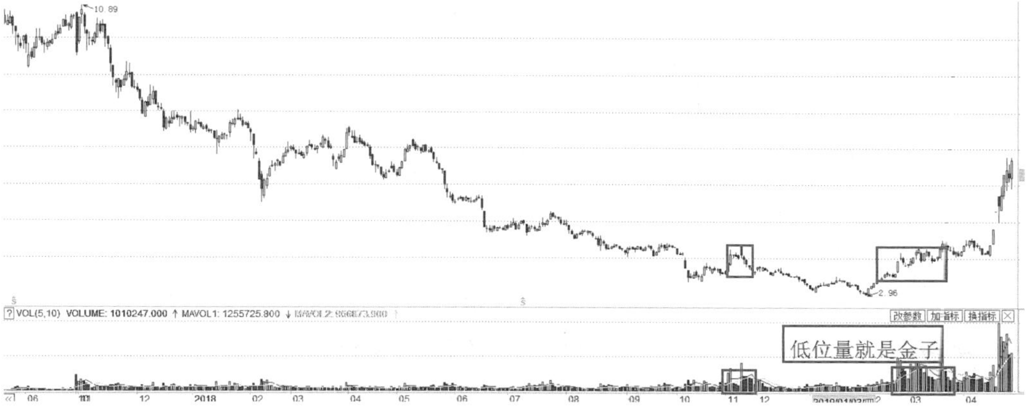

图 5-23　低位量就是金子

量是什么？量就是钱，而走势就是用钱堆出来的。在资本市场里，有什么比用实在的钱堆出来的更加可信呢？而那些值得相信的东西里又有哪些不是建立在金钱之上的？只有钱是唯一可信的，而钱在资本市场的走势会演化为成交量及股价的运行轨迹，这也是市场中唯一可以观察到的。无论是基本面还是技术面，最终都要落实到走势上，也就是要让钱来说话。

股价在高位之后的成交量又是什么？我们来看看历史上走过这一阶段的案例。

如图5-24、图5-25所示，这个时候量就是筹码，价格到了高位之后，天量的筹码在高位获利，这个时候股票就变成了钞票。

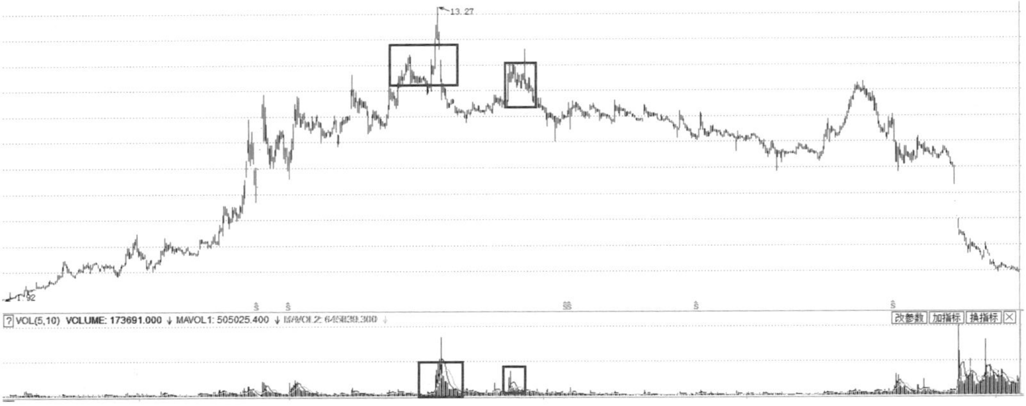

图 5-24　高位成交量放大

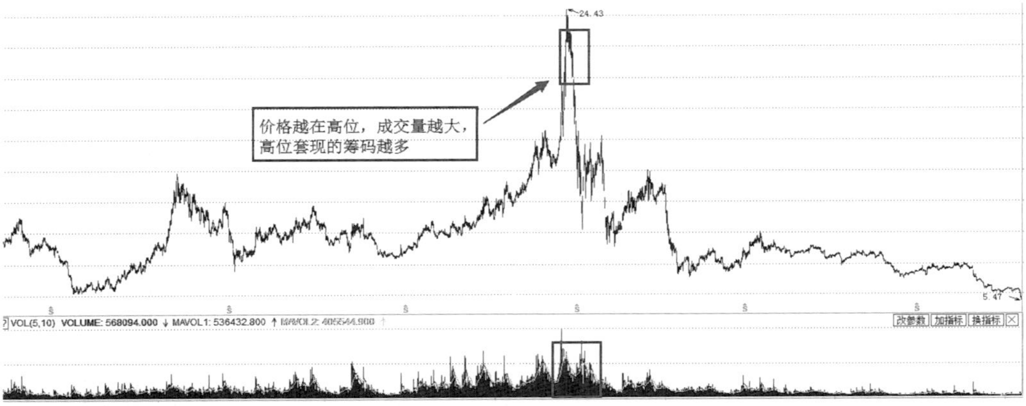

图 5-25　筹码变成现金（俗称高位派发）

有了这个大前提，我们就知道资金往往很聪明，它能帮你过滤掉很多东西。我可能不知道这家上市公司目前的真实情况，但其实很多机构跟散户有着相同的属性，他们本身对于选择的公司并不了解，更多的是基于财报进行评判。可是往往在A股市场当中，财报这块也是非常容易出现猫腻的。所以这个时候没有内幕消息、没有专业的财经知识的你又该如何看待这一切呢？我们可以通过资金、介入的程度，以及上市公司现有的状况进行判断。有时候资金投入的时间以及深度比内幕消息更加可靠，更加真实。

接下来我们就通过实战案例来剖析。

我们再来观察图5-26、图5-27，在观察个股的同时一定要结合指数的走势来印证，我们再来看看同段时间上证指数的走势（见图5-28）。

图 5-26　股价创新低之后，筑底成功

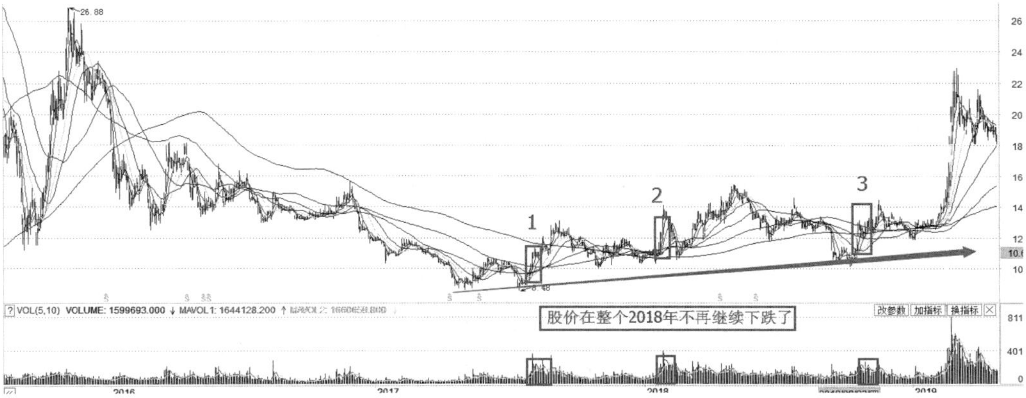

图 5-27　股价底部逐渐抬高

图 5-28　股价连续两轮创出新低

图5-26是个股的走势，非常明显，当价格在2018年10月18日创出新低之后，股价就已经开始拒绝往下跌。当指数还在创新低之际，个股却逐渐走高，走出一个带有趋势性行情的走势，这说明里面的资金已经开始拒绝股价继续往下跌了。这些资金从何而来？大家注意图5-26股价上的4个方框，这部分地区都呈现出非常明显的特征“放量”，底部放量意味着有大量资金的潜入。这些资金都是提前布局了的。虽然不知道资金背后的人物是谁，但是我们只需要知道这一段区域有大量的现金变成了筹码，这种底部的放量往往预示后期股价的上涨。现在想想人家确实是大集团军作战，他们一旦布局，那就是长远的战略规划。这个时候这只个股的上涨，你说是基于基本面的原因，还是技术面的原因？

我们再看看图5-27，这只个股就更加有意思了。在上证指数跌了整整一年的情况下，它基本上没怎么下跌，当然直观来讲应该是宽幅震荡，但它就是不创新低，整体趋势还走出了稳步向上走势。

这种走势完全独立于指数，说明里面有资金在护盘，主力通过50%的宽幅震荡来清洗里面的浮筹，从而达到抛盘逐渐减少的效果，以此延缓股价创出新低。这其实就是明显的拒绝股价下跌的现象。所以很多时候我们会发现，有些个股涨着涨着就会出现利好，无论是业绩的提升，还是业绩的改善。而在下跌过程中跌着跌着利空就出现了，这些其实都是技术走在消息前面的写照。

消息决定了市场的效率。消息从来都是从内向外传播的，这也就决定了市场的反应渐进性。而反应渐进性就是技术走势的体现，比如价格在低位时行情突然出现了连续几天的放量大阳线，之后股价又归于平静，好像从来都没有发生过一样。这其实就是资金的移动，这些移动在成交量上是难以隐藏的。

这些技术往往呈现出独立于指数，或者不再创出新低的走势。这些技术都具备时间性、空间性以及效率性。所以技术走在消息的前面，这句话没什么错。技术就是技术，我们要放下对技术其他的幻想，做到如实观照。有时候不是技术分析不好用，而是我们付出的太少，奢望的太多。

总想一劳永逸地获得点石成金的秘诀，或找到炼金术，到最后很有可能只是刻舟求剑。多复盘、多思考、多提高才是正事。复盘的好处就是可以提高判断的准确性和成功的概率，同时因为有相应的经验，可以提高面对未知的信心。其实人最大的恐惧就是未知，像远古时期人们都以为打雷是上天在发怒，从而做出一些极端的事情，这就是人类最原始的恐惧，千百年来都没有得到改变。我分析的长周期类型，长远看没问题，我有我自己的进出标准和节奏，请你们自己慎重考虑，这些停留一两个月的都不算什么。所以着急发财的，还是不要参与为好。

长周期分析的好处就在于进出从容。缺点是时间长，极其考验一个人的定力和耐心。所以我常说，股票的利润是熬出来的。

当然，这只是我的交易系统，只适合我而已。技术还是很有趣的，有时候不是技术不行，只是我们学得不到家。

再说点题外话，很多学习价值投资的看不起玩技术面的，觉得技术面不过是皮毛而已。记得有一位德国哲学家曾经说过，“凡合乎理性的东西都是现实的，凡现实的东西都是合乎理性的”，我的理解就是“凡事必有因果”。一种已经存在了几百年的事物，自然有其合理之处。有些学技术的看不惯张嘴闭嘴谈价值投资的，觉得是浪费时间和降低资金的使用效率。

我认为，跟随前人的脚步不是简单的创新、机械的模仿，这个社会没有一模一样的成功者。每个人的成功都有着相似之处，但更多的是不同之处。就像《天幕红尘》中说的那样，每一个人成功都是“见路不走”的结果，理解是需要时间的。如果因为自己是技术的信奉者，就鄙视真正的价值派，那说明你理解的真理还不够多。如果因为自己是价值投资者，就鄙夷获得某些相对真理的技术派，那同样说明你的思想还比较狭隘。可能有人会说我滑头，认为我给出了模棱两可的说法，试图走第三条道路——中庸之路。我只知道投资是一件具有强烈个性的事情，其中就综合了性格、知识、能力、思维方式、经历等复杂因素，有很强的个性化特色，很难给出一个统一的标准答案。只有坚持与放弃，只有适合与不适合。

投资没有绝对的对与错，只有性格圈、能力圈、某种程度的原则与灵活的平衡感造成的差异。

我们要找到属于自己的盈利系统，以及符合自己性格与能力的盈利模式。

第 六 节

投资经典语录

“我们开始学习时可能会觉得这没什么高深的，但当你经过市场的磨炼之后会发现，最简单的往往就是最高深的。”

学习是一个持续的过程，特别是互联网的兴起，让世界变得更小了，也让学习变得更直接、更简单明了。现在回过头看，互联网真是个学习的好平台，因为那时候很多厉害的人都会在自己的博客上阐述自己的心得和体会。可惜那样的时光已经一去不复返了，互联网发展过度化之后，很多名人都暂时关闭了自己的博客，或者完全封闭了，现在很多经典的博客内容已经看不了。

这里说一点个人多年的亲身体会，在学习的过程中一定要“自始至终”地借鉴某一个人的投资体系，一定要反复研读，这段时间看完之后，过段时间再次研读，你会有比以往更深的体会。所谓“试玉要烧三日满，辨材须待七年期”，我们开始学习时可能会觉得这没什么高深的，但当你经过市场的磨炼之后会发现，最简单的往往就是最为高深的。

在投资者们悲观的时间里买进价值股，是价值投资的最高境界，庄家总是在图形最难看的时候进场，在市场狂热的时候出场。现实生活中有几人能做到“别人恐惧时贪婪，别人贪婪时恐惧”呢？把握好节奏，不做“死多头”，也不做人云亦云的“死空头”或者“滑头”。

我依然认为市场是大多数人看不透、猜不准的。在很多人眼里，中国经济未知数很多：滞涨忧虑、转型难、地产问题、银行危机、贸易冲突……如果后市真如大家所言，那么就没有必要做期货了。投资很简单，但也并不容易。我们一起来回顾一下那些值得我们细细品味的投资法则。

（1）在下方事先设置好大买盘，每10分钟砸下去1%的水平——大卖单其实是砸给自己，而其他资金以为大跳水开始了，也纷纷抛售，于是主力顺利吃足筹码，这样的方式叫洗盘，而出货却不是这样。

（2）不要让自己形成冲动追高的恶习，而应该学会等待和忍耐，等到行情到了趋势线下方再去谋取盈利，宁可失去一次机会也不可放纵自己终日纠缠在追涨杀跌上。

（3）要想多赚钱，就必须抓小盘优质成长股，现在不到5000万流通量的小盘优质成长股，在10年后来看，起码会有几十倍的涨幅！人要有出息！别总是追几个涨停板就满足了，要有长线大智慧。

（4）我们要看好未来的资本市场发展前景，但是，我们同样应该正视困难和压力。中小投资者的唯一出路就是精选低估值、高成长的中小盘优质股，并顺应趋势做多。

（5）通常判断K线能否在重要的技术位置有效站稳或能否击穿重要的技术位置应该以三个交易日为衡量标准，满足三个交易日才能够称为有效。

（6）每股收益高于0.50元，每股净资产、公积金值高于2元，流通盘小于5000万的个股值得继续精心研究，不要急于买进，而是长期观察，一旦跌进安全边际，则毫不犹豫俘虏。

（7）低位出现反复砸低开盘，然后以大阳线收复行情，特别是前一日接近跌停，随后又出现涨停的个股值得特别关注。

（8）跑赢大盘的诀窍就是抓积极做多主流资金的个股群体。

（9）发现主流资金做多的群体并不难，一是注意一个时期里资金持续流入的情况；二是注意每天占据涨幅榜前60位个股的情况；三是注意大盘大跌里，什么个股能够果断以反击长阳线形态收复前期失地，特别是那些“一阳吞数阴”的个股；四是注意那些股票的高转赠、高分红潜力，市场中很多人因为这些个股价格低而无动于衷。这个时候，是我们果断低吸的好时机。

（10）让投资者错失收益的不是别的因素，而是自己的投资心态不成熟。比如，个股整体上升趋势没有结束的时候，投资者没有发挥能忍善捂的精神，或者是戒除不了频繁的短线操作等。

（11）新的一年，我们必须有新的进步、新的安排、新的打算和计划，特别是戒除前期错误的投资方法，减少一切自身认识不足的失误，并量身定制一套属于你自己的投资方案，这个方案应该是长期的，不因市场变化而轻易改变的。不要在乎别人如何评价，而是在乎自己熟不熟、精不精这个层次。懂了就做，不懂宁愿休息和放弃。

（12）庄家在高位连续拉高，目的就是派发或自救。这个认识一定要根深蒂固。对长庄介入的个股而言，通常很少会急拉暴涨。

（13）买进很容易，但我们必须先看看上涨空间有多少，趋势形态是否处于多头，个股主力是否属于投机性质。

（14）永远不要把自己当股神。如果这个世界上真有一种绝对有效的分析方式，华尔街就不会一次次地发生灾难。

（15）市场会经常和你开玩笑，你不买，它疯涨，你一买，就被套了。这是为什么？这无非说明主力出货心切。

（16）没有稳定的分红，股市就是赌场。很多人今天赌明天，明天赌后天，很多人青丝变白发，日复一日，年复一年，可悲的是，一些人对那些"忽悠客"还敬若神灵。一个家庭出现一个这样的人，是家门不幸；一个国家如果都是这样的人，则是国家之不幸。

（17）股票买卖说到底就两个诀窍，要么买准优质股，要么买对强庄股，前者是长线，后者是短线。

（18）天道酬勤。只要用心积累，自我观察，不断提高，一生只坚持一个最简单的正确思路做下去，必然会取得成功。一生只做一件简单的事情，会很寂寞、很无聊，这需要非凡的定力。

（19）永远牢记风险，体现在股市中就是不亏损，只要你不亏损，日积月累，资金就成财富。

（20）永远告诫自己，不要做最早的买进者，也不要做最后的卖出人。这是短线的操作纪律。

（21）不要在盘中做出任何交易买卖决定，而应该事先决定，这也是必须要做到的基本功课，股市每分每秒都在变化，投资者如果不回避盘中干扰，就会被情绪左右交易。

（22）权重股能够体现短线机会，一般出现在两个时候：一是大资金为了掩护自身出货行为而不惜代价拉高这些权重股，制造假象，迷惑短线客并从容派发，这个时候的权重股会有少许波动机会；二是股指期货的配置需要，谁控制了权重股，谁就对大盘有话语权。

（23）股票不填权，再好的分红送转都只是主力诱惑散户的消息工具。

（24）就行情整体发展趋势而言，中级以上的反弹行情，总有风水轮流转的时候。

（25）做好资源股的投资，重要的诀窍与投资者及早、正确地分析国际市场趋势密切相关。一定要做大趋势、大分析，这样才能够赚大钱。

（26）巴菲特投资三大法宝：安全边际、复利（滚雪球）、特许经营权。

（27）资本市场里充满智慧的投资行为往往就是选择在最黑暗的时机进场，因为这个时候的股票价格最便宜。如果你所关心的品种中，大小非减持压力完全释放，那么，你的顾虑会减轻一分。

（28）“雪崩”过后的底需要一定时间的震荡才能够有完全新的上升浪，这一点我们一定要清醒认识到！

（29）洗盘所造成的结果是底部越来越高，而出货所导致的结果是一个时期内的低点越来越低。主力在洗盘时为了不被市场发觉，所以经常以大阴线的方式吓唬看盘者，主力在出货时则以极具诱惑的大阳线吸引人们的目光。

（30）要重点盯住你最关心的朝阳行业中的上市公司的财务报表，密切注意其经济指标动向，尤其是财务管理费、库存、毛利率水平不断朝健康方向发展的上市公司，充分利用自己对数字的敏锐判断能力淘得自己的目标股。

（31）高速公路、铁路、港口等滞涨股是铁树开花，很难才能看见它们涨一回。

（32）要赚大钱就必须抓强庄股。很多人怕涨怕跌，于是找一些冷门股和滞涨股，这是错误的。大盘上涨的时候个股一直不涨，说明长线资金不看好，也说明基本面有大家不知道的坏消息，没有主力愿意去做多，既然主力都不做多，散户凭什么去凑热闹，这就是简单的逻辑。

（33）投资者认为用一个技术指标图就能够判断出准确的行情趋势，这个想法是错误的。影响股市运行的有很多综合因素，比如国家政策，宏观经济发展趋势，国内、国际经济形势，等等，都是需要我们认真分析的内容。

（34）巴菲特先生有句经典的格言：“要战胜市场，就远离市场。”

（35）短线操作的判断可以参考10日均线，中线操作则以30日均线为主，长线则是60日、120日、250日均线。30日、60日均线是判断大势的关键。既然多头有信心解放30日均线以下的套牢盘，就足以说明主力已经胸有成竹地发动了一轮时间长度不小于3个月的大B浪反弹行情。同样的道理，行情要宣告彻底结束，一个重要的识别标志就是跌穿30日均线，并且超过两周不收复，乃至随后的60日均线也失守了。

（36）有的人始终是这样的，上午刚卖，下午看见指数一上去，就开始追回筹码。一些溶进血液的投机思想、频繁操作的恶习，是无法改变的。

（37）频繁操作，买进卖出，是人为提高持股成本、增加系统风险的重要方式。同样一只股票，不同的人，因为不同的心态，必然导致不同的操作结果。有的人，即使你送给他价格在二三十块的茅台股票、价格在几块钱的盐湖钾肥股票，不需要多长时间，他也会被洗出去。

（38）2005年的“998行情”大盘指数到了6124点，大盘上涨幅度接近6倍，任何人只要能够安心持股半年以上，获得的利润都是非常可观的，问题是过度的频繁操作，使很多人白白浪费了一个大牛市。

（39）守候是寂寞的。对人生来说是这样，对股票也是如此。谁耐得住寂寞，谁就是最后的大赢家。

（40）买进任何股票都必须注意价格合理，通常不要在几十元的股票堆里发掘股票，如果一只股票上涨到15元以上，没有好的复合成长率做支撑，迟早会跌下去，这是A股中80%以上的股票的命运。

（41）两市60分钟指标均重新向上掉头，这预示着短期反弹还会延续。

（42）请牢记，每一次红盘都是前面的“割肉”盘换来的。

（43）前期从几十块跌到几块，有的甚至低于5元，对于这类个股，只要它的基本面情况好，成长性没有改变，买进后就应该把它忘记，等到下一个大牛市高潮来临时再去看。没有哪个农民天天去翻自己种下的庄稼长了多少。

（44）如果过于在意小趋势的动荡，再牛的股也会守不住，仔细看看自己的分时图指标出现了多少次超买。如果因害怕而抛售，就不会有前期低价买回的股票了。

（45）也许很多人会说，为什么不卖在高点，然后等股价跌到低位的时候再买回？事实上，这些都是纸上谈兵，人心善变，这样反复操作很可能在股票跌回低价的时候，奢望价格再跌，按兵不动，或是手头上的资金买了其他个股，无法及时买入。

（46）不要容许自己有投机思想，更不要做投机股，特别是新股民，一旦养成这样的习惯，会危害自己一生。

（47）“买强不买弱，买涨不买跌”。有的朋友出于安全考虑，喜欢去买正在下跌的股票，以为这样就是在规避追涨杀跌的风险，其实，在我看来这是错的。股市历来有个“强者恒强，弱者恒弱”的马太效应。

（48）“复利”就是“利生利”，前提是什么？是稳健，是防范一切风险，股市里如何做到这点？就是精选优质股且一直坚持持股。

（49）将所有的亏损案例做比较、分析，我们会得出一个结论，操作次数越少，越懂得逢历史低位买进者，越能够在股市中赚大钱。只要他一生将这个简单、正确的操作方式重复下去，其资本增值速度会快得惊人。

（50）天天谈股、天天说股的人，和吸鸦片的人没有区别。

（51）如果你真想知道什么时候能再进场，那我可以肯定地告诉你，只要等到交易所没人的时候，我就会把自己的资金再次拿回来。

（52）我们要做先知先觉者，当市场不太注意一些个股的时候，我们就悄悄买进，等到人家都看好、股票飞速上涨的时候，再卖出去。永远不做跟屁虫！

（53）股市的规律就是这样的，大势好的时候，所有的负面消息都会被缩小或被漠视，而大盘一旦出现下跌的时候，所有的利空都会放大。

（54）判断主力资金是否出走或者是否有出走意图的几个依据如下：其一是换手率超过10%警戒位，其二是成交量比最近交易日持续放大几倍，其三是技术破位，其四是无量阴跌替代放量暴跌，典型的破绽就是每次的反弹都走不过前期高点。

（55）无数事实说明，越在意短线波动，越做不好长期投资。过分强调短期指标的作用，其实是“庸医误人”！封起先生倡议中小投资者应该加强政策研究、基本面分析，以大趋势、大方向指导个人投资，不要在错误的道路上越走越远。迷途知返，方成正果。

（56）跌的时候死捂不舍得抛售，涨的时候却只怕股票随时大跌跳水，成天患得患失，这样的心态完全就是小散意识，这种心态对做好投资完全没有好处。

（57）投资者对大除权特别是除权缺口附近出现过天量换手的股票，一定要小心。

（58）强庄股重要的识别趋势线是10日均线，即使主力洗盘或震仓，行情都不会轻易跌破这个位置，即使偶尔有部分强庄股在洗盘和震仓时行情可能会击穿20日均线，但也会迅速被大单拉起。

（59）一只个股短期连续上涨50%再出现15%以上换手率都是需要高度重视的特征，这个阶段已离股价见顶不远。

（60）30日均线是个股重要的支撑线，任何个股行情跌破此位置，如果在两周左右的时间不能够主动收复，都要警惕股票趋势变坏。

（61）95%以上的投资者忍受不住长期持股的折磨，所以成功的投资者必须具备的条件是：①无关紧要的闲钱；②良好的选股能力；③超然的持股心态；④长期持股的信心。这些东西都是别人无法给你的，全部需要自己培养。

（62）就算你掌握了万千理论和技术，可是不懂得休息和调整，只知道义无反顾地“杀”下去，最终的结果都将令人难以满意。当下一次市场萧条的时候，随便挑一只股票，你不想翻番都困难。因此，做大趋势要有大智慧和大谋略。

（63）市场的风险就是涨出来的，而机会则是跌出来的。对大盘来说是这样，对个股也是如此。因此，这个时候，我们对任何高位滞涨的对象必须高度小心。

（64）面对运用上下夹板手法建仓的主力，下夹板位是最好的吃进机会；面对作上升趋势运动的股票，下轨一带是最好的吃进机会；面对正在矩形整理的股票，在下方支撑位吃进；面对过顶长阳股，则以突破前期高点回踩瞬间吃进。

（65）龙头股要抓得准，必须注意几个问题。第一，该股上涨形势是否果断、迅速？第二，是否同步带动其他相应类型个股上涨？第三，是否有价格优势？第四，是否有行业想象空间？第五，个股基本面不可有重大利空。

（66）在市场萧条的时候，投资者战胜恐惧，用几元的价钱买进成长股，最后获得数倍、数十倍，甚至百倍收益，这个过程叫投资。而在狂热的市场中，以几十元，甚至上百元价格买进透支股，这个过程只能叫博傻。

（67）长期上涨之后的利好，应该当利空对待；长期下跌之后的利空，应该当利好处理。这也是反向操作的重要理论指导。

（68）对短线者来说，大跌市往往是“俘虏”强庄股的好时机。

（69）巨大的换手往往说明盘后主力大肆出货，因此，在个股累积涨幅几倍的情况下，要特别警惕高位巨量换手不涨的情况。

（70）生活永远会奖赏那些有足够耐心和恒心的人，股市也不例外。剩下的时间，我们需要足够的耐心。必须确定是大机会时再从容进场。

（71）衡量大盘是否转强的第一个判断就是日线指标是否把昨天的大阴线收复了；第二个判断是收复5日均线、10日均线！最后一点就是30日均线重新掉头上行。

（72）大盘上涨，它滞涨；大盘下跌，它比谁下跌得都快的品种，说明主力对于这些品种去意坚决。

（73）在趋势不明确的前提下，不能够盲目补仓，不可轻率抢反弹，不可以加大买卖资金和加快操作频率，不能轻易被人家煽动和诱惑。

（74）每次大盘大涨的时候，个股表现“麻木不仁”，而指数回落调整的时候，股价迅速跳水大跌，这样的股票不要轻易买进或补仓。

（75）资源股包括有色金属资源、贵重资源、稀缺资源、煤炭石油资源以及钾肥资源等，什么时候这些个股全线做多，什么时候大盘就能出现新转机。

（76）周K线、月K线指标一直是指引中长线投资操作的重要依据，投资者不要太过敏感地关注小指标和小形态。

（77）比大盘走势弱的个股，我们称为冷门股，这些股票一般都是主力减仓力度最大的品种。

（78）股市——在绝望中新生，在犹豫中上涨，在欢乐中死亡，在大众满怀希望时暴跌。

（79）下跌趋势里的红盘反弹都是贪婪者的坟墓。

（80）在个股涨得好的时候卖，在个股跌得惨的时候买。可是，常人都做反了，我们不能够做常人。

（81）大跌买进，大涨卖出，这样做才能够赚钱。大跌里“割肉”，大涨里追买，再多的钱也会亏光。

（82）顺应长期趋势做多，这是稳健的老手操作手法。他们不看小趋势，不看分时指标，只看周K线、月K线变化，将这些长期指标修造好了，便可从容买进股票，反之，就算红盘反弹都不参与。

（83）弗兰西斯·培根说：“人的思考取决于动机，语言取决于学问和知识，而他们的行动，则多半取决于习惯。”尼科洛·马基雅维利也说：“人的性格和承诺都靠不住，靠得住的只有习惯。”股市讲究的是长期制胜，要做到这一点，就要控制情绪不被大盘左右，培养冷静思考、理性投资的好习惯。

（84）因为行情的一时之跌而害怕，因为行情的一时飙升而狂热，这样的人注定摆脱不了小散意识的束缚。

（85）低位换手的活跃意味着大行情的随时出现，而对于高位积极的换手，我们应该警惕主力的逃亡。

（86）买的时候迟一点，让其他资金帮你把底踩结实些；卖的时候，比人家先一步，这样可能少赚一点钱，但是回避了被套的风险。

（87）我们知道，股市的机会永远来自调整。这让我们想起华尔街某位大师说过的那句话：“我的获利绝非来自交易，而是来自等待。”

（88）在震荡市里，投资者可以耐心等待大盘的调整，在恐慌杀跌的气氛里关注成长股和价值股的买进机会。记住，市场中所有的机会都来自超跌之后的长线机会，而非成天追逐投机股。

（89）上升趋势捂股，下降趋势捂钱。

（90）短线跟庄不妨记住一句话："好马不回头，回头非好马。"

（91）股票价格在几块钱的时候不敢买，而上涨到几十元的时候，却不知死活地追高，这样的玩法迟早会亏得一无所有。

（92）对股价"长期"没有跌破30日均线的中盘、低价股，可以长期关注，研究它的节奏变化。

（93）彼得·林奇说过："指望依靠短线投资赚钱谋生就像指望依靠赛车、赌博谋生一样，机会非常渺茫。"

（94）既然主力能够解放所有的套牢资金，那么必然增加自身的做盘成本，其盈利目标位起码是前期历史阻力点的50%以上！

（95）行情跌破5日均线、10日均线，且一周时间内难以主动收复的情况，就代表强庄股开始出货。

（96）要判断强庄股做多的态度是否坚决，其实根本不用看K线，我们就看K线图里的低点，我们用简单的线条去连接它们就能够发现，假如一只股票的低点逐步被抬高，维持时间超过一个月，换手率从没超过15%，并且股票价格没有翻番，流通盘又只有两亿多，这不是强庄介入是什么？

（97）你的任何一次买卖是不是在战胜了自己之后所做出的？你是不是真正可以做到高位舍得抛，低位有胆抱？你是不是一直犯着最简单的错误？

（98）从量能分析，如果上涨时适度放量、回调时缩量，则说明上升通道的运行状况良好；如果成交量放大速度过快，则无论是上涨还是下跌，都意味着市场资金的浮躁和不安分，都很容易使上升通道的运行轨迹出现变化。

第六章

我是谁

茫茫股海，大家能够相遇、相识并且相知，不得不说是一种缘分。互联网的发展，也大大地拉近了人与人之间的距离。很多朋友就会问我你是谁，你以什么为生？这里通过一些简单的介绍，让大家了解我。关于投资方面，大家有什么问题也可以相互交流。

第一节 工作中的那些事

“很多朋友问我股市究竟有没有秘密。我认为是没有的，如果大家非要说有的话，我想那就只能是慢慢做。”

我是一个平凡到不能再平凡的人，出身平凡，长相也平凡。和朋友聊天时经常调侃自己是“被淹没在茫茫的人海中，平凡得难以寻觅”。我喜欢投资，喜欢这个红绿世界；喜欢琐碎的数据、长长的无人问津的报表；喜欢读书、思考。

开心的时候看点书，就笑笑，读几页书，成长一点；不开心的时候还看点书，还笑笑，读几页书，成长一点。

我靠投资吃饭，有些事情不便多言，不是秘而不宣，而是实力有限。投资是一件很私人的事情，就跟中医药方一样，为什么很多中医在抓完药之后就要撕掉药方呢？因为每个人的体质不一样，可能这是一个人的良药，却是另一个人的毒药。投资的重要原则是相通的，真正的盈利模式却需要自己摸索，这里没有灵丹妙药，我也给不了大家灵丹妙药。

我是专门靠投资吃饭的，有时候可能盘中时间有限，不能及时回答大家的提问，希望大家能够理解。

对于很多朋友的处境，我感同身受，因为我也是这样走过来的。大家都是成年人，要学会为自己的选择负责：①不要抱怨市场的不公，提升自我能力才是关键；②温故而知新，可以为师矣，不断总结过去，提高自己。

别人强加给你的任何理念、方法，如果没有经过自己的实践感悟，都是需要小心的。

朋友们，如果现在的你还处于亏损状态，或者没有自己完整的交易系统，而我的经验教训或者十年来的投资经验，能够对于你有所帮助，那么我也会知无不言，言无不尽！

有时候大家也不要过于为难我，过多地咨询个股，我怕看走眼弄得自己灰头土脸。我想对各位朋友负责，因为不管我说得对与错，都会对你们接下来的操作造成影响。

其实很多时候，很多个股不在我的交易系统内，我不看好，或者不继续持有，但是不代表它不会走牛。逻辑很简单，交易系统有它的局限性，即使不在我的交易范围内，也不代表它不会走牛。即使在我的交易范围内，也不代表它会走牛。这只是按照我的收益系统觉得可以做或者不可以做，仅此而已。

还有一点也是大家经常陷入的误区，就是觉得牛人好像对市场上的3000多只个股都了如指掌。我也不是股神，我的所知也有限，真正有所了解的也就150多只，熟悉的不超过50只，真正有把握的可能就只有20多只，真正能操作的就更少了，这可能就是大家所说的能力圈吧。所以很多时候不是我不愿意说，而是真的不知道。

在投资市场学习是每一个人都必须去正面对待的，在能力范围内，分享自己的经验教训没有问题，但是如果从头开始谈就有点为难我。因为个人精力有限，平时也没有这么多时间，有时候还要指导公司的下单员，甚至还要自己上战场。

体谅一下，我也老大不小了。上有高堂，下有老婆孩子要养，有时候还要应付客户及朋友，所以时间、精力都跟不上。

本人俗人一个，俗物缠身，有时候也不得不为五斗米折腰，有做得不周到的地方，十分抱歉，希望大家能够体谅。

跟大家聊聊我每天的工作内容：每天大概6点半起床。7点半左右去公司，整理前一天晚上的一些突发信息，这是每天早上的核心内参，同时也是开始一天交易工作的前奏。接着我会给公司员工开晨会，然后9点上班。9点30分到11点30分盘中交易时间，盯盘和回答一些客户的问题，有时候还要接电话。11点30分至13点吃饭和午休时间。13点至15点继续盯盘、回答问题。盘后时间开始复盘，收集市场的咨讯。20点30分至23点整理第二天对于市场影响较大的信息，挑选接下来交易的备选个股，同时对于前期备选个股的可交易性做总结。

工作日基本上都是这样子的，休息日就陪老婆孩子到处转转。

这就是我的生活，大家是不是觉得很枯燥，跟想象中的完全不是一回事。

不管怎么说，这就是我的工作，不能懈怠，懈怠可能就没有饭吃了。

做投资你如果一定要赢，那就请放宽心，多做事，少抱怨，多长本事。抱怨解决不了任何问题，传说中的“武林秘籍”也不存在，唯一能做的就是总结和努力。

如果你自认为是郭靖，天资有限，那么请你努力，让你达到即使是欧阳克、杨康这样的聪明人达不到的高度，勤能补拙，笨鸟也能先飞。

如果你自认为是杨过，那么聪明的你有时候会聪明反被聪明误，不过一个人的经历、磨难，最终可以让一个青涩的少年成为真正的男子汉。

不管你是哪类人，条条大路通罗马，只不过是到达终点的时间早或晚而已，但是只要你坚持下来，“华山论剑”的席位终究有你一份。所以无论现在的你怎么样，都请多努力吧，与君共勉。

很多朋友问我股市究竟有没有秘密。我认为是没有的，如果大家非要说有的话，我想那就只能是慢慢做。

财不入急门，特别是股市。财富基本呈现出以下几个特征：

（1）财富是一个人思考能力的产物，所以一个人的思维、格局、境界、眼光最终决定了一个人财富的多少，不管是物质还是精神。

（2）财富是逐渐积累的，至于那些一夜暴富的神话，来得快，去得也快。即使是意外之财，如果你的修为不够，也是来也匆匆去也匆匆。

（3）财富也跟获得它的人的素质相匹配，如果没有与之相适应的素养，终究是守不住财富的。

我在投资市场里见过很多人，一开始糊里糊涂赚了钱，后来钱又都还给市场了，能力不够，终究还是守不住财富。

说说身边发生的一些事情吧，那是2014年末到2015年初，有一个朋友，在行情开始正式走牛之际，拿出200万元的资金，到市场中去配资1：5，账户里就有1200万元的资金。2015年上半年这一段行情属于送钱行情，老天爷赏了口饭吃。他的资金迅速从1200万元，变成了2000万元。那天他请我去吃饭，我当时就建议他将自己的本金取出来，或者在此时把杠杆去掉，之后怎么玩都可以，当时的市场已经聚集了非常大的风险。但是大多数人在顺风顺水时，信心都会膨胀，觉得自己就是股神，所以自然而然听不进别人的意见，忠言往往是逆耳的，这在很多时候都有着共同点。结果他错过了最佳的“逃生出口”。接下来的事情大家应该都知道，连续几天的跌停导致市场流动性完全消失。他的账户余额自然也在不断地缩水。行情在2015年6月30日这天，开始出现反弹，给了大多数人最后一次出货的机会，那应该是这轮下跌中的最后一次“逃生口”，但他也没有抓住。在接下来的日子里他为了维持保证金，中间几次往里面加资金，最终还是杯水车薪，“倒”在了大反弹的前几天。这是一个真实的故事，发生在我身边，令我印象特别深刻。

后来我请他吃饭安慰他，经过这件事情之后，他就决定以后不再用杠杆操作了，因为这会加大人性的贪婪。在接下来的时间里，2016年到2018年初，他的心态开始变得平和。由于经常和我在一起交流，后来他也成了我的合作伙伴。他在股灾中的损失也基本上修复了大半，最主要的是信心得到重塑，这个是最关键的。

有时候看到很多朋友在我的引导下逐渐走出了困境，而我也获得了相应的回馈，这就是一种双赢的局面，帮助别人，同时也成就了自己！

第二节
押注年轻人
——致我们逝去的那段青春

“如果没有机会成为雄鹰，就安心做好蜗牛，你终将到达属于你的光辉的顶峰；没有伯乐，我们就自己做自己的伯乐。”

我从师父那里独立出来寻找机会，走的那一天我跟师父讲，我不带走一个客户，我就是想出去自己闯闯，看看自己的能力。我记得那天晚上师父跟我讲：“其实在你说之前我就已经知道你的决定了，假如我是你，我也会这样做。从内心来讲虽然不舍得，但还是支持你。如果外面不好混，欢迎随时回来，这里永远欢迎你。”

师父虽然嘴里说出了不舍，但是从他的眼神当中我看到了殷切期盼。对于这份期盼，我没有理由逃避，没有理由不好好混下去。我现在还记得，在遇到师父之前的那几年，是刚刚经历重创的我人生当中最为黑暗的日子，我曾几度想要放弃。后来在一些朋友的帮助下也算是开始真正了解这个市场的残酷，说实话，我们在课堂里学的那些，都不具备足够的实用性，很多时候不下点功夫认真钻研，是真的不行。如果仅仅是吹牛、忽悠，那就另说。

说实话，当时自己为什么选择从师父那里出来，好像也没有一个明确的答案，有一种冥冥之中自有天意的感觉，好像自己必须要这样做一样。当然离开之后自己再走出一条路，这个过程固然是艰辛的，但是没有经历这个过程，如何能成长？多年后我才慢慢地感觉到，如果当时一直跟着师傅，固然是比较好的，但我就无法得到磨炼了，在老鹰的护佑下小鹰是无法更进一步的。所以要感恩一个人，有时候并不是在当下就要报答他，而是在漫长的人生中将自己变得更加美好，变得更加强大，否则你的报答不但毫无意义，而且毫无价值。不要因为在乎虚无缥缈的事情，而把真正有价值的东西丢了。

记得那时候我最喜欢听的一首歌，就是筷子兄弟唱的《老男孩》。

山重水复疑无路，柳暗花明又一村。我相信很多80后、90后的“老男孩”都有过那么一段迷茫甚至一度想要放弃的岁月，现在回过头想想，命运有时候就是这么的神奇，只要你还在路上，你就不知道下一刻将面对什么样的风景。

人这辈子，可能最难遇到的就是明白人，明白比什么都重要。这个社会机会很多吗？可能机会是挺少的。这个社会机会很少吗？其实机会又是蛮多的。我亲爱的朋友们，机会千千万，我们真正需要的只是一个而已。所以，在我们还不知道自己适合做什么的时候，千万不要气馁，也千万不要放弃，不要因为身边人的嘲弄、冷眼、讽刺而冷却了那颗年轻的追逐梦想的心。一次两次的失败也许真的不重要，你之所以四处碰壁，是因为真正属于你的机会还没有到来，机会也许还在前面等着你！

我在投资行业刚刚有点起色之后，遇到现在的老婆，她在最美的时候把所有的身家幸福全部押在了我身上，我还有什么理由不去真心实意地爱她、珍惜她，即使是为了自己也没有理由不全力以赴啊！不过两个人在一起，不免被现实生活中的各种事情牵绊，加上那时候年轻气盛，莫名其妙地生了几次闷气。如果大家对自己的亲人、心爱的人像对陌生人那样有耐心、宽容，那么这个世界可以减少一半悲剧。她已经赌上了她的所有，我没有理由让她输，这就是答案。

窗外鸟叫得欢畅，似乎在预示黎明将要到来，言外之意，我又失眠了。我人还没到中年，工作的压力还谈不上，但失眠伴随左右。我一直试图摆脱它，可是越摆脱陷得越深，掉进了沼泽，没办法。

曾经的我，也不免有一颗恃才傲物的心（很是惭愧，现在看来自己只不过是一个平凡到不能再平凡的人），也会渴望碰到伯乐，能够发现自己的存在价值，给个展示自我的平台。很天真的想法，现在想来实在是惭愧至极。

有人赏识你，给你机会，那是幸运。没有给你机会，这就是公正的命运。如果人生没遇到伯乐，那也不算是倒霉。没有舞台我们就自己搭建，起点低，我们就慢慢走，西方谚语说，能够到达金字塔顶的只有两种动物，雄鹰和蜗牛。

如果没有机会成为雄鹰，那就安心做好蜗牛，你终将到达属于你的光辉的顶峰；没有伯乐，我们就自己做自己的伯乐。

亲爱的朋友们，这辈子，尤其是在资本市场中，我们根本不需要太多的机会，只需要10次机会就够了；心不贪，时间不够多的，只需要5次机会。这个社会有10万元本金的人多了去了，做好10次机会，你就是亿万富豪；做好7次机会，你就是千万富豪。人这一辈子，真的不需要太多机会。

投资世界里有两种人最为常见：①挑战自我，每天都在学习，每天都在充电，获取新的知识，从而获取一定的成就感。②坚守能力圈。这样的投资人非常容易自我满足，绝不挑战自己的认知和能力圈，坚守三尺跨栏。

世界上并不存在永远繁荣的公司，现有的认知总会在未来不经意间被抛弃。投资是一种生活方式，关于学习和思考，大脑停止运转的时候就是衰亡的开始。我觉得理想的方式是学习和思考越来越多，投资的风险点越压越低。

投资的心得浓缩到最后就是三个字——能力圈。所以坚守能力圈是非常重要的。投资对我而言，就像呼吸一样自然。时间是最好的财富伴侣，找到规律，然后把财富交给时间，让它自由地生长。